我国经营者集中反垄断审查效果事后评估

Ex-post Evaluation of the Anti-monopoly Examination on the Concentration of Business Operators in China

王 燕/著

中国财经出版传媒集团

经济科学出版社
Economic Science Press

图书在版编目（CIP）数据

我国经营者集中反垄断审查效果事后评估/王燕著. --北京：经济科学出版社，2022.10
ISBN 978-7-5218-4144-2

Ⅰ.①我… Ⅱ.①王… Ⅲ.①反垄断法-案例-中国 Ⅳ.①D922.294.5

中国版本图书馆CIP数据核字（2022）第194468号

责任编辑：杨 洋 赵 岩
责任校对：易 超
责任印制：范 艳

我国经营者集中反垄断审查效果事后评估
王 燕 著

经济科学出版社出版、发行 新华书店经销
社址：北京市海淀区阜成路甲28号 邮编：100142
总编部电话：010-88191217 发行部电话：010-88191522
网址：www.esp.com.cn
电子邮箱：esp@esp.com.cn
天猫网店：经济科学出版社旗舰店
网址：http://jjkxcbs.tmall.com
北京季蜂印刷有限公司印装
710×1000 16开 17.5印张 250000字
2023年2月第1版 2023年2月第1次印刷
ISBN 978-7-5218-4144-2 定价：68.00元
（图书出现印装问题，本社负责调换。电话：010-88191545）
（版权所有 侵权必究 打击盗版 举报热线：010-88191661
QQ：2242791300 营销中心电话：010-88191537
电子邮箱：dbts@esp.com.cn）

本书系山东省社科规划研究项目、山东社会科学院创新工程项目的研究成果（项目批准号：20CCXJ27）

前 言
PREFACE

　　2008年8月1日,《中华人民共和国反垄断法》正式实施。2022年6月24日,第十三届全国人民代表大会常务委员会第三十五次会议通过修改《中华人民共和国反垄断法》的决定,新修订的反垄断法自2022年8月1日起施行。十年磨一剑,我国反垄断执法工作取得长足发展,反垄断体系逐渐完善,执法成果显著。我国经济经历多年持续高速发展时期,开始由高速增长阶段向高质量发展阶段转变。随着改革开放的力度加大,我国逐渐成为世界上最具有市场潜力和活力的国家之一。为了提高效率,优化结构,各类市场主体的经营者集中行为日益频繁,广度和深度不断扩大。鉴于经营者集中可能带来的反竞争效应,对经营者集中进行合理适当的规制成为我国反垄断执法机构的主要活动之一。2008年9月商务部组建反垄断局,主要职能包括:依法对经营者集中行为进行反垄断审查;受理经营者集中反垄断磋商和申报,并开展相应的反垄断听证、调查和审查工作;查处经营者集中相关违法行为。2018年根据国务院机构改革方案,商务部下属的反垄断局,国家发改委下属的价格监督检查与反垄断局,国家工商总局下属的反垄断和反不正当竞争执法局等三部门的反垄断职能整合,组建国家市场监督管理总局反垄断局,由国家市场监督管理总局反垄断局继续行使经营集中反垄断审查的职能。过去十几年,我国反垄断执法机构在经营者集中控制方面取得显著成果:一方面相关执法机构审理了大量案件，其中不乏国际上有影响的重要案件；另一方面通过案件审理积累了实践经验，并在此基础上完善了经营者集中控制相关法规和政策。

虽然反垄断执法在经营者集中控制方面取得了上述诸多成绩和进步，但是经营者集中控制仍然存在很多问题，反垄断执法机构审查的部分案件备受争议，受到学界和舆论的关注。关注点主要有：执法机构案件审查中遵循的福利标准是什么，消费者福利标准还是社会总福利标准；某些案件是否达到审查通过的标准；案件审查过程中是否会受产业政策等的影响。一言以蔽之就是我国经营者集中反垄断审查效果到底是怎样的，如何对已经做出的反垄断审查结果进行评价。2020年底，党中央、国务院做出强化反垄断和防止资本无序扩张的战略决策部署。反垄断监管执法效能在我国获得全面提升。为进一步完善反垄断法律制度体系，规范经营者集中反垄断审查工作，国家市场监督管理总局根据《中华人民共和国反垄断法》和《国务院关于经营者集中申报标准的规定》，起草了《经营者集中审查暂行规定》，自2020年12月1日起施行。2022年，国家市场监督管理总局对其进行修订。总之，为了更好地修订相关法律法规，完善立法和执法，必须总结过去执法情况，找出存在的问题和不足。对经营者集中反垄断审查的事后评估在国外引起广泛关注，而我国在该方面的研究鲜见。我国经营者集中反垄断审查机构在过去十几年的执法中积累了一定数量的经营者集中案例，已初步具备了对以往经营者集中审查进行回溯性研究的条件。鉴于以上情况，通过事后评估检验执法机构的审查决定具有紧迫性、可行性和重要性。

鉴于以上背景，本书基于集中控制政策事后评估的基本理论和方法，分别从我国经营者集中反垄断审查案例的总体分析和个案分析两个视角，对我国经营者集中反垄断审查决定进行事后评估，探究我国集中控制政策的效果。具体来讲，本书主要从三个方面对我国的经营者集中反垄断审查决定进行事后评估：使用事件研究法，通过集中前后股票异常收益率的波动,对经营者集中反垄断审查机构无条件通过案例进行总体的分析,确定我国集中控制政策的福利标准;基于价格效应标准,以商务部附条件通过的硬盘厂商集中案为例,通过双重差分法测算附条件通过集中前后硬盘价格的波动情况,考察商务部的经营者集中审查是否促进竞争和降低了价格,并最终确定案件的通过是否符合标准;基于效率效应标准,以中国南车和中国北车合并案为例,根据通过事件研究法获得的来自资本市场和其他指标的证据,考察执法机构通过该案是否获得明显效率改进,并最终检验执法机构通过该案例是否符合标准。全书共分九章:第一章为导论;第二章为经营者集中反垄断审查事后评估概述;第三章介绍事后评估的主要方法和主要内容;第四章为经营者集中反垄断审查效果事后评估的典型应用;第五章为中国经营者集中反垄断审查执法情况分析;第六章为中国经营者集中反垄断审查的福利标准及影响因素;第七章为经营者集中反垄断审查效果事后评估:价格效应;第八章为经营者集中反垄断审查效果事后评估:效率效应;第九章为结论与政策建议。

本书主要得出如下结论:

第一,我国的经营者集中反垄断审查以社会总福利为标准,但是同时非常注重消费者福利的保护,赋予消费者福利一个很大权重。基于莫塔(Motta,2004)、杜索等(Duso et al.,2007)关于集中对竞争对手收益和消费者福利影响的研究,在法雷尔和夏皮罗(Farrell and Shapiro,1990)研究的基础上进一步推导集中后竞争对手收益和消费者福利变化的理论模型。在此理论分析基础上,以集中企业竞争对手平均异常收益率和平均累积异常收益率为切入点,根据执法机构2012~2016年无条件通过的65个案例集中前后竞争对手股票异常收益率的波动趋势,判断我国经营者集中反垄断审查对消费者福利和其他利益集团福利的权衡情况,验证前面的假设并得出结论:一方面,我国的经营者集中反垄断审查以社会总福利为标准的,但另一方面,执法机构在集中控制政策的实施中也非常注重消费者福利的保护,赋予消费者福利一个很大权重，这与《中华人民共和国反垄断法》的规定也是相吻合的。

第二，通过对执法机构经营者集中反垄断审查决定的事后分析可以发现，中国的经营者集中反垄断审查注重竞争的保护。从所有附条件通过的经营者集中案例的公告分析可以看出，审查标准的关键点是集中是否具有排除、限制竞争的效果，救济措施的实施也主要是为了抑制垄断地位的产生，促进竞争。以西部数据并购日立存储和希捷并购三星硬盘两个典型案例为例，商务部通过对机械硬盘市场的市场集中度、采购模式、产品创新、买方势力、市场进入等方面分析，认为该集中将产生提高市场集中度，削弱竞争压力，放缓创新速度等排除、限制竞争的效果，并据此采取一系列行为性和结构性救济措施。通过双重差分法，比较附条件通过集中前后硬盘价格长期和短期的变化，可以发现执法机构附加限制性条件长期来看是有效的，防止了反竞争行为的出现，抑制价格上涨。

第三，基于我国经济发展的特殊阶段和情况，集中带来的效率改进非常重要，我国的经营者集中反垄断审查也将效率改进作为一个重要的评判标准。以效率改进的合并模型为基础，在考虑产品差异化及多产品厂商的前提下，构建了一个包含生产多种差异化产品的厂商合并模型，可以发现充分效率改进的集中对消费者和集中企业有利，而对外部厂商不利。以无条件通过的南北车合并案为例，效率抗辩是合并方进行申报时重要的抗辩因素。根据事件研究法，通过南北车合并事件宣告后竞争对手股票异常收益率的波动趋势，以及南北车合并后在国际竞争力、技术创新能力以及资源配置方面的明显改进，可以证明南北车合并带来明显的效率改进。此外，通过对相关市场竞争情况的分析发现在全球轨道交通装备市场，国际竞争对手实力强劲，竞争激烈，买方势力强大，这些因素都会制约南北车合并后的单边效应。由此得出结论，南北车合并促进技术进步、优化资源配置，提高了企业的国际竞争力，获得明显的效率改进，南北车合并有利于社会总福利的增加，所以商务部通过南北车合并是符合标准的。

第四，我国的经营者集中反垄断审查存在以下情况和问题，主要包括：其一，虽然竞争政策的主体性地位已基本确立，但是产业政策对我国经营者集中反垄断审查的影响也明显存在，产业政策的影响可能会使审查结果偏离消费者福利甚至是生产者福利，而更多地关注某些行业和领域的收益。作为政府干预经济的两种手段，竞争政策和产业政策同时存在，不是完全矛盾的，但是在保持竞争政策基础性地位的同时，需要合理处理两者关系，使其相互促进，协同发展。其二，在具体案例分析中，虽然总体原则和大部分执法决定是符合标准的，但是其执法分析缺乏全面性和精准性，缺乏透明度。比如南北车合并案，商务部通过该案是符合标准的，但是从上游厂商的反应可以看出，南北车合并容易导致其利用合并后的市场势力对上游厂商压价行为的出现，所以在全球相关市场的界定分析下，也需要分析中国市场的情况，并据此采取一定的救济措施，还应该进一步开放国内市场，促进国内市场的竞争。其三，一些基本的程序和规定需要不断改进和完善，执法透明度不够，审查相关信息公布严重不足，审查时间过长，对未依法进行集中申报的案例处罚力度不够等。但是总体来看，我国的经营者集中反垄断审查经验不断积累，效率不断提高，程序不断完善，取得长足进步。

本书的创新点主要集中在以下三个方面：

第一，较为全面地对我国经营者集中反垄断审查情况进行了事后评估。对经营者集中反垄断审查的事后评估在国外已引起广泛关注，与国外研究情况相比，国内关于中国经营者集中反垄断审查的研究有一些，但是多为对制度设计、审查程序以及审查中相关概念界定和影响因素等的研究，主要是"事前"研究。对经营者集中反垄断审查效果的"事后"研究很少。本书以我国经营集中反垄断审查机构过去10年审结的经营者集中案例为研究对象，根据不同的标准，选择相应的实证方法对我国经营者集中反垄断审查情况作了一个比较全面的事后评估。

第二，基于对经营者集中反垄断审查机构通过的经营者集中案例的实证分析，确定我国经营者集中反垄断审查的福利标准。《中华人民共和国反垄断法》关于福利标准的规定模糊，多元目标共存，加上我国相关执法机构执法的透明度不够，因此引发学界和社会对我国集中控制福利标准的诸多争议。福利标准的选择直接关系到反垄断执法机构的政策目标和价值取向，明确集中审查的福利标准可以提高政策的透明度，增强政策的可预测性，有利于引导企业的经营者集中行为，具有重要的政策导向意义。本书通过对执法机构以往执法案例的实证分析，明确了我国经营者集中反垄断审查的福利标准。

第三，选取典型案例，实证检验了我国经营者集中反垄断审查机构关于经营者集中反垄断审查的决定是否符合标准，救济措施是否有效。我国反垄断法实施时间短，案例少，对我国集中控制政策的事后评估非常少，仅有的研究主要是对执法机构初期附条件通过的几个案例的公告文本进行的定性分析，缺乏实证研究。本书借鉴国外集中控制政策事后评估的常用方法，选择典型案例，通过集中前后股票异常收益率的波动和价格波动趋势，验证执法机构的集中控制政策对相关市场的影响，并最终判断执法机构的审查决定是否符合标准。

本书系山东省社科规划研究项目的最终研究成果，受山东政法学院出版基金资助出版，也是山东政法学院经济发展与数据科学协同创新团队的研究成果。

目 录
CONTENTS

第一章	导论 ····································	1
	第一节 问题的提出 ····································	1
	第二节 研究目标与研究方法 ····································	4
	第三节 研究思路与研究内容 ····································	6
	第四节 主要创新点及不足 ····································	9

第二章	经营者集中反垄断审查事后评估概述 ················	11
	第一节 经营者集中反垄断审查制度 ····················	11
	第二节 经营者集中反垄断审查事后评估的界定 ········	24
	第三节 经营者集中反垄断审查事后评估的标准及文献梳理 ····················	30

第三章	经营者集中反垄断审查事后评估的主要方法和主要内容 ····················	45
	第一节 主要方法 ····································	45
	第二节 评估内容与评估流程 ····················	63

第四章 经营者集中反垄断审查效果事后评估的典型应用 ... 86

第一节 综合评估 ... 86

第二节 个案评估 ... 111

第五章 中国经营者集中反垄断审查执法情况分析 ... 127

第一节 总体执法情况分析 ... 128

第二节 各种类型案件执法情况分析 ... 136

第三节 本章小结 ... 166

第六章 中国经营者集中反垄断审查的福利标准及影响因素 ... 168

第一节 并购控制福利标准的理论逻辑 ... 169

第二节 假设的提出 ... 172

第三节 理论模型构建及相关分析 ... 175

第四节 数据选取和模型设定 ... 181

第五节 福利标准选择及影响因素的实证分析 ... 185

第六节 本章小结 ... 194

第七章 经营者集中反垄断审查效果事后评估：价格效应 ... 196

第一节 硬盘厂商并购案的背景 ... 197

第二节 相关市场界定以及竞争分析 ... 202

第三节 模型设定、数据选取与变量说明 ... 207

第四节 审查决定对硬盘价格的影响 ... 211

第五节 本章小结 ... 217

第八章 经营者集中反垄断审查效果事后评估：效率效应 ········ **219**

- 第一节 南北车合并案的背景 ·················· **220**
- 第二节 相关市场界定以及竞争分析 ············· **221**
- 第三节 横向并购效率改进的理论模型 ············ **228**
- 第四节 南北车合并的效率改进：来自资本市场和其他指标的证据 ···················· **235**
- 第五节 本章小结 ························ **243**

第九章 结论与政策建议 ························ **245**

- 第一节 主要结论 ························ **245**
- 第二节 政策建议 ························ **248**

参考文献 ································ **250**

第一章

导　论

第一节　问题的提出

《中华人民共和国反垄断法》（以下简称《反垄断法》）于 2007 年 8 月 30 日颁布，2008 年 8 月 1 日正式实施，截至 2022 年已经实施 14 年。《反垄断法》的颁布和实施不仅是我国法制建设中的一件大事，也是我国经济建设中的一件大事，是我国经济体制改革的里程碑。从《反垄断法》颁布实施的发展历程可以发现，我国的反垄断执法工作从无到有，反垄断执法行动不断，产生了一批国际上有影响的典型案例，维护了市场的公平竞争。中国已从新入门实施反垄断法的国家发展为世界三大主要反垄断司法辖区之一，我国反垄断执法工作取得长足的发展，成果显著。

反垄断执法主要关注三大领域：经营者集中[①]、垄断协议和滥用市场支配地位[②]。经营者集中控制是反垄断法的一个重要组成部分。经营者集中的相关规定主要集中在我国《反垄断法》的第四章。我国的经

[①] 又称"并购""兼并"。
[②] 除此之外，我国反垄断法还包括重要的一部分为"滥用行政权力排除、限制竞争"。

营者集中反垄断审查2018年之前主要由商务部负责实施。2008年9月商务部组建反垄断局，根据当事人提交的经营者集中申报做出是否批准集中的决定。根据2018年3月21日中共中央印发的《深化党和国家机构改革方案》，将反垄断执法职能及其他市场监管职能整合，组建国家市场监督管理总局，作为国务院直属机构。国家反垄断执法机构的"三驾马车"实现了在国家市场监管总局之下的"三合一"。

我国经营者集中反垄断审查部门在经营者集中控制方面取得显著成果：一方面通过案件审理积累了实践经验，并在此基础上完善了经营者集中控制相关法规和政策；另一方面相关执法机构审理了大量案件，其中不乏国际上有影响的重要案件。从《反垄断法》生效以来截至2021年12月31日，反垄断执法机构共审结4198起经营者集中案件，其中，无条件通过经营者集中案件4143例（简易案件1226件），附条件批准经营者集中案件52件，禁止3件。收到的经营者集中申报逐年增加，如2011年205件，2013年224件，2015年352件，2017年402件，2019年503件，2021年824件。① 《反垄断法》实施初期，提交集中申报的大多是外国企业或跨国公司。随着《未依法申报经营者集中调查处理暂行办法》2011年的发布，国内企业包括国有大型企业的集中也开始进行申报，如2014年中国移动、中国联通和中国电信三家电信巨头组建中国通信设施服务股份有限公司时进行了申报，2015年中国南车股份有限公司（以下简称"中国南车"）与中国北车股份有限公司（以下简称"中国北车"）合并时也进行了申报。随着数字经济的发展，数字经济领域企业的集中也成为反垄断执法的重点对象之一。

当今的中国，经济处于持续快速发展时期，逐渐成为世界上最具有市场潜力和活力的国家之一。特别是改革开放以来，产业结构不断

---

① 新闻办就中国《反垄断法》实施十周年有关情况及展望举行新闻发布会［EB/OL］. 中国网，2018-11-16.

调整升级、对外开放的力度逐步加大，为了提高效率，实现规模经济，各种各样的经营者集中行为已成为常见的经济现象。鉴于经营者集中可能带来的反竞争效应，对经营者集中进行合理适当的规制成为我国反垄断执法机构的主要活动。虽然反垄断执法在经营者集中控制方面取得了上面的诸多成绩和进步，但是经营者集中控制仍然存在很多问题和争议，受到学界和舆论的关注：某些无条件通过案件是否达到审查通过的标准；执法机构进行集中控制时依据的福利标准是什么，是以消费者福利为标准还是社会总福利；执法机构案件审查过程中受产业政策等的影响有多大。问题归纳总结起来就是我国经营者集中反垄断审查的效果到底怎样，如何对已经做出的反垄断审查结果进行评价。

另外，为了更好地修订相关法律法规，必须总结过去执法情况，找出存在的问题和不足，才能更好地完善立法和执法。鉴于我国反垄断法实施时间短、数据少等原因，对反垄断执法效果进行事后评估的文献鲜见。反垄断执法机构过去十几年的执法中已经积累了大量的经营者集中审查案例，已初步具备了对以往经营者集中审查决定进行回溯性研究的条件，可以通过事后评估检验执法机构的审查分析是否符合标准，相关措施是否达到了预期目标，促进了竞争。卡尔顿（Carlton，2009）提议反垄断执法机构应该定期对案件集中效果进行回溯性研究，以保证反垄断政策确实促进了竞争而不是起了相反作用。于立（2010）指出"中国反垄断经济学研究需要继续关注的重要问题之一就是如何对执法案件进行事后评估""采用何种评估方法，存在哪些理论依据，有待相关反垄断经济学家和法学家进行进一步的研究"。因此，对我国经营者集中反垄断审查进行事后评估具有紧迫性、可行性和重要性。事后评估不仅仅是对过去执法决定的分析，更重要的是它可以明确执法效果，确定执法标准，找出存在的问题，对完善反垄断执法具有重要意义。

第二节 研究目标与研究方法

一、研究目标

本书基于集中控制政策事后评估的基本理论和方法,对我国的经营者集中反垄断审查进行事后评估,以确定我国经营者集中反垄断审查的福利标准,以及在福利标准的指导下,我国经营者集中反垄断审查的实际效果。本书依照层层递进的研究逻辑,主要对以下问题进行了分析和解答:

第一,我国的经营者集中反垄断审查的福利标准。福利标准既是反垄断执法的指导思想,也是反垄断执法的目标,同时也是经营者集中反垄断审查事后评估的标准(OECD,2017)。任何经营者集中反垄断控制体系都是直接或间接地建立在某些福利标准基础之上的(Williamson,1968),但是执法机构对外公布信息非常有限,导致其经营者集中反垄断审查中的福利标准模糊,备受争议。于是,本书首先通过对执法机构无条件批准案件的分析确定其福利标准,明确我国经营者集中反垄断控制的政策目标和价值取向,并确定本书进行事后评估的总体指导思想。

第二,确保市场公平竞争是竞争政策的重要执法目标。通过对执法机构公布的附条件通过集中案例和禁止案例公告的分析,可以发现竞争分析的重要性在执法机构的审查中不断提高。但这仅是简单的"形式判断",为了进行准确评估,还需要进一步的"效果分析"。本书选取典型案例,以价格效应为标准,通过集中前后价格变化的实证分析确定我国的经营者集中反垄断审查是否注重市场公平竞争环境的维护和消费者福利的保护,并最终确定相关案件的审查决定是否符合标准。

第三，效率改进是经营者集中反垄断审查的重要考虑因素，金姆和辛格尔（Kim and Singal，1993）认为事前分析面对太多的不确定性，反垄断执法机构应该通过一些事后的证据来确定企业集中是否真的改善效率。效率效应也是进行经营者集中反垄断审查事后评估的一个重要标准。本书选取典型案例，以效率效应为标准，通过详细分析企业集中带来的反竞争效应和效率改进的情况，以确定集中是否带来明显的效率改进，并最终判断相关案件的审查决定是否符合标准。

第四，我国经营者集中反垄断审查虽然取得了诸多成绩和进步，但是作为反垄断实施仅十年的国家，执法经验不足，执法过程中仍然存在很多问题和不足。本书通过对过去执法情况的总结，通过具体案例的事后评估，找出执法中存在的问题和不足，以更好地完善立法和执法。

二、研究方法

本书采用定性研究和定量研究相结合，理论分析和实证分析相结合的方法，在已有理论和推导基础上，建立与集中事实相符的理论分析框架，对相关案例进行深入探讨。同时，选择股票数据、价格数据等，结合集中控制政策事后评估的常用实证方法，对相关理论推导和假设进行实证检验。主要表现在以下几方面。

（1）特征事实总结。在资料搜集、文献整理的基础上，本书对执法机构经营者集中反垄断审查进行及时追踪、归纳和总结。分析过去10年总体的执法情况，并按照案件类型详细分析了无条件通过案例、附条件通过案例、禁止案例以及处罚决定等的情况，对我国的经营者集中反垄断审查获得一个初步的、系统的认识。

（2）理论分析。在福利标准分析中，基于已有的理论，对集中导致的竞争对手收益和消费者福利变化的关系进行理论分析。在关于集中的效率效应的个案分析中,以效率改进的合并模型为基础,在考虑产品差异化及多产品厂商的前提下,构建了一个包含生产多种差异化产品的厂商合并模型,证明充分效率改进的集中对集中双方、消费者以及外部厂商收益的影响。

(3)数据分析和计量分析。数据分析和计量分析部分是理论研究的延伸应用和检验手段。在数据方面,本书主要利用了股票市场的数据和产品价格数据对经营者集中反垄断审查决定的效果进行分析。在计量方法方面,进行集中控制效果事后评估的主要实证方法有:结构模型与模拟、比较评价法、事件研究法和调查法,基于数据可获性和案例的特殊性,本书分别选择事件研究法和比较评价法中常用的双重差分法,通过集中前后股票异常收益率的波动和价格的波动趋势对集中控制效果进行测度。

第三节　研究思路与研究内容

一、研究思路

本书依据集中控制政策事后评估的基本理论和方法,以经营者集中反垄断审查案例为研究对象,通过案例总体分析和个案研究,对我国经营者集中反垄断审查决定进行事后分析。

本书的研究思路具体来讲主要包括:首先,本书总结并详细介绍了经营者集中反垄断审查事后评估的主要方法、内容、流程和总体标准,以及个案分析中的具体标准和常用实证方法。其次,对中国经营者集中反垄断审查过去10年的执法情况进行分析,获得一个系统的初步认识,并通过事件研究法,确定中国经营者集中反垄断审查的福利标准。最后,在福利标准的指导下,选择代表性的案例对审查决定进行详细的具体分析，以确定我国经营者集中反垄断审查是否达到了执法目的，相关救济措施是否有效，并最终判断通过相关案件是否符合标准。

二、研究内容

本书共分九章，具体内容分章节介绍如下。

第一章，导论。本章主要介绍本书的研究背景、问题的提出、研究目标和方法，并简要介绍了本书的研究思路、各章节的主要内容，以及本书的主要创新点和不足。

第二章，经营者集中反垄断审查事后评估概述。本章首先介绍经营者集中反垄断审查制度；其次对经营者集中反垄断审查事后评估进行界定并分析事后评估的重要性；最后在福利标准基础上，对经营者集中反垄断审查事后评估的具体标准以及事后评估的主要方法进行了总结和述评，并对相关文献进行梳理。

第三章，经营者集中反垄断审查事后评估的主要方法和主要内容。本章首先介绍了经营者集中反垄断审查事后评估的常用方法；然后介绍了经营者集中反垄断审查的主要评估内容和评估流程。

第四章，经营者集中反垄断审查效果事后评估的典型应用。本章从两个角度介绍经营者集中反垄断审查的典型应用。一类是对经营者集中反垄断审查的综合评估，分别介绍了美国和欧盟反垄断执法机构对其执法效果的评估以及学者对欧盟集中控制效果的评估；另一类是个案评估，介绍了两个典型案例的事后评估分析。

第五章，中国经营者集中反垄断审查执法情况分析。分析总结过去10年我国经营者集中反垄断审查的情况，主要分为两部分，第一部分分析我国经营者集中反垄断审查的总体情况；第二部分根据案件类型，分别分析无条件批准案件、附条件批准案件以及禁止案件的情况，以及执法机构公布的行政处罚决定书的情况。

第六章，中国经营者集中反垄断审查的福利标准及影响因素。福利标准既是反垄断执法的指导思想，也是反垄断执法的目标，因此福利标准也是事后评估的标准。关于我国福利标准的争议颇多，首先，本章基于现有文献的分析，《反垄断法》法条的规定，以及反垄断执法情况提出对我国福利标准结论的假设。其次，通过执法机构2012～2016年批准的经营者集中案例检验上述假设。同时，本章还对其他可能影响经营者集中反垄断审查的一些因素进行了验证，根据现有的执法案例判断相关执法机构执法过程中是否会受产业政策、企业所有制性质和国别等的影响。

第七章，经营者集中反垄断审查效果事后评估：价格效应。首先，本章根据执法机构附条件通过集中案例的文本得出我国的经营者集中反垄断审查注重竞争和消费者福利保护的结论。其次，根据案例情况、数据可获性等选择了典型案例西部数据并购日立存储案和希捷并购三星硬盘案作为研究对象。基于价格效应，通过双重差分法对并购前后硬盘价格的变动情况进行分析，以验证执法机构集中审查是否注重保护公平竞争和消费者福利。

第八章，经营者集中反垄断审查效果事后评估：效率效应。在社会总福利标准下，如果企业集中带来的效率改进大于集中对消费者福利的损失，则可以通过集中。因此，效率效应也是进行集中分析时的一个重要考量因素。本章首先以效率改进的合并模型为基础，在考虑产品差异化及多产品厂商的前提下，构建了一个包含生产多种差异化产品的厂商合并模型，推导充分效率改进的集中对消费者、集中企业以及外部厂商的影响。其次本章选择备受争议的中国南车和中国北车合并案，界定了南北车合并的相关市场，并对相关市场的竞争情况进行了分析。最后基于效率效应，根据来自资本市场和其他指标的经验证据，验证执法机构通过南北车合并是否符合标准。

第九章，结论与政策建议。主要对全书的研究结论进行了总结，并提出本书的政策建议。

第四节　主要创新点及不足

一、主要创新点

本书的创新点主要集中于以下三个方面。

第一，较为全面地对我国经营者集中反垄断审查情况进行了事后评估。对经营者集中反垄断审查的事后评估在国外已引起广泛关注，与国外研究情况相比，国内关于中国经营者集中反垄断审查的研究有一些，但是多为对中国经营者集中控制政策的制度设计、审查程序以及审查中相关概念界定和影响因素等进行的研究，主要是"事前"研究，对经营者集中反垄断审查的"事后"研究很少。本书以我国经营者集中反垄断审查部门过去十几年审结的集中案例为研究对象，根据不同的标准，选择相应的实证方法对我国经营者集中反垄断审查情况作了一个比较全面的事后评估。

第二，基于对经营者集中反垄断审查部门通过的经营者集中案例的实证分析，确定我国经营者集中反垄断审查的福利标准。我国反垄断法关于福利标准的规定模糊，多元目标共存，加上我国相关执法机构执法的透明度不够，因此引发学界和社会对我国集中控制福利标准的诸多争议。福利标准的选择直接关系到反垄断执法机构的政策目标和价值取向，明确集中审查的福利标准可以提高政策的透明度，增强政策的可预测性，有利于引导企业的经营者集中行为，具有重要的政策导向意义。本书通过对执法机构以往执法案例的实证分析，明确了我国经营者集中反垄断审查的福利标准。

第三，选取典型案例，实证检验了经营者集中反垄断审查部门关于经营者集中反垄断审查的决定是否符合标准，救济措施是否有效。

基于我国反垄断法实施时间短，案例少等原因，对我国集中控制政策的事后评估非常少，仅有的研究主要是对经营者集中反垄断审查部门初期附条件通过的几个案例的公告文本进行的定性分析，缺乏实证研究。本书借鉴国外集中控制政策事后评估的常用方法，选择典型案例，通过集中前后股票异常收益率的波动和价格波动趋势，验证经营者集中反垄断审查部门的集中控制政策对相关市场的影响，并最终判断其审查决定是否符合标准。

二、 研究不足

本书不足之处主要在于以下两方面。

第一，本书分别通过总体案例分析和个案分析，选择不同的标准和事后评估方法对我国经营者集中反垄断审查部门经营者集中反垄断审查的结果进行分析，虽然各个分析之间存在着密切联系，但是本书未能建立一个统一的评价体系，系统全面地对集中控制政策进行分析。即本书虽然做到了逻辑分析的统一性，但是因为每个案例的特殊性，无法做到逐案分析，另外，限于案例本身的复杂性，未能做到分析形式的全面性。

第二，我国《反垄断法》实施时间短，数据少，所以导致本书实证分析中采用数据样本容量有限，可能会产生一定的抽样调查误差，进而对本书的研究结果带来影响。此外，同一案例因为其特殊性和数据可获性，无法从所有方面对其进行计量分析。事件研究法主要基于股票市场的数据，但是我国股票市场本身发展的一些限制，对其是否达到半强式有效性的问题一直存在争议，这些数据本身的不确定性会导致分析结果的精确度。在硬盘并购案中，对事件1长期和短期的影响分别作了实证分析，但因为数据可获性问题，事件2仅仅观察了事件前后6个月硬盘价格的波动情况，无法观察其长期效果。

第二章

经营者集中反垄断审查事后评估概述

本章首先对经营者集中反垄断审查事后评估进行界定,并分析了经营者集中反垄断审查事后评估的目的以及重要性。其次结合国外对集中控制政策进行事后评估的研究经验,总结了经营者集中反垄断审查事后评估的标准选择,并对相关文献进行了梳理,为后续的相关研究奠定基础。

第一节 经营者集中反垄断审查制度

一、经营者集中的含义

经营者集中是各国反垄断执法机构重点关注的对象之一。经营者集中又称为"兼并""合并"(merger)或者并购(merger and acquisition, M&A)[1],我国和欧盟也称其为"集中"(concentration)[2]。两种

---

[1] 美国出台的历史上首部反垄断法——《谢尔曼法》的第一和第二条称"用来限制或垄断州际间或与国外间的商业贸易而形成的契约、联合或共谋"为"并购"。

[2] 在欧盟理事会关于集中的首次立法《欧盟理事会关于企业集中控制的4064/89》(Council Regulation EEC on the Control of Concentration between Undertaking No. 4064/89)中称其为"集中"。

表述侧重点不同，并购的表述是为了突出企业市场行为的特征，而集中的表述则更能突出反垄断法的执法目的，即防止市场集中。因为各国的情况不同，关于经营者集中的界定也存在差异。具体来看，美国在《谢尔曼法》（Sherman Act）中称其为"用来限制或垄断州际或与国外间的商业贸易而形成的契约、联合或共谋"，在《克莱顿法》（Clayton Act）中做了进一步完善，即兼并指"当经营者取得其他经营者所发行的股票或者其他主权资本时，可能会实质地减少相关市场上的竞争或者会形成垄断的行为"。因为该规定更多地限于企业间股权的交易，而对资产的取得无明确规定，因此，1950年的《塞勒－凯弗维尔反并购法》（Celler－Kefauver Antimerger Act）以及1976年的《哈特—斯科特—罗迪诺反托拉斯改进法》（Hart－Scott－Rodino Antitrust Improvement Act）将企业间并购的规定进行了扩展和延伸。最终，根据美国的法律和判例法的决定，企业并购既指狭义上的企业并购，还可以指通过企业合营、管理人员交叉任职（主要是指竞争企业间的），以及财产转让租赁等形式而形成的企业间的实际控制关系。欧盟在《欧盟理事会关于企业集中控制的条例》[Council Regulation (EC) No. 139/2004 of 20 January 2004 on the Control of Concentrations between Undertakings, OJ L24/1, 29 January 2004]的第三条有关于经营者集中的定义为，"经营者集中是指两个或两个以上原本独立的经营者的合并以及通过持股、占资、合同或其他方式取得对另外的经营者的控制权"。我国反垄断法关于经营者集中的规定主要集中在第四章。我国关于经营者集中没有一个概括性的定义，而是采取列举法的方式，新修订的《反垄断法》第二十五条以及2020年12月1日起施行的《经营者集中审查暂行规定》第三条列举了经营者集中的情形包括：（一）经营者合并；（二）经营者通过取得股权或者资产的方式取得对其他经营者的控制权；（三）经营者通过合同等方式取得对其他经营者的控制权或者能够对其他经营者施加决定性影响。总体来看，各国关于经营者集中的定义在本质上基本一致。但是我国采用穷尽式列举的方式无法及时规制新型的集中行为,如近些年出现的互联网领域的集中行为,因此还应学习欧盟的做法,加入兜底性条款。

二、经营者集中的分类

经营者集中一般包括:横向集中、纵向集中和混合集中三种。

(一) 横向集中

横向集中又称横向并购或水平并购,指的是生产和销售相同或相似产品或经营相似业务、提供相同劳务的企业间的集中。这种类型的集中在所有的集中案件中占比最多,如波音与麦道合并、中国南车和中国北车合并、西部数据收购日立存储、虎牙公司与斗鱼国际控股有限公司合并等。横向集中会直接导致竞争对手的消失,增强市场势力,提高市场集中度,产生两种反竞争效应:单边效应(unilateral effects)和协调效应(coordinated effects),无充分效率改进的集中对消费者福利和社会总福利不利,因此横向集中成为反垄断执法机构重点关注的对象。

1. 单边效应

单边效应是指并购导致企业市场势力增强,进而并购后可以在不与其他企业协调的情况下,就能单方面提高产品价格或降低产品产量,从而对消费者福利和社会总福利造成损害。法雷尔和夏皮罗(Farrell and Shapiro, 1990) 通过模型分析发现,横向集中会消除企业间的竞争而导致集中企业的市场势力上升,进而企业可以单方面行使市场势力,提高产品价格。根据古诺模型的分析,市场中企业数量增加,则产品价格降低,产量提高;企业数量减少,价格上升,产量减少(见图2-1)。

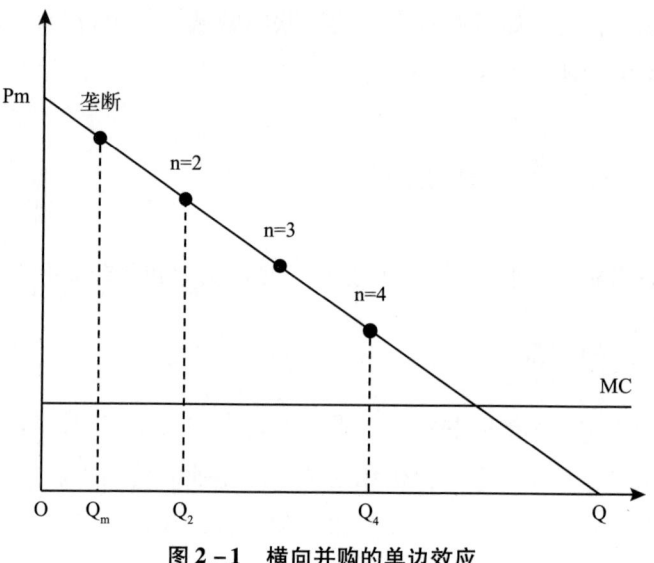

图 2-1 横向并购的单边效应

做简单模型分析,假设某行业有三家企业,采用相同的技术生产相同的产品,产品成本为 c,假设市场的需求函数为 $p = 1 - Q(q_1 + q_2 + q_3)$。

在三家企业规模相同的情况下,企业利润最大化函数是:

$$\pi_i = (1 - c - Q)q_1 \tag{2-1}$$

求一阶条件可得,企业的价格、产量和利润为:

$$P_i = \frac{1 + 3c}{4} \tag{2-2}$$

$$q_i = \frac{1-c}{4} \tag{2-3}$$

$$\pi_i = \frac{(1-c)^2}{16} \tag{2-4}$$

现假设两家企业合并且合并不会带来效率改进,根据古诺竞争均衡的解,则合并后企业的价格、产量和利润分别为:

$$P_i = \frac{1 + 2c}{3} \tag{2-5}$$

$$q_i = \frac{1-c}{3} \tag{2-6}$$

$$\pi_i = \frac{(1-c)^2}{9} \quad (2-7)$$

可以看出，在没有效率改进的情况下，合并后两家企业竞争的情况会导致价格上升，产量下降，损害消费者福利。

现假设两家企业合并，且并购会带来一定的效率改进，合并后的成本下降为 θ，$\theta \in (0, 1)$，求解古诺均衡解得：

$$P_i = \frac{1 + c(1+\theta)}{3} \quad (2-8)$$

$$q_1 = \frac{1 - c(2\theta - 1)}{3} \quad (2-9)$$

$$q_2 = \frac{1 - c(2 - \theta)}{3} \quad (2-10)$$

$$\pi_1 = \frac{[1 - c(2\theta - 1)]^2}{9} \quad (2-11)$$

$$\pi_2 = \frac{[1 - c(2 - \theta)]^2}{9} \quad (2-12)$$

从结果可知，并购后产品的价格变化取决于并购后带来的效率改进大小。如果效率改进足够大，即使并购会带来价格上涨和竞争的减少，社会总福利可能也是提高的。

影响单边效应的因素包括：市场集中度、企业市场份额和生产能力、买方势力、进入壁垒等。

2. 协调效应

协调效应是指并购导致的企业数量的减少提高了相关市场中企业间达成合谋协议的可能性。合谋促进效应理论认为，企业并购使企业间的协调行为更容易、更稳定。张伯伦（1929）提出的寡头相关依赖理论认为，并购导致市场集中度的提高，进而形成寡头垄断市场结构。在寡头垄断市场，企业是相互影响相互依赖的，即使没有明确的串谋，企业也会采取默契的统一行动。横向并购使市场集中度提高，企业数量降低，这有利于达成串谋条款，且有利于发现和惩罚背离行为。因此，为了防患于未然，反垄断执法机构在集中的反垄断控制中必须防止并购的这种反竞争效应出现。

基于以上分析,反垄断执法机构在进行横向集中的审查时,必须充分分析集中的反竞争效应和效率改进,防止并购的单边效应和协调效应出现,或者采取救济措施降低并购的反竞争效应。

(二)纵向集中

纵向集中也称纵向并购或垂直并购,是指处于生产同一(或相似)产品不同生产阶段的企业间的并购。比如美国迪斯尼公司收购美国广播公司,1972年的福特公司案[①]。企业进行纵向一体化的目的是,通过纵向一体化企业可以获得所需的资源,同时,并购企业可以进入某一产业,实现企业扩张,实现企业的纵向一体化。

纵向集中的效率效应主要体现如下:(1)纵向集中可以节省交易费用。科斯(1937)认为纵向集中的根本目的是减少交易成本。威廉姆森(1975;1985)则认为纵向一体化主要原因是纵向生产过程中的"资产专用性、机会主义和环境不确定性"。(2)纵向集中可以实现有效的纵向资源配置。企业通过纵向一体化,可以减少中间投入。纵向一体化不仅用最初投入代替了一些中间投入,而且也减少了一些对其他中间投入的需求。这在某种意义上说就是纵向一体化的技术经济性。(3)改变要素配置扭曲。为了实现垄断利润,在两种投入品间具有一定的替代性的情况下,垄断企业有激励通过纵向一体化来解决两种要素配置的价格扭曲。这有助于福利的改善。(4)消除纵向垄断双重加价。在纵向序列垄断的市场结构下,上游生产企业和下游零售企业在进行价格决策时只是基于自己的利润最大化,而不是纵向结构的利润最大化。因此,它们分别在边际成本基础上加价,这样就出现了"双重加价"的问题,导致价格变高,产量降低,这样纵向企业的总利润

---

① 福特公司(Ford Motor Co.)与电力奥特莱特公司(Electric Autolite)和相关的火花塞公司并购(Ford Motor Co. v. United States, 405 U.S. 562, 1972)。

低于纵向一体化的总利润。而纵向并购消除了这种上下游企业的纵向外部性，避免了双重加价的问题，使价格降低，产量增加，纵向结构的总利润增加。（5）应对市场不确定性和信息不完全。在纵向交易中，企业间的信息经常是不对称的。在存在信息不对称和不确定性的情况下，上下游企业在中间产品投资、产品定价以及产品产量上就存在盲目性，无法达到最优的结果。

纵向集中的反竞争效应主要体现在市场封锁效应。市场封锁是指实际或潜在竞争对手对于供给方或用户的进入受到限制或排除的情形，由此导致并购主体增加市场支配力，从而提高市场价格，损害消费者福利。市场封锁可以是彻底的，如拒绝交易，也可能是不完全的，如通过某种方式偏向某一企业。根据欧盟委员会的《非横向并购指南》（2007年11月颁布），封锁效应主要包括两种情形：一种是原料封锁，即集中会妨碍竞争对手获得重要的原料，从而导致下游竞争对手成本上升；另一种是客户封锁，即集中会妨碍竞争对手获得客户，从而对上游竞争对手造成封锁。要实施市场封锁，必须满足一定的市场条件：一个是企业在某一市场具有市场支配地位（"瓶颈"产品市场）；另一个是该企业可以将在该市场的市场支配力转嫁到其他市场，以达到封锁其他市场竞争者的目的。

纵向集中能否产生封锁效应主要取决于纵向市场的市场结构。接下来通过简单的模型分析来展示市场结构对纵向并购效应的影响。

1. 上游垄断 + 下游竞争

假设上游的垄断企业为 U，下游市场有两家相同的企业 D_1 和 D_2。市场需求函数为 $q = 1 - P$，企业 U 的生产成本为 c，且 $c < 1$，投入品的价格为 w。

（1）在纵向分离的情况下，由于下游市场存在竞争，则产品价格为 $P_1 = P_2 = w$，总产出是 $q = 1 - w$，企业利润为 $\pi^U = (w - c)(q - w)$，求一阶条件得：

$$W = \frac{1+c}{2} \qquad (2-13)$$

$$P = \frac{1+c}{2} \qquad (2-14)$$

$$\pi^U = \frac{(1-c)^2}{4} \qquad (2-15)$$

(2) 在纵向集中的情况下,假设 U 和 D_1 纵向合并,则并购后 w = c。企业的利润函数为 $\pi = (P-1)(1-P)$,求一阶条件得:

$$P = \frac{1+c}{2} \qquad (2-16)$$

$$\pi^{UD} = \frac{(1-c)^2}{4} \qquad (2-17)$$

由结果可知,在上游市场是垄断,下游市场是竞争的市场结构中,纵向合并不能使集中企业的利润增加,上游垄断企业只能获得其在上游市场的垄断利润。因此在这种市场结构下不会出现市场封锁效应。

2. 上游垄断 + 下游寡头垄断

假设上游市场还是只有垄断企业 U,下游市场为寡头垄断的市场结构,两寡头企业 D_1 和 D_2 进行产量竞争,需求函数为 $P = 1 - q_1 - q_2$,投入品价格为 w。

(1) 在纵向分离的情况下,下游寡头企业的利润函数为 $\pi = (P-w)q_i$,根据古诺模型可得:

$$q_1 = q_2 = \frac{1-w}{3} \qquad (2-18)$$

$$P = \frac{1+2w}{3} \qquad (2-19)$$

上游垄断企业的利润是 $\pi^U = 2(w-c)(1-w)/3$,解一阶条件可得:

$$w = \frac{1+c}{2} \qquad (2-20)$$

则上游垄断企业的利润为:

$$\pi^U = \frac{(1-c)^2}{6} \tag{2-21}$$

下游市场的产品价格为：

$$P = \frac{2+c}{3} \tag{2-22}$$

（2）在纵向集中的情况下，仍假设 U 和 D_1 纵向合并，并购后 w = c，则集中企业利润和下游产品的市场价格分别为：

$$P = \frac{1+c}{2} \tag{2-23}$$

$$\pi^{UD} = \frac{(1-c)^2}{4} \tag{2-24}$$

则 $\pi^{UD} > \pi^U$，说明集中会给企业带来利润的增加，且会降低价格，存在纵向市场封锁。但是，该纵向封锁并不是由于集中带来的市场势力提高的结果，而是通过集中消除了"双重加价"问题。这样的纵向集中会降低产品价格，增加消费者福利，产生了效率改进的效率封锁。

3. 序列寡头市场

假设上下游都是寡头垄断市场，上游企业分别为 U_1 和 U_2，下游两家企业分别为 D_1 和 D_2。上游两家企业的投入品分别为 c_1 和 c_2，其中 $c_1 = 0$，$c_2 \in (0, 1/2)$。

（1）在纵向分离的情况下，在正常竞争状态，由于 $c_1 < c_2$，则投入品的价格为 c_1，下游企业购买的价格为 c_2，由于上游企业 1 的成本比企业 2 低，则可以获得一定的效率租金。求古诺模型的均衡解，得下游企业的利润和产量为：$\pi_i = \frac{(1-c_2)^2}{9}$，$q_i = \frac{1-c_2}{3}$。则市场价格为 $P = \frac{1+2c}{3}$。上游企业的利润分别为：

$$\pi^{U_1} = \frac{(1-c_2)c_2}{3} \tag{2-25}$$

$$\pi^{U_2} = 0 \tag{2-26}$$

（2）在纵向集中的情况下，假设上下游企业 U_1 和 D_1 合并，其投

入品成本为 $c_1 = 0$。合并后的企业不再为下游企业 D_2 提供投入品，则企业 D_2 只能从 U_2 获得投入品，U_2 获得垄断势力，则投入品价格 $w > c_2$。根据成本不对称古诺双寡头模型的计算结果，两个下游企业的产量分别为：

$$q_1 = \frac{1+w}{3} \quad (2-27)$$

$$q_2 = \frac{1-2w}{3} \quad (2-28)$$

产品价格为：

$$P = \frac{1+w}{3} \quad (2-29)$$

博弈的第一期，U_2 选择投入品价格 w 以最大化其利润，则

$$\pi^{U_2} = \frac{(w-c_2)(1-2w)}{3} \quad (2-30)$$

求一阶条件得：

$$w = \frac{1+c_2}{4} \quad (2-31)$$

因为 $w > c_2$，可知 D_2 的投入品价格上升，则 D_2 被封锁。在这种情况下，两家下游企业的价格和产量分别为：

$$P = \frac{5+2c}{12} \quad (2-32)$$

$$q_1 = \frac{5+2c_2}{12} \quad (2-33)$$

$$q_2 = \frac{1-2c_2}{6} \quad (2-34)$$

则可得集中企业的利润为：

$$\pi^{U_1 D_1} = \frac{(5+2c_2)^2}{144} \quad (2-35)$$

如果 $c_2 < 1/6$，则纵向集中后会导致封锁效应。在存在封锁效应的情况下，纵向企业可以获得更高的利润和价格，因此可得，纵向集中

导致的封锁效应损害了社会福利。所以，在序列寡头市场结构下，纵向集中可能会导致封锁效应，限制市场竞争。

根据上述三种市场结构下的纵向集中结果分析可以发现，纵向集中并不总是有利可图的，纵向集中的市场封锁效应只有在特定的市场结构下才会出现。

（三）混合集中

混合集中是指既非竞争对手又非现实中或潜在的客户或供应商的企业之间的并购。混合集中有三种形态：在相关产品市场上企业间的产品扩张型并购；对尚未渗透的地区生产同类产品的企业进行市场扩张型并购；生产和经营彼此间毫无相关产品或服务的企业间的纯粹的混合并购。如1967年的宝洁公司案[1]，1973年的法尔斯塔夫公司案[2]。企业进行混合并购的主要目的是追求组合效应，降低经营风险，这也是混合并购的效率效应。

关于混合并购的分析主要是潜在竞争理论、互惠交易理论和强化支配力理论，其中，潜在竞争理论是主要依据。根据潜在竞争理论，如果企业进入另一市场是通过独立的进入和并购一个小企业进入的话，会增加进入市场的市场竞争，降低市场集中度。但是，如果主并购企业是通过并购一个在位大企业进入的话，则会产生反竞争效应，因为并购不仅去掉了一个重要竞争者，还增强了在位企业的市场势力。市场封锁理论认为，企业在混合并购后可以向消费者同时出售相关联的多种产品，并购企业有动机也有能力通过搭售或捆绑销售，将其在一个市场的市场支配力传递到另一个市场。这样会导致实际或潜在竞争者数量的降低，降低竞争的动力，减少竞争压力。

---

[1] 宝洁公司是一家经营日用化学品的公司，克洛克斯公司是生产漂白剂的公司，在该市场占据50%的市场份额（FTC v. Procter & Gamble Co., 386 U.S. 568, 1967）。
[2] 法尔斯塔夫公司是一家啤酒生产企业，市场占有率6%，尚未进入美国东北部市场。纳瑞卡塞特公司是美国新英格兰州最大的啤酒销售企业，市场份额20%（United States v. Falstaff Brewing Corp., 410 U.S. 526, 1973）。

但是，根据现有理论的分析结果，总体来看混合并购基本不会带来竞争损害，因此关于混合并购的反垄断执法很少。

三、经营者集中的反垄断规制

（一）集中控制政策

一般来看，横向集中对市场竞争的损害最明显，因为横向集中直接减少了市场的竞争对手，提高了市场集中度，增强了集中企业的市场势力。因此会产生单边效应或协调效应。因此横向集中成为反垄断执法机构的重点关注对象。纵向集中具有很大的效率基础，只有在封锁效应产生时，纵向集中才会对相关市场的竞争产生损害。而混合集中一般不会对市场竞争产生损害。所以，非横向集中的相关执法案例较少。

集中控制政策一般包括实体规范部分和程序规范部分。实体规范部分主要包括集中的分析框架、分析标准和救济措施等，这些构成了企业集中相关法律的核心。集中控制的程序规范一般包括：事前申报、程序模式、正当程序、司法审查、听证制度、域外适用等，程序性规定是保证实体法有效实施的重要制度保证。

美国关于集中控制的法律规定主要集中在《谢尔曼法》第1条、《克莱顿法》第7条和《联邦贸易委员会法》第5条。此外，集中控制的相关司法指南和反垄断机构的判例也构成了美国集中控制的重要部分。其中，《企业并购指南》有关于美国集中政策具体、详细的解释，是美国并购控制政策的集中体现。对于集中控制，美国采取司法型控制的制度。

欧盟的并购控制制度包括欧盟理事会制定的条例、欧委会发布的通知以及相关判例。与美国类似，欧盟制定的《并购条例》（1989年）、《并购执行条例》（1998年）以及《欧共体并购控制条例》（2004年起实施）是欧盟并购控制的主要法律依据。与美国不同，欧盟采取行政为主导的并购控制制度。

中国的并购控制制度包括《反垄断法》的第四章，以及反垄断执法机构发布的各项意见、办法和规定，主要包括《国务院关于经营者集中申报标准的规定》（2008年）、《经营者集中申报办法》（2009年）、《经营者集中审查暂行规定》（2020年）等。我国的并购控制与欧盟类似，也是采取行政为主导的并购控制制度，相关规定对申报标准、申报程序、救济措施以及未依法申报的处罚措施等都进行了详细的规定。

（二）集中控制的实质性标准

在反垄断执法中，集中控制的实质性标准是看集中是否会产生损害竞争的效果，即集中对竞争的影响，如欧盟在《集中控制条例》里确立实质性妨碍有效竞争（substantial impediment to effective competition, SIEC）的重要审查标准。反垄断机构一般是根据集中后企业市场地位的变化来推定该集中是否会限制竞争以确定是否批准该集中。

（三）集中申报制度

事前申报制度是指当企业准备实施集中时，为了确保反垄断执法机构能够有一个事前对该集中是否会产生限制竞争效果做出判断的机会，而要求符合一定条件的企业当事人在集中前向反垄断主管机构申报，反垄断机构依法对其申报进行审查并做出同意与否的裁决。目前，各国对集中的反垄断控制基本都是采用事前控制为主的方式，即建立事前申报和审批制度。该制度的主要目的是对企业的集中行为实行事前控制，提前规避对竞争或者消费者不利的集中行为，防患于未然。为了规范事前控制的程序，各国都有对事前申报的相关规定，我国有《国务院关于经营者集中申报标准的规定》（2008年）、《关于经营者集中申报文件资料的指导意见》（2009年）以及《经营者集中申报办法》（2009年）。欧盟有第4064/4089号并购条例。美国有《哈特—斯科特—罗迪诺反托拉斯改进法》。这些文件都分别对集中的事前申报程序进行了具体的规定。事前申报制度一方面使反垄断执法机构实现对企业集中的控制，另一方面也为集中企业提供了稳定的法律环境，还可以避免事后救济的高额成本。尽管各国的事前申报制度在申报时间、提交材料、适用范围等方面存在差异，但是作为基本的组成部分，一般都包括申报条件和范围、申报义务人的基本要件、申报方式以及应提交的资料等。

（四）救济措施

集中企业向反垄断执法机构提交集中申请后，反垄断执法机构经过对集中的经济分析，可能会给出三种判决结果：第一种是无条件通过，在这种情况下，集中被认为不会对相关市场的竞争造成损害；第二种是禁止，即经过分析，反垄断执法机构认为集中会对相关市场的竞争造成明显的损害，不利于消费者；第三种是附加限制性条件通过，在这种情况，审查认为集中会对相关市场的竞争产生一定不利影响。为消除或减少集中产生的排除、限制竞争的效果，会采取一些救济措施，附加限制性条件通过。根据经营者集中交易具体情况，限制性条件可以包括如下种类：

（1）剥离参与集中的经营者的部分资产或业务等结构性条件。

（2）参与集中的经营者开放其网络或平台等基础设施、许可关键技术（包括专利、专有技术或其他知识产权）、终止排他性协议等行为性条件。

（3）结构性条件和行为性条件相结合的综合性条件。

第二节　经营者集中反垄断审查事后评估的界定

对案件效果的分析主要分为两类：事前分析（ex-ante analysis）

和事后评估（ex-post analysis）①。20世纪90年代，国外对反垄断执法效果的事后评估逐渐发展起来，并在过去三十多年获得飞速发展。经营者集中反垄断审查决定公布后，为了明确审查决定对市场竞争的影响，辨识审查决定效果的好坏，以期通过优化反垄断审查执法机制，完善相关政策，达到更好的执法效果，从而对反垄断审查决定的效果进行的评估称为事后评估。事后评估作为事前分析的重要补充，具有非常重要的作用。经营者集中反垄断审查效果事后评估属于公共政策评估的一种。按照奎德（Quade，1977）的观点，政策评估是确定一种价值的过程分析，在狭义上是指调查一项进行中的计划以衡量其实际成就与预期成就的差异。广义的政策评估包括政策的事前评估、执行评估和事后评估。事前评估属于前瞻性分析，在执法行动之前，通过分析不同情况下的效果为最终执法决定提供指引。反垄断执法中的经营者集中反垄断审查实际是一种事前评估，即基于预测判断和分析该项经营者集中是否会对相关市场的竞争或者消费福利产生负面影响。事后评估发生在执法决定完成之后，为回溯性研究，主要评估执法行动是否达到了预期效果，着眼于从因果关系分析执法效果并总结经验教训。两者基础不同，目的和具体的评估方法也有差异。

经营者集中反垄断审查事后评估主要是对经营者集中反垄断审查的评估，即确定反垄断审查有没有达到执法目的。所以，经营者集中反垄断审查的目的也是经营者集中反垄断审查事后评估的目的。比如，《中华人民共和国反垄断法》第一条对执法目的进行了详细的规定："预防和制止垄断行为，保护市场公平竞争，鼓励创新，提高经济运行效率，维护消费者利益和社会公共利益，促进社会主义市场经济健康发展"。基于此，对我国经营者集中反垄断审查的事后评估就侧重于测

---

① 事后评估被OECD和欧盟委员会竞争总司称为"ex-post evaluation"（事后评估），被美国称为"retrospective analysis"（回溯性研究）。

度我国的相关竞争政策和措施有没有达到抑制垄断,保护竞争等目的。此外,任何经营者集中反垄断控制体系都是直接或间接地建立在某些福利标准基础之上的(Williamson,1968)。福利标准既是反垄断执法的指导思想,也是反垄断执法的目标。事后评估既然要看反垄断执法有没有达到执法目标,则福利标准也是一个重要的考察对象。同理,对我国经营者集中反垄断审查的事后评估就需要衡量反垄断审查有没有"维护消费者和社会公共利益"。

反垄断执法会对竞争产生各种直接或间接的影响,而这种影响可能是短期的也可能是长期的,这种影响最后甚至会影响整个宏观经济(见图2-2)。经营者集中反垄断审查事后评估越来越引起执法机构和学者的重视,主要因为它是改善反垄断执法的重要一步,可以很好地观察、测度反垄断执法决定的影响,找到相关政策法规以及反垄断执法机构执法程序、执法工具等的问题和不足,提高反垄断执法的透明度和可信度。反垄断执法以及其他一些相关政策都会从事后评估中获益(Duso and Ormosi,2015),基于此,意大利竞争局(Italian Competition Authority,ICA)在2006年成立专门的部门,对其执法情况进行事后研究(Sabbatini,2008)。

每一起经营者集中案件都有不同的情况,分属不同的行业和领域,每个案件都需要有针对性的具体分析。在规定时间内,反垄断执法机构(又称"竞争主管机构/部门")需要根据所能获得的最有效信息对经营者集中案件对相关市场竞争的影响做出前瞻性的分析,具有不确定性且包括大量的实验因素(Kovacic,2006)。正是基于这种特性,需要对经营者集中反垄断审查进行事后评估,以确定执法机构哪些预测和假设是正确的,哪些是错误的。

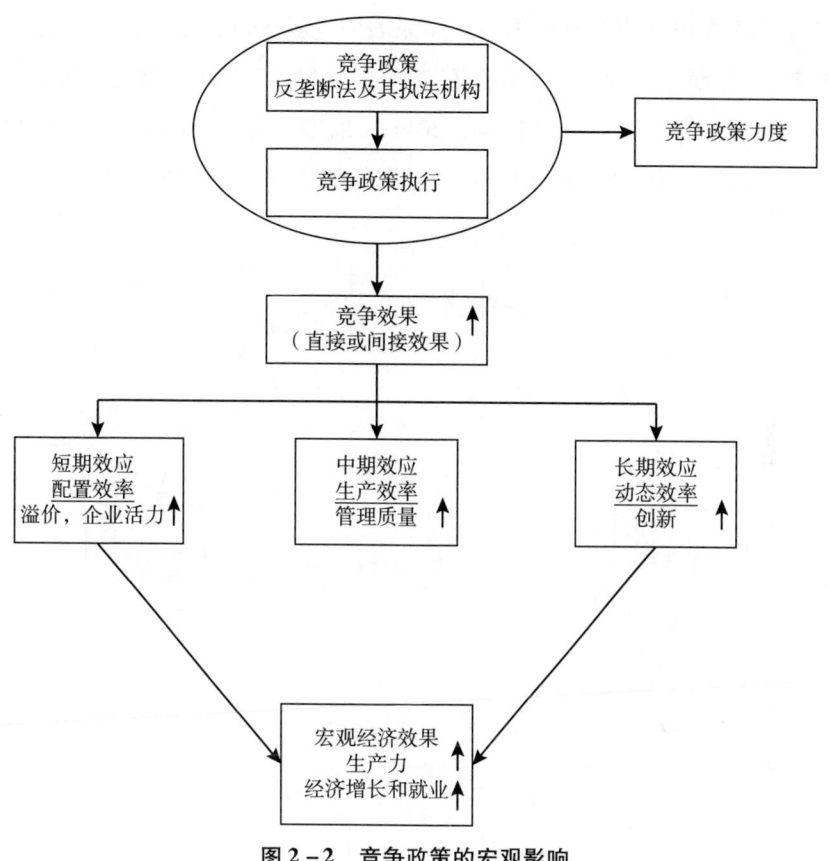

图 2-2 竞争政策的宏观影响

资料来源：OECD，2016：Reference Guide on Ex-Post Evaluation of Competition Agencies' Enforcement Decisions.

事后评估作为反垄断执法体系中的重要环节（见图 2-3），可以判断反垄断执法机构具体的执法决定是否合适，即是否达到了当初的执法目的——保护消费者福利或者社会总福利。各国反垄断执法机构非常关注本部门救济政策的效果，美国联邦贸易委员会（Federal Trade Commission，FTC）1999 年对 1990~1994 年美国附条件通过的 35 个案例进行问卷调查，结果显示，大部分（37 件中有 28 件）附条件通过的案件在相关市场起到了预期效果。2005 年，欧盟委员会竞争总署（DG Competition，EU）同样采取问卷调查的方式，对 1996~2000 年附条件通过的40个案例进行调查。结果表明,57%的兼并救济是有效的,只有7%是明显无效的,另外还有24%部分有效,15%不确定。卡尔顿(Carlton,2009)、杜索(Duso,2011)以及科沃卡(Kwoka,2013)都曾对无条件通过案例、附条件通过案例的救济措施等做过研究。

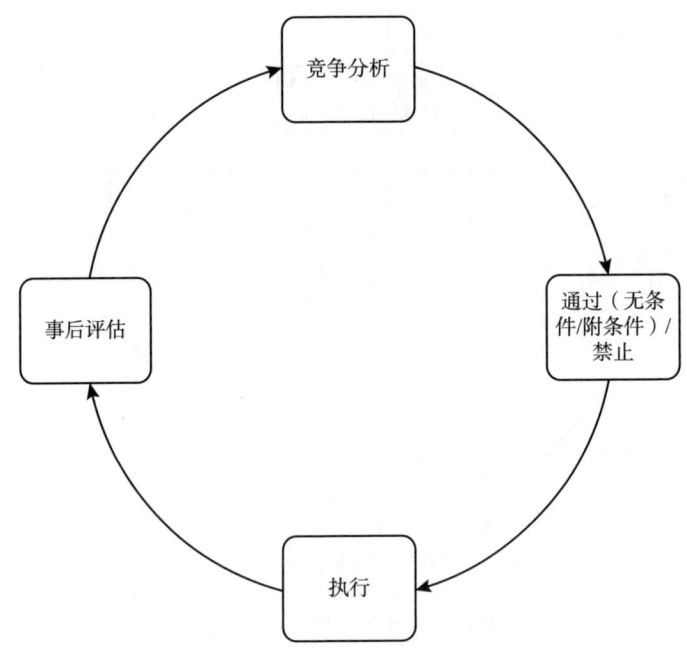

图2-3 事后评估在反垄断执法中的地位

资料来源:OECD,2016:Reference Guide on Ex-Post Evaluation of Competition Agencies' Enforcement Decisions.

事后评估还可以确定决策中关于市场特征判断的一些关键假设是否合理,比如说相关市场界定、市场进入、买方势力等。关键假设如果有局限甚至错误就直接影响最终结论的权威性。发现这些问题,有利于反垄断执法机构在后期的执法过程中不断完善执法程序。基于此,美国联邦贸易委员会(1999;2017)、欧盟委员会竞争总署(2005)、英国竞争委员会(Competition Commission,CC)(2004)、竞争与市场管理局(Competition and Markets Authority,CMA)(2017)、加拿大竞争局（Competition Bureau）（2011）分别对其附条件通过案例的救济措施进行事后分析。在 1999 年研究的基础上，美国联邦贸易委员会对其救济措施做了一些修改，包括：将默认剥离期限从一年缩减为六个月；委托第三方对复杂救济措施或涉及高技术产业的救济措施进行监督；在剥离政策实施六个月以后到一年之内，委员会会派工作人员对被剥离资产/业务的买方进行访谈，以保证剥离的顺利实施并防止其他问题的产生（FTC，1999）。

事后评估可以检验决策过程中使用的一些关键定量研究方法是否合理，是否准确（Peters，2006；Whinston，2007）。竞争政策和竞争理论都是不断发展的，通过事后研究可以判断经济理论的预测价值，以期在后期的执法中能选择更合适的理论。阿申费尔特等（Ashenfelter et al.，2009）认为应该对确定并购价格效应的评估技术进行定期的事后分析，通过反垄断执法决定执行一段时间后的市场真实反应可以确定反垄断执法机构在事前所获信息基础上所做的预测是否正确，该如何改进。比如，霍斯肯（Hosken，2011）通过分析美国医院并购对价格的影响说明该领域常用的相关市场界定的重要方法——E–H 检验法（Elzinga – Hogarty test）是有效的。拉方丹和斯莱德（Lafontaine and Slade，2008）通过事后评估确定竞争政策对上游企业与下游零售商的纵向协议的真实效果，以验证现有经济模型预测作用的有效性。

事后评估的进行有利于提高反垄断执法机构执法的透明度和公信度。对反垄断执法结果进行详细的剖析并公布促使执法机构不断提高其执法能力，也有利于公众对执法机构执法情况的了解和认知。事后评估的结果分两类，认为反垄断执法机构的政策和决定是正确的，符合标准；或者证明执法机构的执法在某些环节或领域存在问题。详细完整的事后分析促使执法机构越来越多地公布其相关信息，而相关错误的指出会使其不断吸取经验教训，完善执法。而对其执法的肯定也会增加公众对其执法的了解和信任，明确执法的重要性，提高执法的公信度。

第三节 经营者集中反垄断审查事后
评估的标准及文献梳理

一、相关理论

经济福利是经济学中用于测度产业绩效的标准概念,它可以衡量经济中不同集团的总福利状况,在一个给定的产业内,福利就是总剩余,即消费者剩余与生产者剩余之和(Motta,2004)。根据福利的这一概念,可以将福利标准界定为在经济分析中界定不同集团的福利状况时所采用的规则。评估审查中福利标准的界定十分重要,它是进行分析的出发点,反垄断当局选择不同的福利标准,意味着赋予不同利益集团的福利水平以不同权重,同时它也是事后评估的总体标准。中国集中控制政策正处于起步阶段,通过选择合适的福利标准,明确横向反垄断控制的政策目标和价值取向,具有重要的政策导向意义。

根据并购分析中不同利益集团的权重,可以将福利标准分为五种类型:价格标准、消费者福利标准、社会总福利标准、Hillsdown 标准以及 Killer 标准(余东华,2012)。根据对收入分配的关注程度排序为:社会总福利标准(不考虑分配问题)、Hillsdown 标准、价格标准、消费者福利标准和 Killer 标准(收入分配问题十分重要)。

反垄断执法机构在执法中主要考虑和权衡以下两大利益集团的福利:消费者和生产者。根据对两大利益集团福利的考虑,世界各国在反垄断执法中存在两个最常用的福利标准:消费者福利标准和社会总福利标准。消费者福利标准主要关注对消费者剩余的影响,只有当集中导致消费者剩余增加时,才可以被批准。而社会总福利标准考虑的是社会福利的总体情况,即生产者剩余和消费者剩余之和。根据这个标准，如果给生产者带来的收益大于消费者福利的损失，则可以被批准。所以根据社会总福利标准，对消费者剩余产生不利影响的集中可能也会被批准。福利标准的选择影响到效率抗辩能否使用以及在什么程度上使用，社会总福利标准注重的是能否带来明显的效率，允许并购企业以效率因素进行抗辩；消费者福利标准注重的是对消费者福利的影响，一般不考虑企业效率改进。福利标准的选择不仅是个理论问题，而且它还能决定评估审查的结果。事后评估的目的就是在一定福利标准指导下，看相关执法机构是否达到其执法目的。

并购控制执法机构之所以对案件进行审查，主要是因为部分案件可能会产生排除、限制竞争的行为，又称反竞争行为。横向并购会产生两种反竞争效应：单边效应和协调效应，纵向并购会产生封锁效应。单边效应指的是合并允许合并企业单方面动用市场势力和提高价格。法雷尔和夏皮罗（Farrell and Shapiro，1990）认为并购能够通过消除企业之间的竞争而使并购企业的市场势力上升，这种市场势力的上升并不是源于企业之间的协调行动，而是并购企业通过并购独享的效应；协调效应又称亲串谋效应，指的是企业间的并购促进企业之间的合谋，企业之间更有可能通过合谋来提高价格。根据合谋理论的分析，在市场集中度较高、产品同质、进入壁垒高和信息透明等情况下，合谋的结果更容易实现。由于企业之间的横向并购会带来企业数量的减少和集中度的上升，会产生有利于达成协同性条款的条件，有利于发现和惩罚背离行为，因此有利于企业之间的合谋。封锁效应指在某一市场具有市场支配地位的企业，利用在垄断产品市场的市场势力，试图限制竞争对手的产出或阻止其进入。反竞争行为导致的主要结果或者表现形式就是价格上涨，当然也可能通过产量降低，产品品种减少等形式表现出来。

对于企业来说，并购不总是有利可图的，是否有利可图取决于并购所带来的效率收益。企业并购的效率收益主要体现在以下几个方面：（1）企业通过并购可以扩大经营规模，实现单产品生产的规模经济；

（2）不同企业的实物资产和组织资本具有互补性，通过企业之间的并购，可以实现互补性的协同效应；（3）有效的企业并购机制会对经理人的行为产生有效的约束，激励其努力工作，降低代理成本。由于并购会使企业获得规模经济、范围经济和互补性资产的协同效应，并购后的企业能以更有效率的方式组织生产和经营活动，因此既可能带来高价格也可能降低成本。并购企业获得利润的方式有两种：一是高价格策略；二是低价格策略。但是，只要并购企业的效率改进足够大，并购企业将会采取低价格策略，这显然会促进消费者剩余和社会总福利的增加。

下面通过"威廉姆森替换"分析框架以及上面的分析来讨论并购的效果以及根据不同标准执法机关可能对并购做出的判断。假定一个双寡头垄断市场上的两个企业生产同质产品，该相关市场具有线性市场需求，我们用 AD 表示，MR 表示与此相对应的边际收益曲线；技术的规模报酬不变，因而边际成本为线性，MC_D 表示并购前的边际成本曲线，MC_E 表示并购产生效率后的边际成本曲线；相关市场上的企业符合利润最大化的理性假设。并购前两家企业的产量之和为 Q_D，单位产品价格为 P_D，边际成本为 MC_D。此时的消费者剩余为三角形 AHP_D，生产者剩余为四边形 P_DHGC_D。下面，假定这两家企业相互并购，将可能出现三种情况：

第一种情况：并购没有产生效率，边际成本仍然为 C_D，但是并购产生反竞争效应，产出下降到垄断水平 Q_M（低于并购前的产出水平），价格上升到垄断价格 P_M（高于并购前的价格水平）。结果，消费者剩余下降到三角形 ACP_M，生产者剩余上升到四边形 P_MCFC_D。社会总福利出现了净损失（三角形 ACP_M），生产者剩余的增加来自于消费者剩余的下降（见图 2-4）。在这种情况下，无论是采用社会总福利标准还是采用消费者福利标准，该并购都不具有社会合意性，因而将被禁止。

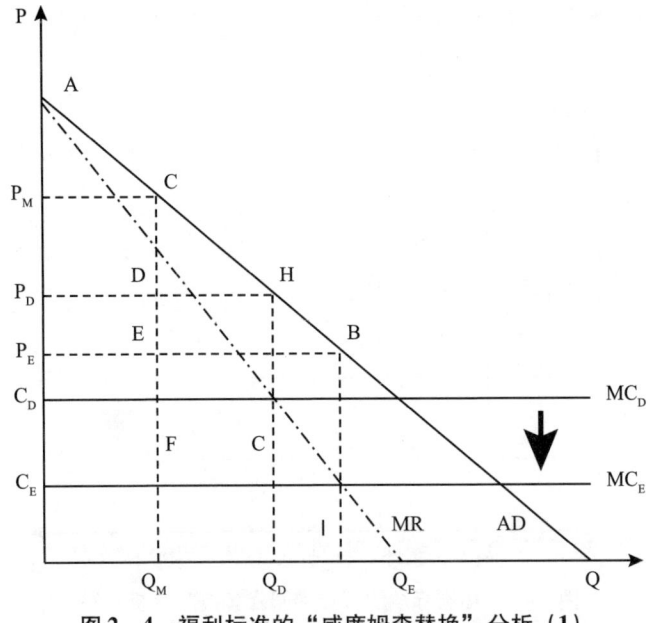

图 2-4 福利标准的"威廉姆森替换"分析（1）

第二种情况：并购产生显著的效率，边际成本下降到 C_E，产出提高到 Q_E；假定并购带来的效率能够传递给消费者，使单位产品价格降低到 P_E（低于垄断价格和并购前的寡头垄断价格）。这样，消费者剩余和生产者剩余均将提高，消费者剩余提高到三角形 ABP_E，生产者剩余提高到四边形 P_EBIC_E（见图 2-5）。因而，消费者剩余和社会总福利都提高了，无论是采用社会总福利标准还是采用消费者福利标准，这一并购都具有社会合意性，因而将被批准。

第三种情况：虽然并购产生了效率，但是并购产生的效率不仅没有传递给消费者，在并购导致的市场势力作用下，并购后的价格 P_E 高于并购前价格（见图 2-5）。并购产生的效率使边际成本下降为 C_E，产量为 Q_E（低于并购前的产量，高于没有效率改进时的垄断产量），并购后的价格为 P_E（高于并购前的价格，低于没有效率改进时的垄断价格）。在这种情况下，消费者剩余从 AHP_D 下降到 ABP_E，生产者剩余从 P_DHGC_D 上升到 P_EBIC_E，生产者剩余的增加大于消费者剩余的下降，

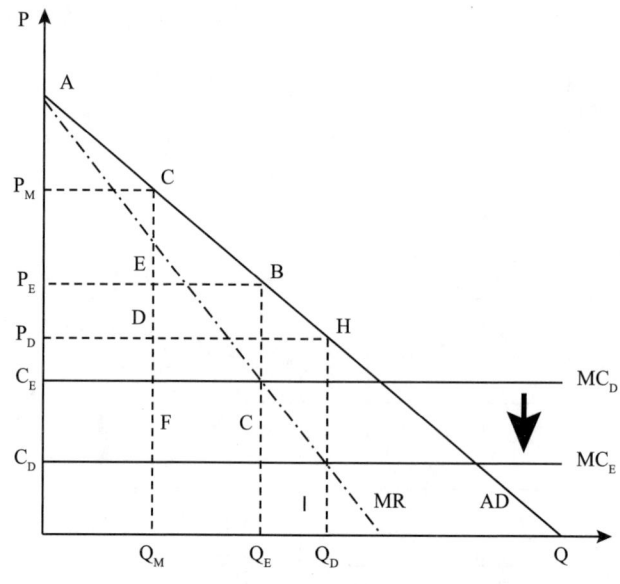

图 2-5 福利标准的"威廉姆森替换"分析（2）

社会总福利水平提高了。此时，反垄断当局采用不同的福利标准会出现不同的决策结果：在消费者福利标准下，并购将被禁止；但在社会总福利标准下，并购将被批准。

根据上述理论，如果以消费者福利为标准，则主要看并购后的价格效应。如果事后评估结果发现审查机关无条件通过的案例导致产品价格上涨，则说明，通过该案例的决定是不符合标准的；如果无条件通过并购完成后产品价格没有上涨或者下降，则说明执法机关允许该案例通过是符合标准的；如果事后评估发现附条件通过案例并购完成后产品价格没有上涨，则说明执法机关允许该案例通过是符合标准的，如果价格下降，而且说明执法机构采取的救济措施是有效的，阻止了反竞争行为的出现，甚至促进了竞争。

在社会总福利标准下，事后评估则需要考察并购的价格效应和效率效应。如果事后评估发现附条件通过案例并购完成后产品价格没有上涨或者下降，则说明执法机关允许该案例通过是符合标准的，其采取的救济措施是有效的,这与以上消费者剩余标准下得出的结论是一致的;如果事后评估发现并购后产品价格上涨,则还需要考察效率标准,以确定效率改进带来的生产者剩余增加是否超过价格上涨导致的消费者福利损失,最后确定通过该并购是否符合标准。

事后评估的主要任务是阐明执法机构的执法决定是否有利于竞争和消费者福利,救济措施是否能够消除并购的反竞争效应,于是需要明了案件行为排除、限制竞争的渠道,寻找并购后是否具有排除、限制竞争效果的证据。在具体案例的事后评估中,价格效应是应用最为常见的证据,在经济合作与发展组织(OECD,2016)列出的所有关于事后评估的文章中,根据并购的价格效应对案件进行事后评估的文章达到70%,但是进一步研究发现,通过价格的变化讨论并购的影响的研究主要集中在终端消费品市场,比如零售业(图书、食品等的价格)、能源业(汽油等的价格)以及航空业(机票价格)。在这些行业和领域,并购对价格的影响比较直接且显著,而且数据容易获得。

但是有些领域的并购案,效率改进非常明显,效率改进是其进行并购审查的主要抗辩因素,需要着重对效率进行评估。但是在实践中,计算市场势力和效率效应之间的净结果是一个非常困难的问题(Motta,2004),此外,效率的量化也是个复杂问题。一般来讲,效率改进比较直接的结果是降低成本,所以成本是衡量效率的一个重要指标。但是,有些行业成本数据和价格数据在每个并购案例中是不同的,不具有统一性,并且数据不易获得(如在中国南车和中国北车合并案中,主要以招标的形式进行,且每次招标对轨道交通设备的要求不尽相同),因此,在事后评估中可以通过其他方法和代理变量进行事后评估,如使用事件研究法,通过资本市场的反应来体现。

当然,除了并购的价格效应和效率效应外,还可以通过并购的其他效应来进行事后评估,如并购前后的产品种类、专利数量、市场进入以及市场份额变动等,但是现有文献根据这些效应进行事后研究的相对较少。接下来,本章将根据不同的效应标准对相关文献进行梳理。

二、价格效应

事后评估关注的一个主要变量就是价格。关于并购后价格效应的测度对并购控制政策的效果评估非常重要（Carlton，2009）。价格也是衡量并购前后效果的一种重要指标。阿申费尔特（Ashenfelter，2009）对以价格为标准进行事后评估的关键因素进行了详细介绍，同时介绍了可以用来进行价格评估的经济模型。以价格效应为标准进行事后评估的文献很多。但是因为数据（商品或服务的交易价格）的可获性等因素，关于价格的研究主要集中在零售业（图书、食品、啤酒、办公用品、报纸等）、航空业、银行业以及能源和医疗领域。

早期关于价格效应的研究主要集中于航空业和银行业。伯恩斯坦（Borenstein，1990）、韦登等（Werden et al.，1991）考察了两个备受争议的航空公司并购案对机票价格等的影响，研究发现 TWA/OZ 并购对价格的影响不明显，而 NW/RC 并购后价格明显上涨。他们对航空公司并购对价格等影响效果的研究主要是短期的，莫里森（Morrison，1996）则侧重于研究两起航空公司并购案的长期效果。多布森和皮加（Dobson and Piga，2013）通过对欧洲两起廉价航空公司并购案定量和定性分析，发现并购对价格和结构的影响会很快显现并且会持续一段时间。福卡雷利和帕内塔（Focarelli and Panetta，2003）利用存款利率数据研究银行并购对价格的影响。与前期研究不同，他们将并购的效果分为长期和短期两种，结果表明短期看银行并购对价格没有产生明显影响，但是因为效率改进，长期来看并购使价格降低，对消费者有利。克特尔（Koetter，2005）以价格效应为标准对并购案进行详细的事后评估，并根据自己提出的标准对德国的银行并购案进行分析。

关于零售业领域并购案件效果和并购控制政策效果的事后评估很多，一方面因为零售业很容易遭受反垄断审查（Hosken et al.，2012），另一方面因为零售业本身的特点：数据容易获得（商品的扫码数据是该类研究的重要数据来源）；卖方和买方都比较分散（Davis，2006）；目标企业具有一定的地域性而收购方多为全国性的连锁企业等。联邦贸易委员会（FTC，1999）利用其掌握的大量内部数据就其并购政策在20世纪80年代和90年代初对碳酸饮料行业的影响进行研究，结果表明碳酸饮料行业的横向并购导致产品3.5%~12.8%的价格上涨，而纵向并购导致碳酸饮料的价格出现4.3%的下降，大型特许经营收购导致价格下降，小型特许经营收购对价格的影响则相反，总体效果与FTC的并购政策是一致，但是也有一些问题。平克斯和斯莱德（Pinkse and Slade，2004）对英国两起啤酒企业并购案（一个被禁止，另一个被通过）进行事后评估。他们主要使用结构模型与模拟的方法，通过对英国酿酒行业结构的观察，基于需求和成本模型以及市场均衡，扩展了平克斯等（Pinkse et al.，2002）的模型，研究并购对价格和品牌的影响。结果表明无条件通过并购案件对价格影响非常小，而被禁止的案件则防止啤酒价格的大幅上涨。弗里贝里和罗曼（Friberg and Romahn，2015）的研究也是集中在啤酒酿造市场，但是其主要关注反垄断执法机构的剥离政策对消费者福利和价格的影响。通过多种方法的详细分析，结果表明剥离出去的产品价格明显下降，剥离政策也使并购导致的预期价格上涨明显放缓，并购使市场总体价格波动不大，说明剥离政策起到了预期效果。阿古佐尼等（Aguzzoni et al.，2016）对英国的两大图书零售连锁店并购案（Waterstone's/Ottakar's）进行了详细的事后分析。因为相关市场的特点，文章将并购的影响分为地方和全国两个层面。研究表明并购在两个层面都未导致价格的显著上涨。霍斯肯等（Hosken et al.，2012）通过对美国食品零售行业横向并购案价格效应的分析，发现高集中度市场的并购容易导致价格上升，而低集中度市场的并购容易带来价格的下降。与大部分使用扫描数据进行研究的文献不同，艾伦等（Allain et al.，2013）使用消费者面板数据和对零售商店的调查数据，研究零售业并购对食品零售价格的影响，结果表明并购对并购方价格的正向影响非常明显。乔内和林奈莫（Chone and Linnemer，2012）以及斯克兰卡（Skrainka，2012）分别对法国的 CTM/VINCI 并购案和英国的 Safeway plc/Wm. Morrisons plc 并购案进行事后分析，在分析中除了侧重对价格效应的分析外，两篇文章都注重地理位置对分析的影响——空间竞争，相同侧重点的文章还有德乌（Houde，2012）。

  关于能源领域并购案的事后评估实际上与零售业相似，主要的数据来源是燃气、汽油等的零售价格。辛普森和泰勒（Simpson and Taylor，2005）主要研究无条件通过的 MAP/UDS 并购案对汽油零售价格的影响。使用 DID 方法比较了密歇根六个受并购影响城市的汽油价格与两个未受并购影响城市的汽油价格，发现并购并未导致价格的明显上涨。泰勒和霍斯肯（Taylor and Hosken，2007）则进一步研究了 Marathon/Ashland Peroleum 并购案对再生石油的零售和批发价格和市场结构的影响，认为并购导致市场集中度提高并最终导致汽油价格出现上涨。霍斯肯等（Hosken et al.，2011）的研究也是专注于市场集中度对价格的影响。西尔维亚和泰勒（Silvia and Taylor，2013）对 FTC 无条件通过的两起炼油厂并购案进行研究，检验 FTC 执法的合理性并检测并购后产品价格的变化。与之前仅仅关注汽油价格的研究不同，他们还研究了并购对柴油价格的影响。通过两种产品的价格变化说明总体来看并购对竞争的影响不明显。欧盟竞争委员会（2015）研究其竞争执法政策是否促进天然气和电力市场的竞争，降低产品价格并改善了该领域的生产力。阿根特斯等（Argentesi et al.，2017）使用 DID 方法研究欧盟竞争委员会 2006 年附条件通过的泽布吕赫交易中心（Gaz de France（GDF）/Suez）并购案对石油价格的影响。通过与另一个竞争情况和市场结构非常相似的对照组（TTF Hub）的对比分析，结果表明附条件通过该案使比利时 Zeebrugge Hub 天然气批发价格明显下降，说明欧盟的救济措施对并购的反竞争效应起到了有效的限制作用，并从某种程度上促进了竞争。

  自 1990 年开始，美国医院经历大范围的并购（超过 45%），也导致大量关于医院并购和医院并购控制效果的研究。20 世纪 90 年代，美国相关反垄断执法机构曾先后对 7 起[①]医院并购案发起挑战，但最后所有案件都获得通过。受此事件刺激，2002 年 FTC 对其医院并购控制政策进行系统的回溯性研究。汤普森（Thompson，2011）则对其中一个医院并购案（New Hanover/Cape Fear）对住院价格的影响进行了详细分析，所用数据为四家保险公司的理赔数据。结果很复杂：与参照组相比，两家保险机构的承保人的医疗费明显上涨，一家没有明显变化，还有一家价格明显下降。克里希南（Krishnan，2000）考察几起医院并购对个人诊断相关组层面（DRG）价格的影响，他不仅考虑了市场内的并购还考察了几起市场间的并购，通过几个不同维度的比较分析，发现医院并购导致 DRG 层面价格上涨，并且市场份额大的医院，DRGs 价格上涨的多。传统横向并购控制政策对非营利机构是否同样适用一直是个备受争议的问题。维塔和萨赫（Vita and Sacher，2001）通过非营利性医院并购案的事后评估发现，并购导致价格明显上涨，为竞争执法相关政策实施提供了依据。泰恩（Tenn，2011）研究 Sutter/Summit 医院并购案，验证竞争执法机构的执法决策是否合适（加利福尼亚司法部部长曾试图禁止该案，但最终获得 FTC 无条件通过）。检验的主要标准就是并购对价格的影响，同样使用保险公司的理赔数据进行比较研究。结果表明并购使加利福尼亚地区医院价格大幅上涨，说明该并购具有反竞争的效应，进一步验证了维塔和萨赫（Vita and Sacher，2001）的结论，同时指出医院并购中常用的 Elzigna – Hogarty（E – H）方法存在不合适的地方。

三、效率效应

效率往往是企业进行抗辩的关键因素——效率改进最终将会有利

[①] 7 起案件分别是：California v. Sutter Health System (2000), FTC v Tenet Healthcare Corp. (1998), United States v. Long Island Jewish Medical Center, (1997), FTC v. Butterworth Health Corp. (1996), United States v. Mercy Health Services (1995), FTC v. Freeman Hospital (1995), In re Adventist Health System (2004)。

于消费者福利并抵消反竞争效应。金和辛格尔（Kim and Singal, 1993）认为事前分析面对太多的不确定性，反垄断执法机构应该通过一些事后的证据来确定企业并购是否真的改善效率，所以效率效应是进行经营者集中反垄断审查事后评估的一个重要标准。但与以价格为标准进行的评估相比，以效率效应为标准进行评估的研究相对要少一些。效率改进可以有多种形式，如并购导致企业运输成本和配送成本降低、规模效应、管理效率提高等。已有文献研究表明，协同效应和效率改进有利于抵消并购导致的市场势力，增加社会福利（Williamson, 1968；Farrell and Shapiro, 1990；余东华，2013）。阿森费尔特等（Ashenfelter et al., 2013b）研究了2008年美国司法部（Department of Justice, DOJ）通过的Miller/Coors并购案，验证了以上结论，他们发现并购带来的效率改进导致的价格降低抵消了并购效应导致的价格提高，并最终导致相关市场产品价格降低1.8%。法雷尔和夏皮罗（Farrell and Shapiro, 2001）详细分析了横向合并中效率改进的问题，认为并购的协同效应非常重要。通过并购效率总的评估发现，并购的平均效率效应与并购事件的时间段和具体样本选择有直接关系，不同选择会导致明显差异。拉文克拉夫和舍雷尔（Ravenscraft and Scherer, 1987）使用美国联邦贸易委员会的行业数据，对并购后收益率明显降低的一些目标企业的表现进行评估。利希滕贝格和西格尔（Lichtenberg and Siegel, 1987）、麦卡金和纽伦（McGuckin and Nguyen, 1995）则分别使用了美国人口统计局1972～1981年的LED数据和LRD数据，研究企业所有制的变化对公司全要素生产率的影响，研究发现并购使目标公司的生产率从并购前的低于平均水平上升到高于行业水平。

横向并购企业效率效应的研究初期也主要集中在银行业。研究发现，总体来看同一地域市场的银行并购并不能显著提高效率（Berger and Humphrey, 1992；Peristiani, 1997；Pautler, 2003；Koetter, 2005）。但是也有文献认为银行并购有利于银行成本和利润率的改善（Al-Sharkas et al., 2008）。关于医院并购对效率影响的研究后来逐渐增加，费里尔和瓦尔德曼（Ferrier and Valdmanis，2004）使用数据包络分析1997年的一组医院并购，发现与未并购医院相比，并购医院在效率和规模方面获得改善，但是生产绩效的改善只是短期的。格罗夫等（Groff et al.，2007）使用非参数 DEA 方法检测医院并购对效率的影响，结果表明与对照组相比，并购医院在并购完成后的第二年在技术效率方面表现出明显的优势。斯潘等（Spang et al.，2001）、哈里森（Harrison，2011）认为医院并购降低了成本，提高了效率。斯潘等（Spang et al.，2009）则认为医院并购的效果与医院的所有制形式、市场结构等有密切关系。

其他行业领域的研究包括：帕森多佛（Pesendorfer，2003）研究了20世纪80年代造纸业的并购浪潮。通过测度并购前后企业的库存来评估并购对企业生产率的影响。马宗达等（Majumdar et al.，2010）选取美国电信行业 1988~2001 年并购案的面板数据，评估其并购后的表现。研究结果表明，如果并购不是单纯为了获得市场势力，则会明显提高效率；如果并购为了获得市场势力或者寡头势力，则效率改进不明显。他们还发现并购后企业运营效率降低。卓弥和富山（Ohashi and Toyama，2017）研究了1998年发生在韩国的汽车行业横向并购案（现代汽车和起亚汽车）的效果，并主要关注并购对出口市场的影响。通过结构模型与模拟方法发现并购后并购方效率提高 5.8%，并进一步促进并购方出口量的增减。李青原等（2011）以可口可乐并购汇源果汁案为例，研究发现市场预期并购产生的协同效应给并购双方带来正的超额收益，而并购双方效率的提升使竞争对手处于不利的竞争地位，根据效率理论实现的路径证明可口可乐并购汇源果汁案存在很多协同效应。布里托等（Brito et al.，2013）、科沃卡等（Kwoka et al.，2010）、宋和科特（Sung and Cort，2006）等的研究则认为并购不会给企业带来明显的效率改进。

在测度并购后的效率改进时，时间跨度的选择非常重要。福卡雷利和帕内塔（Focarelli and Panetta，2003）研究发现反竞争效应（价格上涨）一般会很快表现出来，但是案件对效率的影响则需要一定时间才能显现。因此对效率改进的研究一般选择 2~5 年。罗夫等（Groff et al.，2007）发现并购一年内并没有出现明显的效率改进，但是从第二年开始表现出明显的效率改进。福卡雷利和帕内塔（Focarelli and Panetta，2003）分别选择 2 年和 5 年两个时间跨度来观察并购的影响。哈里森（Harrison，2012）认为并购的影响随着时间推移会逐渐降低。阿申费尔特等（Ashenfelter et al.，2013b），德雷诺夫和林卓斯（Dranove and Lindrooth，2003）则认为需要 2 年或者 2~4 年并购效率效应才能完全展现出来。

四、其他标准

事件研究法主要通过股价的波动，根据企业股票异常收益率的波动判断企业并购以及并购控制的效果。埃勒特（Ellert，1976）首先使用股票市场数据对兼并控制诉讼的效果进行评析，但是没有考虑并购对竞争对手的影响。埃克博（Eckbo，1983）和斯蒂尔曼（Stillman，1983）最早开始研究并购对竞争对手的影响，通过股票市场上竞争对手股价的波动，他们发现竞争对手的反应与"共谋假设"所预期的并不完全一样，而是与生产效率假说相吻合，即并购提议的公布传达了生产成本降低的信息，而这些信息通过竞争对手对并购提议的正向反应体现出来。杜索等（Duso et al.，2007；2011）以及阿克塔斯等（Aktas et al.，2004；2007）的关注点和方法非常相似，他们选取欧盟并购控制的案例，通过并购事件后并购企业、目标企业、竞争对手等股票异常收益率的变化，研究并购事件对各方的影响以及总的效率评价。杜索等（Duso et al.，2007）选取了欧盟 1990~2002 年的 167 个并购案例，通过竞争对手股价的变化来研究欧盟并购控制政策的影响因素。杜索等（Duso et al.，2011）则在前面文献的基础上对欧盟并购控制的总体效果做了详细的计量分析，认为欧盟的兼并救济政策只是部分有效的。阿克塔斯等（Aktas et al.，2004）选取提交欧盟竞争委员会审查的602个兼并案例进行研究，发现禁止案件会导致负的异常收益率，而相比来说附条件通过则是利好消息。阿克塔斯等（Aktas et al.，2007）将研究问题进一步深化，主要研究欧盟反垄断委员会的并购控制是否存在保护主义。

CRA国际（CRA International，2007）接受加拿大竞争局的委托对其并购控制政策进行评估。通过问卷调查的方式，他们着重对三个案件进行研究，其中一个结论是虽然执法机构的相关措施有利于市场进入，但是并购后价格还是上涨了。彻尔格和奇塔莱（Csorgo and Chitale，2015）对新西兰商务委员会执法情况的研究也是采用的调查法，与关注价格等的研究不同，他们更多地关注并购对市场进入、市场份额、市场集中度、市场竞争情况以及买方势力等问题的考察。贝里和沃德弗格（Berry and Waldfogel，2001）则主要关注并购对产品种类的影响，认为集中度的提高促进产品种类增加。意大利竞争执法机构（ICA）通过对自己过去执法情况的分析得出结论，调查透明度的提高有利于市场进入，在复杂的市场环境中，救济措施可能起不到预期的效果。奥尔纳基（Ornaghi，2009）通过对医药企业并购案的研究发现，并购导致企业研发能力降低。霍和汉密尔顿（Ho and Hamilton，2000）、维塔和萨赫（Vita and Sacher，2001）分别通过对医院并购案的研究认为，并购后虽然价格提高了，但是医院的服务质量并没有明显的改善。

需要特别指出的是，中国反垄断法实施时间短，数据少，对中国经营者集中反垄断审查进行事后评估的文献鲜见。而仅有的一些研究也主要以简单案例分析为主。有学者（Zhang and Zhang，2010）分析了中国经营者集中审查初期3个具有里程碑意义的案件，并从中归纳出了中国的经营者集中反垄断审查的共同特征、依据的经济学理论以及存在问题。单等（Shan et al.，2012）通过对《反垄断法》条款的分解和2008~2010年商务部禁止和附条件通过的7个案例的详细分析，认为中国的反垄断法采取了多元目标，而不是单纯的消费者福利标准或者社会总福利标准,但是将消费者剩余保护和动态效率的改善放在首位。林和赵(Lin and Zhao,2012)对商务部禁止或附条件通过的8个案例进行了分析指出,总体上中国的经营者集中反垄断审查与国际惯例是相一致的,但是,反垄断审查中也存在一些问题,比如,在禁止的可口可乐收购汇源案中,审查结果明显地受到产业政策影响。

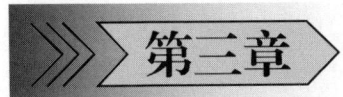

第三章

经营者集中反垄断审查事后评估的主要方法和主要内容

第一节 主要方法

事后评估主要是对经营者集中反垄断审查效果的考察,为了使结论尽可能的准确,既需要对审查后的市场情况进行分析,也需要与反事实的情况(counterfactual scenario),即没有受该决定影响的情况相比较。对于事后评估方法的选择受到很多因素的影响,关键的影响因素是评估目的,还有数据的可获性,时间和调查人员情况,以及具体案件本身的特点。常用的事后评估的方法主要有以下四种:

(1) 结构模型与模拟;

(2) 比较评价法;

(3) 事件研究法;

(4) 调查法。

下文将详细介绍每种方法及其优势和不足。

一、结构模型与模拟

1. 方法介绍

结构模型与模拟方法是随着新实证产业组织理论（new empirical industrial organization，NEIO）的发展而发展起来的，该方法建立在市场竞争模型的基础上，包含供给、需求及市场均衡的数理形式。结构模型的参数主要指需求的价格弹性和供给的成本、技术参数，基于现有数据估计这些参数，得到市场中供给、需求或市场均衡的特定表达形式（通常为一些包含已估计的参数和一些外生变量的数理模型），基于这些模型可以模拟其他市场情况。具体有：首先用并购前的数据估计出事前评估模型中的参数，用于在不同假设条件下并购的事后预测。同时，用并购后的相关数据估计同样的模型参数，用于事后评估。

结构模型的复杂程度不同，可以是经典的结构模型，例如，假设同质产品，线性需求古诺竞争的静态模型，也可以是非常复杂的模型，包含不同程度的产品差异化以及动态条件。均衡条件同样不尽相同，经典的模型主要假设古诺或者伯特兰德－纳什竞争行为，均衡表现为厂商对产量与价格的选择结果（Berry，1994）；更为复杂的模型中，可以设定厂商选择如产品差异化程度、产品定位、或者产品质量之类的其他变量，如马泽奥等（Mazzeo et al.，2014），甚至将市场主体之间对利益分配产生影响的博弈行为考虑进来，如高里桑卡兰等（Gowrisankaran et al.，2015）。

首先来看需求端的模型构建和价格弹性等参数的估计。现有使用模拟方法对并购进行研究的文献大部分都假设相关市场的产品都是差异化的。在该假设下，有两种常用的方法：（1）随机系数离散选择模型（又称 BLP 模型）；（2）代表性消费者模型。

第一种方法将产品投射到一个特种空间上，在特种空间模型中：（1）产品是特征束；（2）消费者的偏好由产品特征定义；（3）每一个消费者都选择一个特征束来最大化其效用（Ackerberg et al.，2007）。如一辆汽车就是以下特性的集合体：发动机排量、车型、燃油效率、变速箱种类，甚至是否有电子稳定控制系统、蓝牙、天窗等。不同的消费者对这些特性的评价不同，因此在消费时获得效用也存在差异，而选择一个最大化其效用的产品。因此，衡量消费者效应的参数是模型的关键点，决定了消费者的产品选择替代性，即交叉价格弹性。

该方法的数据既可以是微观层面的数据（消费者），也可以是加总数据（市场层面），贝里等（Berry et al.，1995）就利用所获得的消费者人口分布特征数据，对消费者偏好异质性进行建模。这种方法对于掌握市场层面信息的执法者来说，非常重要（Kadiyali et al.，2001）。随机效应模型如 logit 模型，嵌套 logit 模型以及随机系数模型都可以用于构建消费者选择模型。

第二种方法基于消费者对不同商品特征的偏好，即经典的拟线性偏好需求，由既定的消费者效用函数与不同产品的边际效用替代性求得（边际效用递减，边际替代性递减）。因而消费者有扩展消费多样性的动机，产品的差异化自然地包含在效用函数的参数中，这是求解价格弹性或交叉价格弹性的关键。代表性的研究如迪什和米尔鲍尔（Deation and Muellbauer，1980）构建的近乎理想需求体系（almost ideal demand system）。

通常，这样的消费者效用包含了大部分的效用最大化决策，即消费者会在不同组内部使用相应的调整后的价格水平来做出效用最大化的选择。这样将产品分成了不同的组并允许每一组有特定的效用形式。因此，模型的应用过程中，效用要在不同的组间可分。通常市场情况下，在组内总支出既定的条件下，一种产品的消费量由其组内的相对价格决定。当前这种方法的应用并不多，但是对离散选择需求模型很好地替代。

接下来看供给端的边际成本估算。供给端的估算在结构需求评估中也非常重要，因为价格弹性与交叉价格弹性是任何不完全竞争市场模型的关键构成。在一个消费者可以自由选择的拥有产品多样性的市场中,厂商的加价能力可以看作是其市场势力的直接体现。所以并购或者并购救济措施导致的市场结构的变化对市场的影响可以通过替代性参数来计算。

一般的实证模型中,供给端主要由静态寡头竞争模型来表示,厂商的竞争主要是伯特兰德—纳什价格竞争。模型的主要逻辑如下:产品价格上升,消费者对其他品牌的需求增加。生产多种产品的厂商只关心价格外部性,而不关心竞争对手收益的变化,因为一种品牌的价格变化只会导致其他品牌的需求变化。价格边际变化的效果由交叉价格弹性(价格外部性)和产品是否归属同一企业两个因素共同决定。而后者主要指产品归属矩阵。这也是进行并购模拟的一个关键因素。

在所有这些假设下,就可以从均衡价格成本利润率中获得边际成本。尤其是在简单的产品差异化的静态模型和伯特兰德—纳什价格竞争模型中,边际成本可以通过最低价格溢价获得。在单产品厂商模型中,产品溢价为剩余需求价格弹性的倒数。在多产品厂商模型中,溢价要复杂一些,厂商所有产品的交叉价格弹性也会对其产生影响。

最后一步,模拟。根据前面两步从需求端和供给端获得的参数以及所设定的经济模型,就可以模拟在市场结构或者政策(例如,反垄断执法决定的实施)发生变化时新的均衡价格和市场份额,以及这些变化对消费者福利和生产者收益的影响。经济模型提供了需求方程、商品的一阶条件以及均衡概念。前面的估算过程则提供了经济模型的关键参数,然后模拟模型中一个(几个)参数的特殊变化。

该方法既可以用于事前分析也可以用于事后评估。用于事后评估时必须注意哪些数据用于评估需求和供给参数。理论上讲,供给参数不应该受到政策决定的影响,因为消费者偏好被认为是外生的,但是边际成本会受到政策变化的影响,实际并购中确实如此。所以,并购后的边际成本需要使用并购后的数据来测算。然后,通过并购前后成本的变化可以确定并购是否带来效率改进。当然,这种边际成本的变化也可能是由其他因素造成的,所以因果关系的讨论是问题的难点。

2. 结构模型与模拟方法的优点和缺点

该方法具有很强的理论基础和丰富的模型，可以根据市场的具体情况匹配到相应的估计模型。当潜在的市场结构发生变化时，该方法可以模拟由此造成的均衡结果的变化，当统计假设和经济假设发生改变时，该方法也可以测试模型和估计量的灵敏性。

该方法的优点之一是可以分析禁止案件的影响，因为模拟方法的运用可以构造无法观测到的反事实场景。此外，该方法可以用于测度不同剥离政策的影响，比如说附条件通过的案例中将部分品牌或资产剥离给并购方的竞争对手或其他潜在进入者所产生的影响效果，还可以模拟与执法机构采取的剥离政策不同的其他剥离政策可能产生的结果。另一个优点是通过该方法可以获得市场结构变化或者政策干预的所有福利效果。

当然，该方法也有其局限性。该局限性在于其所使用的市场特性，现有文献主要关注终端消费品市场（汽车、饮料、电信服务等），所以大部分的研究都局限于简单的横向并购模型以及纵向并购的零售部分。但是，越来越多的文献开始致力于纵向关系的研究，将供应商和零售商的关系模型纳入其中（Bresnahan，1986；Villas – Boas，2007；Brenkers and Verboven，2006；Bonnet and Dubois，2010）。

该方法的主要缺点是首先在理论结构和随机变量部分都需要做大量的假设，因此必须非常谨慎地去选择相匹配的数据进行分析（Slade，2009）；其次，该模型对主要假设条件的变化非常敏感，所以必须进行非常严格的稳健性检验；最后，该方法需要产量和价格的截面数据，还有成本和需求等的数据，对数据要求非常高，很难达到要求。

二、比较评价法

1. 方法介绍

比较评价法的核心思想是构造两组实验：对照组和实验组，对照组为未受并购控制政策影响的市场,对照组和实验组的数据时间一致。然后通过对照组和实验组的对比,评价并购控制政策对市场的影响。该方法的基本思想是:在其他条件不变的情况下,两组实验得出对一种"处理"效果(如政策干预)的估计在绩效上的不同表现。

比较评价法有三种不同的类型:自然实验法、匹配法、工具变量法。自然实验法和匹配法使用的对照组都是"自然存在"的,且与实验组非常相似。区别在于,自然实验法需要找到一个"自然存在的""未经处理"的市场,这个市场与受到执法机构决策影响的市场(公司)具有非常相似的需求和供给条件,例如,阿根斯等(Argentesi et al.,2017)的研究。匹配法主要通过一些显著特征使"被处理"的厂商和"未被处理"的厂商相匹配,常见的例子是选择并购企业的竞争对手作为对照组。工具变量法是为了解决外生问题而寻找中间变量的方法,要求中间变量可以解释"处理"(并购控制政策)的影响,但又不会对所需要的结果造成影响。

比较分析法中常用的回归方法是双重差分法(differences-in-differences method,DiD)。双重差分法既进行了截面的比较(实验组和对照组),也进行了时间序列的比较(政策实施前后)。双重维度的比较很好地解决了差分法存在的局限性。具体来说,将对照组前后的变化视为纯粹的时间效应,即:

$$\bar{y}_{control,after} - \bar{y}_{control,before}$$

通过两次差分,即处理组在政策实施前后的变化与对照组政策实施前后的变化之差,可以得到更可靠的估计结果:

$$(\bar{y}_{treat,after} - \bar{y}_{treat,before}) - (\bar{y}_{control,after} - \bar{y}_{control,before})$$

双重差分法能够使用的关键条件是对照组的存在,必须满足以下条件:

(1)对照组和实验组之间的差异必须稳定;

(2)对照组和实验组同时遭受相同程度的供给和需求冲击,即满足平行趋势(parallel trend)或者共同趋势(common trend)的假设,也就是说，如果没有政策实施的影响，实验组的时间效应或者趋势与对照组应该一样（见图3-1）。

（3）对照组不会受到政策实施的影响。

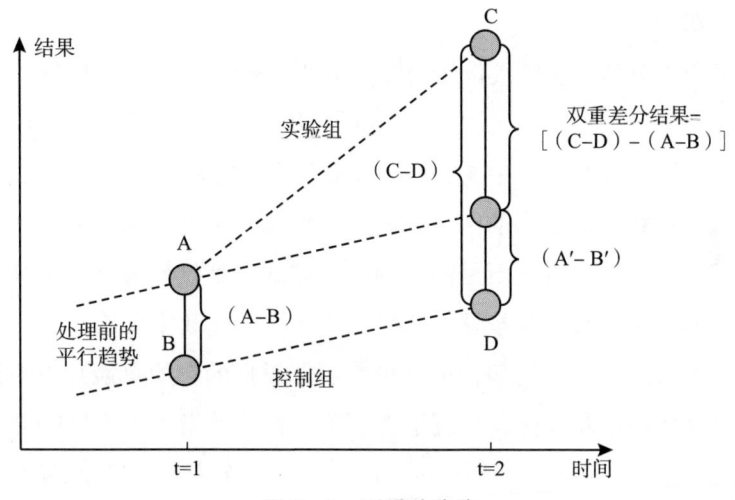

图3-1 双重差分法

其中，A为实验组，B为对照组，t=1表示政策实施前，t=2表示政策实施后。双重差分估计结果为：[（C-D）-（A-B）]，平行趋势的假设为，没有政策实施的话，A'-B'=A-B。

该方法最早由阿申费尔特（Ashenfelter，1978）引入经济学，周黎安和陈烨（2005）在国内最早使用该方法进行政策实施效果的研究。简单介绍一下双重差分法的计量模型。

d^j为分组虚拟变量，实验组 $d^1=1$，对照组 $d^0=0$，表示两组的固有差异（政策是否实施）。d_t为所有样本的时间虚拟变量，表示政策实施前后的时间效应（即使不实施政策也存在），政策实施前 $d_t=0$，政策实施后 $d_t=1$，允许使用多期数据。分组虚拟变量与时间虚拟变量的乘积 $d_t \times d^j$ 即为政策实施后处理组的效应 d_t^j，即政策效应。d_t^j 是政策实施对被解释变量的影响是否显著的判别依据。

双重差分计量模型的一般表达式为：
$$y_{it}^j = a_0 + a_1 d_t + a_2 d^j + \beta d_t^j + a_3 x_{it}^j + \varepsilon_{it}^j \qquad (3-1)$$
其中，y_{it}^j 为第 i 个个体的被解释变量，x_{it}^j 为考察个体差异的控制变量，ε_{it}^j 为随机扰动项，α、β 为回归系数，β 即为双重差分估计量对被解释变量的影响效果。

双重差分估计量应具备外生性，即以下基本条件必须成立：
$$E[\varepsilon_{it}^j \mid d_t^j] = 0 \qquad (3-2)$$
要保证式（3-2）成立，必须保证分组随机和实验时间随机。

需要注意的是上述条件很难满足。首先，实验组和对照组的分组和实验对象的选择可能不是随机的，这样就很难仅仅通过结果来比较政策实施对两组的影响差异。其次，外部冲击（政策实施）对对照组和实验组关键变量（例如，价格和市场份额）的影响可能是以不同的形式展现的，这样双重差分就不能准确地捕获政策的不同影响并把它们区分开来。同样，选择不同的产品或者地区作为对照组也必须谨慎，以免对照组内产品或地区可能会受到政策实施的影响，这样就会低估处理效果的影响。因此可以借助一些定量分析的方法来确定对照组，常用的方法主要有倾向得分匹配法（propensity score matching，PSM）和合成控制法（synthetic control method）。

进行反垄断执法决定事后评估时，通常有三种常用的对照组：不同的地域市场；不同的产品市场；竞争对手。当所研究并购案的相关地域市场是地方市场时，可以选择另一个相似的未受并购控制政策影响的地方市场作为对照组（Aguzzoni et al., 2013；Taylor and Hosken, 2007）。如果相关地域市场是全国市场，可以选择另一个具有相同产品的全国市场作为对照组，但是，消费者品味和购买习惯，以及监管环境的差异导致这种选择实施起来非常困难，不过近年来也有学者选择这种案例进行研究，例如，胡斯拉等（Hüschelrath et al., 2013）研究德国水泥垄断联盟对德国水泥市场价格的影响，选择西班牙、法国、英国和波兰作为对照组。阿根斯等（Argentesi et al., 2017）讨论欧盟竞争委员会竞争总司关于 GdF – Suez 案的并购控制政策对能源市场的影响，分别选择了比利时泽布吕赫交易中心（Dutch ZEE hub）和荷兰 TTF 交易中心（TTF hub）两个不同的地域市场作为实验组和对照组。不同的产品市场是另一种可能的对照组选择。阿申费尔特等（Ashenfelter et al., 2013a）研究惠而浦（Whirlpool）并购美泰（Maytag）对不同产品价格的影响。并购前，两家企业都是主要的洗衣机、干衣机、洗碗机和冰箱制造商，而在冷冻箱、炉灶以及烤箱的份额很小或者没有。于是，通过比较并购后市场集中度变化对洗衣机等家电价格的影响，以及几乎没有发生市场集中度变化的烤箱等家电价格的影响，最终确定惠而浦并购美泰获得反垄断执法机构通过的影响。除价格外，他们还测度了并购对市场份额和产品种类的影响。最后一种对照组的选择方法是竞争对手，这是常用的一种方法。选择竞争对手作为对照组最大的优点是，所有的厂商都处于同一个市场，除了并购事件影响外，其他条件都相同。但是最大的缺点是，竞争对手不是完全不受并购事件影响的，如果并购后并购企业提高价格，竞争对手根据并购后的新均衡也会做出反应，这叫作溢出效应。这种情况在伯特兰德异质产品竞争模型中最容易出现。但是，丹克瑞和戴维森（Deneckere and Davidson, 1985）研究证明，如果需求系统很庞大的话，并购后并购企业价格的增长要比其竞争对手高很多。这样就可以测度出并购效应了，虽然不是全部的效应。选择竞争对手进行研究的文献很多，阿申费尔特和霍斯肯（Ashenfelter and Hosken, 2010）、桑托斯和沃尔德百斯特（Santos and Wildenbeest, 2014）等分别选择竞争对手作为对照组来研究并购对价格的影响。

2. 比较评价法的优点和缺点

比较评价法，尤其是双重差分法，是到目前为止使用最多的并购控制政策事后评估的方法之一。之所以获得广泛应用主要得益于它的以下优点：（1）与结构模型相比，该方法并不需要具体的结构竞争模型，较少的依赖不可试探的理论假设和随机性的限制；（2）相应的计量方法也不是很复杂,不存在很多复杂计算,逻辑清晰,因此其结果容易复制和检验;(3)对数据的要求不是很严苛。

当然,该方法也具有局限性。有学者认为上述优点恰恰是其缺点,因为不需要具体的结构模型,导致该方法缺少很强的理论基础。这也意味着该方法无法洞察并购对结构的影响,无法获得并购对福利的影响效果。另一个局限性与遗漏变量偏差有关(Nevo and Whinston, 2010),只有当遗漏变量保持不变时,双重差分法才能很好地发挥作用,解决差分法存在的问题。此外,并购不仅会对下游产生影响,还有可能对上游产生影响(比如,买方势力加强),因此比较评价法可能低估并购效果。最后,使用比较分析法最大的困难在于找到合适的对照组,只有对照组选择恰当才能保证评价结果的可靠性。该方法只能用于评估导致市场条件发生变化的并购控制政策的效果,因为如果市场条件没有发生变化就不存在比较的可能性。所以,用在并购控制政策的评估时,该方法只可以评估无条件通过的案例和附条件通过的案例,而无法评估被禁止的案件。

三、 事件研究法

1. 方法介绍

事件研究法是用于评估某一事件的发生或信息的公布(例如,并购事件发生,并购审查决议公布)对股票价格或交易量的影响,进而确定事件对相关市场的影响。该方法最早由多莉(Dolley, 1933)提出,但是直至鲍尔和布朗(Ball and Brown, 1968)、法马等(Fama et al., 1969)该方法才获得真正的发展并被逐渐完善。布朗和瓦尔纳(Brown and Warner, 1980)对该方法进行了进一步完善,对几个统计假定进行了修正。经过几十年的发展,事件研究法已经逐渐成为会计和财务领域的标准方法之一。正如法马(Fama, 1991)所言"近几十年来出现的有关事件研究方面的文献已成为金融经济文献中重要的组成部分"。近年来,除了研究企业经营事件对公司股价的影响,也有学者开始关注政策法规等特殊事件引起的市场反应。

事件研究法是建立在有效市场假设基础上的,并且投资者的预期是合理的。如果该假设成立,事件发生后对公司价值的影响会立即通过公司的股价表现出来。因此要评价事件对公司价值的影响,只需要分析事件发生后公司股价波动情况即可。该方法具有过程简单,逻辑清晰明了等比较优势。一般是先通过估计窗(estimation window)的样本估计出事件窗(event window)的正常收益率,然后事件窗的实际收益率减去正常收益率即为异常收益率/超常收益率(abnormal return,AR),并进一步计算累积异常收益率,最后用这两个指标的统计检验量衡量事件影响的显著程度。

事件研究法的首要问题是确定事件,事件既可以是公司的重大事件,如盈利宣告日、并购,也可以是普遍的经济事件,如政府政策发布、通货膨胀等。经营者集中控制的事件主要是指并购事件以及执法机构审查决定公布。确定事件后再进一步确定与事件相关的具体时间,称为事件窗,即事件可能对因变量(盈利、股价)产生影响的时间段。因为事件对股票的影响不会在一天释放,所以一般把事件日后几天都包括在里面;又因为事件之前,因为信息泄露等,资本市场可能会对公司收益有所预期,所以,并购公布日之前的一段时间也包括在里面,统称为事件窗。估计窗的设定是为了估计模型参数,为了避免估计数据受到事件的影响,估计窗一般不与事件窗重叠,且估计窗要比事件窗长。现有文献一般将估计窗口设定为100~300天,如果事件期在(-30,30)以内,估计期可以选择120天或者更长。简单用图3-2说明窗口期的情况。

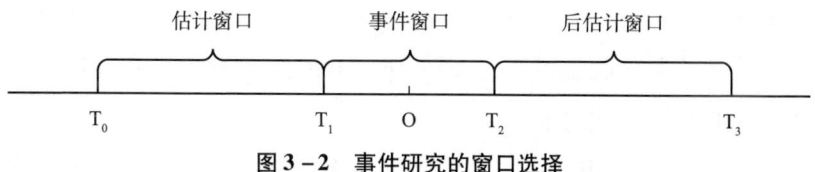

图3-2 事件研究的窗口选择

为了合理地评估事件的影响，首先最重要的是估计异常收益率，定义如下：

$$AR_{it} = R_{it} - E[R_{it} | X_t] \quad (3-3)$$

其中，R_{it}为股票 i 在事件窗的实际收益率，$E[R_{it} | X_t]$为股票 i 在事件窗的正常收益率。关于 AR 的估计，现被广泛应用的估计方法主要有：市场模型、市场调整模型、均值调整模型、资本资产定价模型以及套利定价模型。前三种模型属于统计模型，不依赖任何经济理论，相对比较简单。其中最简单的市场模型应用最为广泛，因为布伦纳（Brenner，1979），布朗和瓦尔纳（Brown and Warner，1980；1985）研究表明，即使将模型中加入更多的解释变量，使模型变得较为复杂，异常收益率的方差并不会显著减少，从而可得估计结果对模型的设定并不敏感。后两种模型属于经济模型，在假定资产收益率分布特征的同时，还需要对投资者的行为做出假设，其优点在于，通过施加约束条件，可以更为准确地估计正常收益率。下面简单介绍几种模型：

第一，市场模型。

市场模型假设上市公司 i 在 t 期的收益率 R_{it} 与市场组合在 t 期的收益率 R_{mt} 满足如下关系：

$$R_{it} = \alpha + \beta R_{mt} + \varepsilon_{it} \quad (3-4)$$

$$E(\varepsilon_i) = 0 \quad Var(\varepsilon_i) = \sigma_{\varepsilon_i}^2$$

因异常收益率为事件期内实际收益率和事件未出现情况下预期正常收益率之差，则可得：

$$AR_{it} = R_{it} - \hat{R}_{it} = R_{it} - \hat{\alpha} - \hat{\beta} R_{mt} \quad (3-5)$$

第二，市场调整模型。

如果估计窗非常短而无法获得所需长度的样本，则可以采用市场调整模型。该模型假设在同一时期内所有股票的正常收益率都相同，都等于市场指数的收益率 R_{mt}，即 $E[R_{it}] = R_{mt}$。因此上市公司 i 在 t 期的收益率用以下公式表示：

$$AR_{it(event)} = R_{it}(event) - R_{mt}(event) \quad (3-6)$$

其中，下标 event 和 est 分别表示事件窗和估计窗。该模型实际上可视为市场模型的一种特殊情况，即 $\alpha_i = 0$，$\beta_i = 1$。需要注意的是，如果上述约束条件不合理，会导致异常收益率的估计有偏，所以应该尽量少使用该模型。

第三，均值调整模型。

均值调整模型的基本思想是将股票估计窗内的平均收益率作为事件窗的正常收益率。假设 μ_i 为上市公司 i 在估计窗的平均收益率，则该模型可表示为：

$$R_{it} = \mu_i + \xi_{it} \qquad (3-7)$$

$$E[\xi_{it}] = 0 \quad Var[\xi_{it}] = \sigma_{\xi_i}^2$$

其中，R_{it} 是股票 i 在第 t 期的实际收益率，ξ_{it} 为干扰项，事件窗的异常收益率为：

$$AR_{it(event)} = R_{it(event)} - \bar{R}_i \qquad (3-8)$$

$$\bar{R}_i = \frac{1}{L_1} \sum_{t=T_0}^{T_1} R_{it(est)} \qquad (3-9)$$

需要说明的是，在特定条件下，该模型等价于 CAPM 模型。这些条件有以下几个：单个证券的系统风险（systematic risk）为常数；有效边界（efficient frontier）是稳定的（Brown and Warner, 1980）。

第四，CAPM 模型和 APT 模型。

以经济学理论为基础，在上面几种统计模型的基础上增加一些约束条件就构成了经济模型。CAPM 由夏普（Sharpe, 1964）和林特纳（Lintner, 1965）提出，其基本结论是，资产的期望收益是该资产与市场组合之协方差的线性函数。APT 模型由罗斯（Ross, 1976）提出，该理论认为，若不存在非对称投机行为，资产的期望回报率决定于该资产与多种因素之间的协方差（钟经樊和连玉君，2008）。但是因为 CAPM 模型对市场模型的约束条件不合理等缺陷的存在，该模型最近的应用越来越少。但是 APT 模型虽然分析很复杂，但是分析效果并没有明显提高，所以应用也不多（MaCkinlay, 1997）。

最后一步是对股票异常收益率、累积异常收益率以及平均异常收益率的检验。平均异常收益率为在事件窗内某一时点 t 上，N 只股票异常收益率的平均值，表示为：

$$AAR = \frac{1}{N} \sum_{i=1}^{N} AR_{it} \qquad (3-10)$$

有时候为了更好地描述事件对股票的影响，需要计算出事件窗口期（t_1，t_2）内，每只股票的累积异常收益率：

$$CAR_i(t_1, t_2) = \sum_{t=t_1}^{t_2} AR_{it} \qquad (3-11)$$

显著性检验方法主要包括两种：参数检验和非参数检验，非参数检验又分为符号检验法和秩检验法。

埃勒特（Ellert，1976）首先使用股票市场数据对兼并控制诉讼的效果进行评析，但是没有考虑兼并对竞争对手的影响。埃克博（Eckbo，1983）和斯蒂尔曼（Stillman，1983）最早开始研究兼并对竞争对手的影响。利用股票市场上竞争对手股价的波动，他们发现竞争对手的反应与"共谋假设"所预期的并不完全一样，而是与生产效率假说相吻合，即并购提议的公布传达了生产成本降低的信息，而这些信息通过竞争对手对并购提议的正向反应体现出来。杜索等（Duso et al.，2007；2011）以及阿克塔斯等（Aktas et al.，2004；2007）的关注点和方法非常相似，他们选取欧盟并购控制的案例，通过并购事件后并购公司、目标公司、竞争对手等股票异常收益率的变化，研究并购事件对各方的影响以及总的效率评价。

2. 事件研究法的优点和缺点

使用股票数据进行研究具有以下优势：首先，股票市场可以作为一个独立的"评价体系"，对并购控制政策来说具有外生性。其次，股票市场的反应容易观察。与比较评价法相比，事件研究法既可以测度无条件通过的审查决定和附条件通过并购的审查决定的影响，又可以测度禁止决定的影响。再次，与前两种方法相比，股票市场数据容易获得。最后，与会计数据相比，股票数据具有前瞻性，所以更适合用来观察并购对企业绩效的动态影响效果。

鉴于以上优势，事件研究法应用广泛，但也备受争议。事件研究法是严格建立在有效市场假说基础上的，但有效市场假说本身的合理性就存在问题。即使该假说成立，事件研究法也还面对很多问题，比如，该方法对股票价格波动的解释模棱两可（Davies and Ormosi，2012），对并购公布以及并购控制政策公布等事件与股票市场波动的因果关系解释不够清楚（Neven and Zenger，2008）。并购企业一般会同时生产多种产品并拥有很多子公司，并购控制政策影响的相关商业领域必须占很大比重才会导致股票市场的明显波动。但是，附条件通过的并购控制政策经常对相关市场产生有限的影响，所以并购企业及其竞争对手股票市场的反应往往不是特别明显。此外，关于竞争对手对并购反应的分析也存在争议：如果并购是不利于竞争的，竞争对手收益增加，因为并购导致价格上升；有利于竞争的并购使竞争对手收益减少，因为并购方效率提高。这种关系仅存在特殊的寡头竞争模型（同质产品的产量竞争模型，横向并购），而对于异质产品市场，混合竞争模型则不适用。此外，股票市场对并购的态度是否与以上分析相同也是一个问题。因为这些问题的存在可能导致事件研究法评估的结果存在系统性评估错误。最后，事件研究法也缺乏坚实的理论基础。

四、调查法

1. 方法介绍

调查法指在并购控制政策实施一定时间后，通过交谈、答卷等形式对市场参与者和行业专家进行调查而获得政策实施后市场上价格、产量、市场结构等变化的数据的方法。将调查所获得的数据进行核对、处理和分析就可以最终获得并购控制政策的效果。

调查法主要包括以下几种形式：电话调查法、访谈法、问卷调查法。选择哪种方法要由时间、资源、调查对象群体大小、被调查者的情况等来确定。调查法调查的对象主要有：并购的直接参与者——并购各方；并购方的竞争对手；市场新进入者；产品和服务的买方（买方受并购影响非常大，买方可以反映市场的发展，可以反映市场变化的原因，可以反映替代产品等，所以买方是调查的主要对象和最大群体）；卖方；业界专家等。至于具体哪些群体会被作为调查对象主要由具体的案例决定，根据具体的案例才能确定调查者想要获得的信息和数据，相关市场情况以及其他因素。

为了能够设计出更有意义的问题，调查者必须首先对相关市场、相关政策非常熟悉和了解，并且不仅需要掌握调查对象尽量多的信息，还需要对政策公布后市场的变化有充分的认识。问题的设计非常重要，既要保证能获得丰富的信息，又要防止影响被调查者。问题的设计不仅包括问什么问题，还包括提问的方式，以确保问题简单易懂。这些都会影响回复的质量和回复率。

进行全面的调查以前，需要进行小规模实验，以确保调查的可行性，问题的合理性，设计的可靠性等。有的调查法的调查对象群体很小，则可以将所有人作为调查对象。但是，有的时候调查对象群体非常大（比如说产品的消费者），这就需要从中挑选出代表性样本。代表性样本的选择必须能保证他们能准确反映整个目标群体的特征。

美国联邦贸易委员会于1999年首次对其并购救济措施的实施进行系统的事后分析，并主要侧重救济措施中剥离措施的研究。该报告引起很多争议，但是执法机构对并购控制案件进行事后分析的思想却被广泛接受。自此，其他国家的反垄断执法机构也逐渐开始对其并购控制政策和并购控制审查决定进行事后分析和评估。欧盟委员会（2005）、国际竞争网络（2005）、加拿大竞争局（2011）、英国竞争委员会（2015）分别先后发表研究报告，对其之前的并购控制措施尤其是救济措施进行分析。美国联邦贸易委员会在1999年分析报告的基础上于2017年又进行了一次更详细的并购救济的回溯研究，观察1999年执法改进后的执法情况。执法机构对并购控制政策和措施的后评估主要采用案例分析和调查问卷的方式。例如，欧盟委员会采取问卷调查的方式，对 1996～2000 年间附条件通过的 40 个案例进行调查，结果表明，57% 案件的救济措施是有效的，只有 7% 是明显无效的，另外还有 24% 部分有效，15% 不确定（欧盟委员会，2005）。加拿大竞争局（2007）通过电话调查法对三个引起重要竞争问题的并购案进行了调查，问题主要关于并购后价格的变化以及市场条件的变化，以及调查者对竞争局决策的观点。在该调查中调查者获得了一些数据也遇到了很多问题。

2. 调查法的优点和缺点

通过调查法可以获得上述定量分析方法很难确定的政策影响效果，如政策对产量、产品种类以及创新水平的影响。通过调查法可以在短时间内获得大量的数据，经济高效。

调查法的一个缺点是回复率可能会很低，因为市场参与者既没有义务回答问题，也没有兴趣。相反，如果是事前调查的话，因为牵扯他们的利益，他们的回复可能要积极很多。政府部门进行的相关调查要比研究者进行的调查获得的回复率高。此外，电话或者面对面调查的效率要比问卷调查的效率要高。

调查法的另一个缺点是调查结果可信度值得商榷，必须需要一定的技术来确定所获信息的准确性并对结果进行合理的解读。调查者的回答可能跟他们实际的行为有出入。被调查者可能为了取悦调查者而故意提供他们认为调查者想要的回复，或者故意提供"正确"的回复，这样就会产生虚假或者错误的回复。调查者也可能通过不同的方式误导被调查者，而获得错误的有偏差的回复。

五、各评估方法的比较

以上详细介绍了四种常用的对集中控制政策效果进行评估的方法。表 3-1 简单介绍每种方式所适用的反垄断执法类型。结构模型与模拟和比较评估法主要通过计量方法和统计学检测来实现。这两种方法对经营者集中控制政策影响的方向以及程度的大小都做了相对比较准确的评估。计量方法的运用可以系统地控制其他解释变量,得出的关于政策及其效果的结论比较确定,所以该方法如果能恰当使用的话还是很有效的。但是定量分析对基本假设、竞争对手的选择、竞争模型以及模型参数值都比较敏感,所以研究者所做假设必须清楚明确,对所用方法的局限性必须清楚明了,必须对结果做严格的稳健性分析。此外,在很多案例研究中数据很难获得。如果定量分析不可用,则可以通过定性分析评价经营者集中控制政策的效果,比如通过调查或者行业报告获得市场参与者和行业专家对政策的定性分析,或者一些关于市场发展变化的案头研究结果。定性分析的方法关于政策对市场影响的分析结果不可避免会存在精确度和精细度不高的问题,只是一些粗略的估计结果,但定性研究可以对一些定量研究无法测度的领域进行评价,如产量,产品种类等。所以到底选择哪种方法,就要看研究者具体的关注点,是想获得经营者集中控制政策对产品价格的影响,还是如公平贸易局(OFT,2008)研究具体的经营者集中控制案例对厂商生产力的影响,或者如克特尔(Koetter,2005)和阿申费尔特等(Ashenfelter et al.,2013b)的研究一样关注并购通过后对成本和效率的影响。虽然每种方法都有缺点,但是如果合理使用,规避其局限性,或者将这些方法综合使用,取长补短(Buccirossi,2008;Davies and Ormosi,2012),事后评估还是对完善经营者集中控制政策具有重要意义的。

表3-1 不同方法在反垄断执法决策中的适用性

反垄断执法的类别	结构模型与模拟	双重差分法	事件研究法	调查法
无条件通过并购	是	是	是	是
附条件通过并购（结构救济）	是	是	是	是

续表

反垄断执法的类别	结构模型与模拟	双重差分法	事件研究法	调查法
附条件通过并购（行为救济）	可能（主要看行为救济措施的复杂程度）	是	是	是
禁止并购	是	否	是	是
纵向并购	是	是	是	是
滥用市场支配地位	是	可能（如果行为被制止）	是	是
横向垄断协议	是	是	是	是
纵向垄断协议	是	可能（如果行为被制止）	是	是

资料来源：作者根据经济合作与发展组织（OECD，2016）等材料整理。

第二节 评估内容与评估流程

一、评估内容

对经营者集中反垄断审查结果进行事后评估就是在确定了上述标准后，来看并购控制政策是否达到了其目标，即消费者福利是否得到了改善，经济效率是否提高等。最主要的方法就是比较如果采取其他的措施是不是会对消费者和经济效率更好。在此框架下，我们需要确定所有可能的替代决定，以及反事实情况。接下来，本书将借鉴欧盟委员会竞争总署[①]的事后评估内容和程序，对不同的审查决定进行分析。

---

① DG COMP, European Commission, Merger Remedies Study, October 2005.

1. 反事实假设

并购案件的审查结果主要有三类：禁止、附加限制性条件批准和无条件批准。但是，在实际的经营者集中反垄断审查中，案件的审查结论根据案件的具体情况可能是完全不同的。因为，附条件通过的相关救济措施是由并购方提出来的，如果并购双方不提出相应的承诺方案，执法机构也就会做出完全不同的判决。[①] 所以附加限制性条件批准的案件结果在很大程度上取决于审查过程中并购双方的行为和选择。如果并购双方不提出任何附加限制性条件承诺方案，则执法机构只能做出禁止或无条件批准这两种判决结果。

根据该情况，在分析具体审查决定可能的反事实情况对消费者的影响时，执法者必须认识到审查决定的上述法律限制。当然，还有一种可能性是并购双方提出不止一种承诺方案，则反事实假设会随之增多。因为反事实假设的增加可能导致分析变得非常复杂。但是，通常我们主要分析最可能影响审查结果的反事实。接下来我们介绍的情况也仅包括主要的反事实假设。如果在实际分析中有更复杂的案例，以此类推进行扩展即可。如表 3-2 所示列出了执法机构所有可能的审查结论的反事实情况。根据表中所列反事实，接下来将对不同情况进行分析，如果执法机构做出其他的判决对消费者福利甚至社会总福利是否会产生不一样的影响。

表 3-2　　　　　　　　　反事实情况

执法机构决定	并购双方的行为	反事实	情况
无条件批准	未提供承诺方案	禁止	情况1
	提供承诺方案	禁止	情况2
附加限制性条件批准	未提供承诺方案	实际不存在这种情况	—
	提供承诺方案	禁止/无条件批准	情况3

---

① 见《经营者集中审查暂行规定》第 32~35 条规定。

续表

执法机构决定	并购双方的行为	反事实	情况
禁止	未提供承诺方案	无条件批准	情况4
	提供承诺方案	附加限制性条件批准	情况5

2. 不同反事实假设下的效果分析

情况1：无条件通过（参与并购的经营者未向执法机构提出附加限制性条件的承诺方案）。

根据表3-2，我们首先需要确定反事实情况。在这种情况下，执法机构可能做出的其他决定只有"禁止该并购案件"。因此，就需要评估在没有并购案件的情况下，消费者福利的情况，以最终确定通过该并购是否合理，是否有效。则评估的目的就是确定执法决定对关键变量（价格、产量以及质量）是否有影响，并确定具体影响。

为了使讨论简单，我们假设并购导致的所有竞争变化都是内生的。因为该假设并不适用于所有情况，因此在后面也会介绍检验该假设的方法。

情况1.1：价格降低，总产量增加。

产生这种情况的原因包括：（1）企业本来可以收取高于竞争价格的价格，但是随着市场竞争越来越激烈，导致其定价降低；（2）投入成本降低或者企业变得更有效率，导致生产成本降低；（3）前面两种情况同时存在，产品成本降低且市场竞争越来越激烈；（4）成本降低，市场竞争程度也降低。

在这种情况下，我们认为消费者福利增加。但是，要确定执法机构的执法决定是否是合理的，还需要确定价格的降低不是因为情况1.1（4）的存在，即价格的降低和产量的增加是因为产品成本的降低导致的，而不是因为并购导致，并且在这种情况下，市场竞争程度降低。

在情况1.1（4）中，消费者福利的增加并不是因为并购，而是其他事件。并购导致市场的竞争程度降低,使消费者福利降低。尽管并购后消费者福利增加了,但是并购对消费者福利的影响是负向的。因此,如果执法机构禁止该并购,成本降低的同时,竞争程度没有变化,则消费者的福利水平更高。

因此,要判定审查决定的效果,我们首先要判定产品价格是否实质性地降低。如果价格确实降低,我们因此可以得出结论:竞争程度的增加导致价格降低、产量增加[即情况1.1(1)的假设是正确的]。要验证产品成本的变化,最好的办法是看并购前后企业的成本函数。根据所得数据的不同,可以有多种方式:可以计算并购前后并购企业的生产成本;可以估计并购前后并购企业的成本函数①;可以评估并购前后并购企业的价格—成本利润率;可以对市场参与者进行调研。

经过上述工作,如果我们发现这些企业产生了明显的成本节约,我们需要区分其他可能的解释。如果情况1.1(2)或情况1.1(3)是正确的,我们可以得出结论,该决定是合理的。与成本降低是否是外生的无关,因为合并不会导致消费者福利的降低。然而,如果情况1.1(4)是正确的,那么只有在成本降低是内生的情况下,我们才能对决策得出积极的结论,因为这意味着并购产生的效率增加足以抵消竞争程度降低可能产生的负面效应。因此,如果成本降低,接下来需要了解这种降低是由并购产生的效率改进引起的还是由外部因素引起的。

情况1.2:价格未降低,但总产量增加。

在这种情况下,消费者福利增加。因为尽管价格上涨,但消费者购买的产品数量增加。然而,这不足以断定批准并购的决定是否合理。要得出最终结论,首先必须确定产量增长的同时,竞争水平是否降低。即我们需要评估与并购后市场竞争程度保持不变的情况相比,产量增

---

① 具体估算方法见:Baumol, W., J. P. Panser and R. Willing (1982); Evans, D., and J. Heckman (1983); Evans, D. and J. Heckman (198); Ivaldi, M., and G. McCullough (2005), Röller, L-H. (1990); and Reiss Peter C. and Frank Wolak (2005)。

长是更高、更低还是不变。如果产出更高或持平，我们可以得出结论，反垄断执法机构的决定达到了目标，而如果总产出降低，我们需要更好地了解市场的具体情况。

当价格不变或更高时，只有当相关产品的需求扩大时，产量才会增加。这可能是消费者偏好的外生性变化或产品质量或品种的内生性改善导致的。如果需求转移是由并购导致的，则该决定是合理的，因为并购带来的效率改进大于并购导致的市场势力增加。然而，如果原因与并购无关，那么如果合并被禁止，消费者福利会更高。

为了评估产出增长是否低于、等于或高于合并未发生时的产出增长，评估方法与上一种情形中的讨论类似。

当企业层面上的产品价格和产量数据可获时，最好的办法是比较并购企业和其竞争对手的销售情况：在价格保持不变，或者所有公司的价格变化幅度相同情况下，如果只有并购企业产品的需求增加，则意味着其产品质量相对于竞争对手有所提高。

另一种选择是采用结构模型与模拟技术来估计（剩余）需求和供给曲线。将并购后数据用作需求函数，将并购前的数据用于供给曲线，则可模拟并购未发生情况下的产量，并确定需求变化是否由合并引起。当然，只有当并购未产生任何效率改进，且并购后所有相关公司（即并购公司和其竞争对手）的行为没有改变时，这一点才是有效的。如果可用数据不可得，则上述技术不可用。对市场参与者的调查可能变成唯一可行的选择。

情况 1.3：价格提高，产量降低。

在这种情况下，我们可以假设消费者福利降低，因为在相同的支出下，他们购买到更少的相关产品。这种情况的发生可能是因为以下原因：

（1）市场竞争程度降低；

（2）生产成本上升；

（3）生产成本上升且市场竞争程度下降（即（1）加（2））。

为了确定执法机构的执法决定是否合理，我们需要检验上述假设哪一个是正确的。主要的分析对象是生产成本。如果并购后生产成本未增加，则说明价格变化唯一可能的原因就是市场竞争水平降低（1）。因此，我们可以得出结论，执法机构的决定没有达到其目标，因为消费者福利降低。

但是，如果我们发现并购后生产成本增加，我们需要区分（2）和（3）。如果最终得出结论，这种情况产生的原因是生产成本增加和市场竞争力的降低，那么我们可以判定该决定是不恰当的。并购导致的竞争减少确实是导致消费者福利降低（价格上涨）的部分原因。此外，如果价格上涨和产量下降仅仅是由成本变化引起的，那么审查结果就达到了目标。

竞争水平的外生变化：

在上述三种情况下，都提到了市场竞争水平的问题，但是只有当市场竞争程度的变化不是由并购以外的其他外生因素引起的，上述结论才能成立。因为竞争水平的变化确实有可能是由其他外生因素引起的，包括在并购的同时，监管部门放松对相关市场的管制，而导致进入壁垒的降低，促进竞争水平的提高；一些企业因为需求的降低而退出市场，导致市场竞争程度的降低。如果在并购的同时发生类似因素，而将这些因素的影响归因于并购的影响，则会导致判断错误。因此，在做出最终判断前，还需要验证竞争程度的变化是否是由并购引起的。为此，必须对并购前后市场的变化以及任何可能导致市场竞争水平变化的事件进行仔细的评估。

市场调查法是一种有效方法。通过调查竞争对手以及上下游企业，了解并购前后市场的变化，可以获得关于价格、成本、产量、市场进入退出情况、政府政策等的有效信息和数据。

事件研究法也是一个有用的工具。金融市场的反应可以提供有用的信息。如果并购公告导致并购企业和竞争对手的股价上涨（相对于没有并购公告时的股价水平），那么并购很可能会提高市场实力，降低竞争。然而，如果只有并购企业的股价飙升（竞争对手股价下跌），那么合并可能会带来效率改进（在成本和/或质量方面）。如果消费者是企业，事件研究可以通过揭示他们股价的变化，来确定他们对合并导致的竞争变化的预期。

在某些情况下，竞争程度的变化可能是并购和其他不相关现象综合影响的结果。在这种情况下，需要确定合并所导致的竞争变化的迹象和幅度，这一点是评估时应该考虑的因素。

需求的外生变化：

在上述案例中，我们假设产量的变化都是由于价格的变化引起的，而价格的变化可能是由成本水平或竞争程度的变化引起。然而，还有一种可能性也应该考虑：需求的外生变化。这可能是由于消费者的偏好或收入变化引起，并将导致需求曲线的变化，从而不同产量产品的价格相同。因此，在得出最终结论之前，还需要检验一个假设，即产出水平的变化可能不是由并购引起的，而是由需求曲线的外生变化引起的。在后一种情况下，由于支付意愿的改变而导致的福利变化不能被视为该决定的影响。此外，由于产出的变化可能部分归因于并购，部分归因于其他不相关的现象，因此评估时必须确定决策引起的变化的具体情况和幅度。

为了核实产出水平变化的原因，需要了解客户的行为是否发生了与并购无关的变化。在这些情况下，调查法是一种有效手段，因为通过调查可以从最了解市场的人（即客户或生产商）那里获取信息。

结构模型也可用于评估与并购前相比，需求函数是否发生了变化。如果将并购后数据用于需求函数，将并购前数据用于供给曲线，则可以模拟并购未发生情况下的产出，并确定需求变化是否由合并引起。当然，这只有在并购没有改变供给函数的假设下才成立。

情况2：无条件通过（并购方提供了可能的承诺方案）。

虽然这种情况现实中不容易出现，但是却是可能的。在这种情况下，会存在两种可能的反事实：（1）禁止该案件；（2）附加限制性条件通过该案件。

如果无条件通过不合理的并购，与禁止该案相比，应该首先讨论附加限制性条件通过该案的情况。但是，如果发现无条件通过该案是不合理的，那么就没有必要讨论附加限制性条件通过该并购的合理性了，因为已经论证了无条件通过案件没有达到改善消费福利的效果。而如果无条件通过该案是不合理的，就没有必要再去验证附加限制性条件的情况。故，可以发现情况2与情况1是相同的，可能的反事实只有"禁止案件"。因此，情况1讨论的方法也适用于情况2。

情况3：附加限制性条件通过。

附加限制性条件通过案件是两个决定的结果，案件先被禁止，然后并购企业提出承诺方案，在考虑这些承诺方案的基础上，执法机构附加限制性条件通过该案件。因此，在这种情况下需要考虑两个决定的合理性。

首先看第二个决定，附加限制性条件通过案件的反事实假设只有一种情况，即禁止通过该并购。这种情况的评估与情况1类似，不做赘述。基于该结论，接下来我们需要讨论第一个决定的合理性。

情况3.1：第二个决定不合理。

如果评估发现，禁止该并购后，消费者福利增加。则说明第二个决定是不合理的，这意味着总体决定是不合适的，则不必评估第一个决定。

情况3.2：第二个决定是合理的。

如果评估发现附加限制性条件批准该案件可以使消费者福利获得改善（或者不变），则需要进一步验证最初禁止并购的决定是否合理，从而得出对该案件的总结论。因此，我们需要评估如果没有附加限制性条件而直接通过该案对消费福利的影响。也就是需要评估补救措施是否可以消除并购可能造成的反竞争效应。

这种情况的评估相对来说比较困难，因为方法的选择取决于审查过程中提出的竞争性问题的类型以及所施加的补救措施的类型。在大多数情况下，一个有用的选择是通过结构模型来模拟在没有补救措施的情况下通过并购的影响。然而，结构模型不太适合评估救济措施效果的反事实情况，特别是当这些措施是行为性的。在这种情况下，一个可用的方法是事件研究法。该方法揭示了股票市场对并购及并购审查决定的反应，且可以区分两组事件的影响。

情况4：禁止（并购方未提供承诺方案）。

如果执法机构禁止并购，并且并购方没有提供任何承诺方案来解决执法机构提出的竞争性问题，那么唯一可能的反事实就是无条件批准。因此，在这种情况下，我们应该将禁止并购后的市场演变与执法机构批准并购后的情况进行比较。如果消费者福利水平高于或等于通过并购应达到的水平，则禁止并购的决定是不合理的。

评估禁止并购的决定比评估批准并购的决定要复杂得多，因为禁止的决定实施后市场的演变无助于形成可以检验的初步假设。我们前面提出的评估无条件批准决定是否合理的方法（在情况1）主要是去确定并购案件是否是市场演变背后的主要原因。这意味着评估包括测试两个事件之间是否存在因果关系：市场演变和并购。当执法机构禁止并购时，则不能采用这种方法，因为禁止的事件未导致市场变化，因此，不存在可以检验的实际因果关系。在这种情况下，只能定义（潜在）合并与其对市场（潜在）影响间的因果关系，并对其进行测试。这是一个与之前考虑的完全不同的问题。

解决该问题的一个办法是，通过分析代理人对并购发生后市场将如何演变的预期，来确定潜在的因果关系。其中，股票市场的投资者就是该类代理人之一，因为即使并购尚未发生，也可能不会发生，但并购的消息一发布，他们就会有所行动。因此，对并购宣布日期前后的股价进行事件研究，可以揭示市场对并购效果的预期。当执法机构宣布禁令时，还可以通过检查股市对此的反应获得更多的信息。此外，期货合约交易市场的经纪人也是该类代理人之一。

依靠股票数据和期货价格数据的优势在于，这些数据是投资者基于其对并购影响的预期的实际行为。相反,通过调查获得的数据更容易受到偏见的影响,而这些数据仅仅是从意见中得出的。在可能的情况下,最好的方法是同时使用这两种方法。

在这种情况下,也可以采用双重差分法等政策评估方法,但前提是可以找到一个具有相似特征的市场,即并购发生的市场,但这比较难。另一个可能的选择是结构模型与模拟的方法。这方法与执法机构关于并购的事前模拟非常相似。与事前分析的最大区别是,可以获得需求方的实际事后数据。这将提高模拟结果的可靠性,因为可以消除可能的外部需求变化所产生的不确定性。

情况5:禁止(并购方提供了救济措施)。

这个情况与上述情况类似,因此也适用上述方法。但是,该情况更为复杂,因为存在两种可能的反事实:除了无条件通过外,还可以根据各方提出的承诺方案附加限制性条件批准该合并。

如情况2和情况3所述,当并购方提出承诺方案时,法律程序由两个单独的决定组成:是否允许无条件批准并购;如果不允许,是否允许在补救措施的约束下进行合并,而不是禁止。因此,为了评估执法机构是否实现了其目标,需要从后一项决定开始往前依次评估两项决定。

情况5.1:第二个决定不合理。

如果禁止并购使消费者的境况更糟的话我们可以得出结论,审查决定是不适当的,而且不需要考虑第一个决定。

情况5.2:第二个决定合理。

如果我们认为禁止是适当的,那么,为了完成对整个法律决定的实质性评估,我们还必须考虑第一个决定,并核实执法机构在禁止无条件合并方面的决定是否正确的,因为如果不是,那么总体决定就不合适。

为了进行这两项评估,我们面临情况4中讨论的困难,即没有可以测试的因果关系,因此有必要建立一个潜在的因果关系,这将使案件更为复杂,因为可能需要评估附条件合并和无条件合并的可能影响。

可以使用的实证方法是前一种情况中讨论的方法,主要的方法是事件研究法和调查法,但也可以通过结构模型与模拟的方法。

3. 事前分析的事后评估

除了要分析上述并购决定对消费者福利的影响,评估的另一个重要内容是评估执法机构决定的分析过程,或者称为做出决定的主要论点。通过"过程分析"的评估,可以分析执法机构为什么做出该决定,以及该决定的做出是否合理。如果错误,错在什么地方以及为什么错误。换句话说,对一项决定的完整事后评估应了解执法机构是如何做出这项决定的,并评估做出这项决定的分析是否正确和完整,其中,"过程分析"指的是事实主张和逻辑主张之间的联系,执法机构试图通过这些事实主张和逻辑主张确定拟议并购与市场预期发展之间的因果关系。通过此分析,可以发现事前分析的错误,分析原因并防止在其他案例中再次出现。过程分析的评估可以分为以下三个阶段:

(1) 确定审查决定所依据的关键论点;
(2) 评估这些关键论点的有效性;
(3) 评估这些关键论点的完整性。

关键论点是决定执法机构所作决定类型的论点,如果其中一个论点变化,执法机构可能会做出不同的决定。过程分析的事后评估只需关注这些关键论点。关键论点可能包括事实和合乎逻辑的命题。

事实包括对可观察现象的描述。一般来说,它不涉及任何判断,因为它是对市场特征的纯粹观察,如市场份额的大小、竞争对手的数量、市场潜在生产能力等。因此,事后评估主要就是核实做出决定时每一项指标的真实性及其事件发生后的变化。然而,在某些情况下,这些特征无法以无争议的方式进行量化或描述,因为没有明确的阈值来限定它们,或者决策没有以无争议的方式进行表达。例如,决策可能包含诸如"两种产品之间的生产成本差异较大""进入壁垒较高""产品差异不大"等命题。这些"模糊"陈述很难验证,具体验证方法将在下面讨论。

相反，逻辑命题包含一个推理过程，在一组由事实组成的前提的基础上，通过推理得出结论。由于推理过程复杂的结构，有两种有效性概念适用于逻辑命题。一个概念是指推理的内在一致性：如果前提为真，结论也为真，那么逻辑命题是有效的。如果结论在逻辑上与前提不相符，那么命题就不具有一致性，则结论不真实。因此，需要验证决策所依据的每个关键逻辑命题的内部一致性。

有效性的第二个概念是主要的评估对象，即推理所依据的经济理论：依据有效的经济理论将结论与前提联系起来，则逻辑命题是有效的。例如，可以说，当市场是透明的，需求稳定增长，市场中企业数量是有限的，且具有相同的生产函数，则我们可以得出结论这些企业可能会产生串谋行为。该推理符合协调理论（theory of coordination）。但是，一家企业生产投入品，其在销售该投入品的市场上不具有市场势力，如果它与一个下游客户进行纵向合并，则得出结论该合并会对下游市场产生封锁效应，该结论是不正确的。因为关于纵向封锁的经济理论明确指出，纵向并购中并购企业上游市场主导地位的存在是导致并购后下游市场竞争显著减少的关键因素。

评估主要分为三个阶段：第一阶段需要准确确定决策所依据的关键论点，避免复制整个事前分析。第二阶段需要验证关键论点的有效性，主要包括：(1) 将事实与逻辑命题分开；(2) 验证所有事实，包括构成逻辑命题前提的事实；(3) 检查所有逻辑命题的内部一致性；(4) 以有效的经济理论为基础，验证每个逻辑命题中的结论是否根据前提得出。第三阶段核实关键论点的完整性，因为如果忽视任何重要因素，执法机构对并购可能产生的影响的分析就会是不完整的。一般，缺失关键因素的识别是第二步逻辑命题评估的副产品。

需要注意的是，实际事后分析中很难将并购案例的事前分析的所有事实和逻辑命题进行完整的描述，本书仅介绍一些通用的方法，并在后面章节中通过对我国一些典型并购案例审查决定的事后分析，来展示一些方法的运用。

接下来详细介绍每一步的具体评估方法和内容。

第一阶段：确定关键论点。

事后分析关键论点的选择可以根据事前分析的框架和分析点确定。我国关于事前分析的具体框架和规定可参见《经营者集中审查暂行规定》以及《国务院反垄断委员会关于相关市场界定的指南》等文件。该部分的分析主要包括两类：相关市场界定和竞争分析。

第一，相关市场界定的事后评估。

相关市场界定是评估并购带来的竞争约束的重要工具。相关市场是指经营者在一定时期内就特定商品或者服务（以下统称"商品"）进行竞争的商品范围和地域范围。科学合理地界定相关市场，对识别竞争者和潜在竞争者、判定经营者市场份额和市场集中度、认定经营者的市场地位、分析经营者的行为对市场竞争的影响等关键问题，具有重要的作用。因此，相关市场的界定通常是对竞争行为进行分析的起点，是反垄断执法工作的重要步骤。相关市场界定既适用于事前分析也是事后评估的重要内容。① 相关市场的界定主要包括相关产品市场和相关地域市场两个方面，在具体案例中根据商品的特征还可能会考虑时间性或者界定相关技术市场。

相关市场界定的关键是商品（地域）的可替代程度，也表现为产品或地域间通过替代性表现出的竞争关系。相关市场的界定可能是基于一些简单的事实或推论，但更多时候是基于更复杂的分析。替代性分析主要包括需求替代和供给替代两种。从需求者角度进行的需求替代分析是界定相关市场时分析的主要方面。一般来讲，从需求者角度分析，商品间的替代程度越高，则商品的竞争关系就越强，则商品就越有可能属于同一相关产品市场。与需求替代类似，供给替代对经营者的行为产生竞争约束时，就需要分析供给替代。供给替代是从经营者的角度来考虑商品间的替代程度，通过其他经营者改造生产设施的

---

① 《国务院反垄断委员会关于相关市场界定的指南》第二条。

投入、承担的风险、进入时间等来考虑商品间的替代程度。

相关市场的界定可能需要基于包含事实和逻辑命题的更复杂的分析。根据具体案例，运用可获得的数据，借助经济学的分析方法进行，如需求弹性的计量经济学估计、假定垄断者测试、临界损失计算等。在这些情况下，分析既基于事实（原始数据），也基于（可能）相当复杂的逻辑命题和推理链接集，这些逻辑命题和推理链接涉及收集数据所采用的方法、所采用的经济模型和估算技术以及对结果的解释。

对于相关地域市场的界定，同样的考虑也适用。在一些简单的情况下，市场的地理边界可能取决于一些简单的事实，例如，法律、语言或文化障碍的存在。常见的情况是，分析是基于对某些特征的直接评估，例如，相对于产品价值的运输成本水平。在更复杂的情况下，地理市场的划分既包含事实主张，也包含逻辑主张。事后审查必须检查事实断言的有效性以及决定中提供的现象解释的有效性。

第二，竞争分析——横向并购。

并购案件的事前分析包括相关市场界定、竞争分析以及并购对消费者的影响等方面，以确定并购对市场结构和竞争的影响。其中竞争分析是非常重要的部分。事前的竞争分析可以分成两步，首先分析无抗衡要素情况下的竞争情况。如果发现并购对竞争的影响较大，则需要进一步考虑可能的抗衡要素，通过抗衡要素限制并购主体的市场势力，通过抗衡要素抵消并购可能带来的反竞争效应，保护消费者福利。

并购主要分成横向并购、纵向并购和混合并购，又可分为横向并购和非横向并购。因此，事后评估也根据并购的类型分成横向并购和纵向并购进行分析，并根据每种并购可能的反竞争效应进行事后分析。前文已分析横向并购的反竞争效应主要有单边效应和协调效应。接下来主要讨论对这些效应的事后分析。

如果横向并购导致并购主体具有涨价、降低产出的能力，或者在其竞争对手竞争策略不变的情况下，并购主体可以采取不那么激烈的竞争方式，这说明并购具有单边效应。在一些特定的市场中才会出现单边效应，这些市场特征主要包括以下方面：市场份额、并购企业产品的可替代性、需求价格弹性、资本约束、转换成本、竞争对手产品转换的能力以及进入壁垒。上述市场特征需要逐个进行分析，而分析也包括事实命题和逻辑命题两个方面。具体来看：第一步首先找到执法机构事前分析的所有"关键论点"；第二步需要分析这些"关键论点"的分析是否合理；第三步进一步分析关键论点是否全面，是否存在遗漏论点。

举例来说，如果执法机构的事前分析认为并购企业的市场份额非常高，集中将使并购企业提高价格，损害消费者福利，基于此分析做出禁止并购或附条件通过并购的决定。则事后评估中就可以确定"市场份额太大"的事实命题，也就是首先要确定的关键论点。其次，事后评估必须确定该事实命题是否正确，即并购企业的市场份额是否确实"很大"。最后，还需要进一步确认事前分析中是否存在遗漏的关键论点。需要强调的是，事前分析中所有使用的分析方法，不管是调查研究、经济模型还是模拟，事后评估中都需要进行验证。

协调效应是横向并购可能带来的另一种反竞争效应。协调效应的表现可能有很多种，包括价格高于竞争价格、降低产出、分割市场等。并购导致的竞争对手的减少本身并不会直接导致协调效应的产生，只有当横向并购同时具有以下特征时，才可能导致协调效应。这些特征包括：经济环境稳定且相对简单；企业的行为易监控；存在可信且严格的惩罚机制。此外，市场结构的一些特点也会影响企业的合谋行为，因此在分析协调效应时也必须包括这些事实命题和逻辑命题。比如，集中导致企业在市场份额、资本水平、成本结构、纵向一体化水平等方面更均衡，则可认为并购导致实际的共谋。在产品同一性高的市场，共谋更容易产生。与之相反，在市场进入壁垒低，企业进入退出频繁，或者研发创新发挥重要作用的市场，共谋的可能性明显降低。与上文强调的相同，事前分析不管是简单的事实命题还是复杂的逻辑命题，其中所有的关键论点在事后评估中都需要进行验证。

第三，竞争分析——非横向并购。

横向并购会直接导致竞争对手的减少而带来反竞争效应，但是从概念看，非横向集中（纵向并购或混合并购）不存在这样的问题。因为非横向集中企业的产品主要是互补品而不是替代品。但是，非横向集中有时也会产生与横向集中相同的反竞争效应。因此上面所有的分析也同样适用于非横向集中。经济学家指出，非横向集中的这种反竞争效应不是（或很少是）由集中本身导致的。只有集中导致的新进入者在其中一个市场具有/意欲采取阻碍竞争的行为时，集中才会产生反竞争效应。比如，纵向集中发生后，如果具有上游市场垄断地位的企业将上游市场的市场势力延伸到下游市场，则会产生封锁效应。并购企业利用其在上游市场的垄断地位停止/减少对下游竞争对手企业的产品供应，或者提高对下游竞争对手产品的价格，导致下游竞争对手成本提高，这就是封锁效应。在上述纵向集中导致的封锁效应的分析中需要分析多个市场的特点，一是上游市场的市场结构，二是下游市场的市场结构，以及并购企业的策略和行为。

现有的理论研究基本不支持混合集中会带来严重反竞争效应的理论，因而这样的反垄断案例也较少，故在此不做详细分析。

第四，竞争分析——抗辩要素。

竞争分析中还要考虑抗辩要素，具有反竞争效应的集中也可能被通过，是因为抗辩要素抵消了反竞争效应。《横向并购指南》中提到的抗辩要素主要有三个：买方势力（买方集中度）、市场进入和效率改进。

如果买方势力足够大，则集中会在导致市场势力显著增加的情况下，并不会产生明显的损害有效竞争的结果。如果买方可以自由且低成本地转换卖方、或者拒绝购买卖方的其他产品，如果买方可以发出纵向整合上游企业的可信威胁，如果买方能促进上游的市场进入，则说明买方具有买方势力。在协调效应的情况下，买方可以通过利诱部分卖方脱离合谋条款，如与其签订长期合同等，使合谋难以进行。但是买方势力的存在本身很难抵消集中的反竞争效应。买方还必须有行使买方势力的动机，且买方势力的行使必须对所有消费者有利。

并购后的市场进入也是一个重要的约束因素，因为如果并购后存在大量且及时的企业进入，则会降低并购企业的市场份额，增加相关市场的竞争。

并购带来的效率改进是并购企业重要的抗辩要素。并购带来的效率改进主要体现在规模经济和范围经济，从而使并购企业降低生产成本和销售成本，或者提高并购企业的研发投入和创新。并购带来的效率改进可以抵消企业市场势力的扩大，并导致有利于消费者的价格下降，增加社会福利。因此效率改进在并购分析中非常关键。

第二阶段：关键论点的有效性分析。

第一阶段找出所有的相关市场界定和竞争分析中的关键论点，接下来第二阶段则主要判定这些关键论点是否正确以及是否合理性。关键论点的分析包括事实命题是否正确，以及逻辑命题是否合理两个方面。判定论点有效性的工具非常多，在此不一一罗列。简单概括来说，所有事前分析的工具和方法都可以为事后评估所用。比如关于相关市场的界定已经形成几个比较成熟且常用的实证方法。在大部分案例中，执法机构主要通过调查法获取信息，所调查信息包括产品的替代性、进入壁垒、产品的转换成本、买方势力等。还可以通过市场数据的经验分析来获得关于市场特征的信息，如通过成本和需求函数分析。还可以通过自然实验和结构模型与模拟等来测度并购的效果。

第三阶段：遗漏关键因素。

经过第一阶段和第二阶段确定了决策的关键论点并对其有效性进行了评估之后，还需要进一步验证这些关键论点是否包括可能影响拟合并的竞争效应的所有关键因素。

关键因素是决定合并对竞争以及对消费者福利影响的所有市场特征。在分析其决定所依据的关键论点时，执法机构可能会遗漏其中一个或多个关键因素，从而扭曲竞争评估，并可能做出不合理的决定。

因此，除了上述两步外，还必须分析是否有任何关键因素被忽视并分析被忽视的原因。

三种方法可以用于分析关键论点是否遗漏，以评估决策的关键论点的完整性。第一种方法遵循执法机构事前分析的推理过程；第二种方法要求检验关键论点中包含的隐含预测是否符合市场的实际演变；第三种方法依赖于合格的市场参与者的意见。

第一种方法为了检查是否存在遗漏的关键因素，评估首先确定执法机构在进行相关市场界定和竞争分析评估时，关键论点是否充分，并进行解释。关键论点可以进一步细分，以考虑市场定义和竞争评估的各个方面。这部分分析主要基于评估者的判断。与关键论点的充分性有关的大多数缺失关键因素可以用来评估关键论点的有效性。

第二种方法是将根据关键论点推导出的后果与市场的实际演变进行对照，以检验事前分析的预测是否正确。执法机构的审查决定将会导致市场的变化，这些变化为评估者提供大量新的有用信息。所有这些新信息可能有助于评估执法机构的事前决定，并测试关键论点的完整性。例如，价格的变化可能会更多地揭示消费者的偏好，这可能会证实或否认两种产品间的替代程度的判断。当然，其中一些变化可能是由执法机构的审查决定引起的，但也可能是由完全无关事件引起的，如需求冲击、技术创新、监管变化或投入品价格上涨。一般来说，批准合并的决定（有条件或无条件）比禁止合并的决定会产生更多的信息。

第三种方法是确定一些合格的市场参与者（这些市场参与者必须是对决策影响有深入了解的受试者），让这些市场参与者阅读该决定，并就决定是否充分考虑了市场的所有相关特征发表意见。

事后评估揭示的市场演变，可能在事前评估中并未受到执法机构的重视。原因很简单，因为执法人员未能预见到这些因素。例如，创新和产品的引入可能会极大地影响公司的地位及其市场力量。如果在作出决定时，新产品尚未准备就绪，执法机构就不可能预料到它的推出和影响。此外，随着市场的发展，市场中可能会出现一些不可预见的事件，如创新导致新产品的引入、消费者偏好的转变等。这些事件是执法机构在做出决定时无法预见的，并且它是后来出现或发展的，因此不应被视为遗漏的关键因素。

除此之外，救济措施的有效性也需要进行评估，根据评估对象、数据的可得性和市场的特点等，也主要是采用上述几种方法，在此不详细展开。

二、评估流程

经营者集中反垄断审查事后评估是反垄断执法效果事后评估的一个分支，它是一项复杂的系统工程，需要合理设计评估流程，包括评估目标、评估主体、评估对象、评估方法、评估结果的考量等多方面。欧盟和 OECD 在其实践和理论基础上都形成了各自的评估流程。

欧盟的评估流程包括准备、执行和结果应用三个阶段。准备阶段需要确定评估的目标并确定评估的方法；执行阶段主要包括收集数据并进行评估；结果运用指的是确定结果的稳定性并根据评估结果完善相关竞争政策。OECD 关于反垄断执法效果事后评估的步骤与欧盟具有很多相似之处，但是比欧盟更加详细，具体包括以下 9 个步骤。

1. 选择评估对象

执法机构每年作出的经营者集中反垄断审查决定很多，不可能每个案例都进行事后评估，因此需要选择具有代表性的案例作为评估对象。首先，评估对象的选择需要考虑数据可得性、案件时间、案件性质等的影响。根据上述四种评估方法，数据可得性是影响评估对象选择的重要因素。其次，评估对象一般会选择对经济影响巨大、争议较大的案件或者某类型案件中的代表性案例。最后，案件的选择也受到案件决定和评估的时间间隔长短的影响，间隔时间太短案件的效果尤其是效率影响无法显现，因此，OECD 一般认为经营者集中发生的 3 年后进行评估较合适。但是时间间隔太长，中间可能会受到其他不相关事件的影响，因此对于创新的市场或者变化较快的市场，时间可以稍微缩短。

2. 选择评估主体

评估主体可以是执法机构自己（内部评估），也可以是第三方独立机构。内部评估有利于获取信息和相关材料，有利于内部人员通过事后评估获得技术性经验，但是内部评估缺乏必要的专业知识，也可能会影响结果的客观性。第三方评估机构具有专业的评估知识和时间，评估结果更客观，但是第三方评估机构缺乏案件相关的背景知识和理解，也会影响评估结果。因此，可以采取内部人员与第三方评估机构搭配进行的方式。

3. 识别反事实

反事实指在不同条件下有可能发生但违反现存事实的事件，在反垄断执法中是指与反垄断执法决定相反的情形。在经营者集中反垄断审查中，反事实有三种：一是禁止的集中被通过，相关市场的情况；二是通过的集中被禁止，相关市场的情况；三是集中被附条件通过，但所附条件与原始决定不同，相关市场的情况。为了方便分析，一般仅选择一种最具代表性的反事实进行事后分析，当然如果数据和信息允许的条件下，也可以考虑多个反事实。如在对附条件通过的嘉士伯与普里普斯（Pripps）并购案的事后评估中，弗里贝里和罗曼（Friberg and Romahn，2013）就考虑了三种反事实，并进行结构模型与模拟分析，模拟结果表明，如果无条件通过该并购，瑞士啤酒价格会上涨，如果所附条件为将所剥离品牌出售给最大的竞争对手，则价格所受影响最小。

4. 选择评估方法

反垄断执法效果事后评估的基本理论是比较执法的实际效果与反事实情况下的影响之间的差异。按照上述要求确定反事实后，根据评估目标以及数据的可得性等影响因素，选择具体的评估方法（见"评估方法"部分）。

5. 确定评估变量

为了评估某一执法决定的效果，应该评估其对所有关键变量的影响，除了上述的价格、效率外，还包括产品/服务的质量、品种等。但是因为数据可得性的问题，价格是最常用的评估变量，或者说是评估标准。当然，除此之外，也有学者从产量、品种、销售甚至研发支出、专利等各方面进行评估。

6. 收集数据和信息

收集数据和信息被认为是评估实施最关键的一环，因为没有高质量、系统的数据很难按照上述方法进行可靠的定量分析。数据的质量也限制了评估方法的选择和稳健性的检验。根据 OECD 的列举，主要包括以下数据：（1）从评估对象处直接获取的信息，但是评估对象一般不会愿意披露其相关市场信息；（2）从被评估对象的竞争对手、客户和供应商等获取的信息。这部分数据主要能反映执法事件对市场影响的相关信息，还可以借助这部分信息建立反事实假设下的市场模型；（3）与执法决定相关的文件；（4）商业数据库；（5）某些网站或部门定期收集整理的相关价格、销量的数据；（6）专门的机构或咨询公司等提供的市场发展趋势报告；（7）官方的统计数据；（8）股票价格数据；（9）会计数据、报刊报道、学术期刊或者其他调研数据等。

7. 进行分析

评估的核心是对执法决定的影响进行实际评估，主要就是通过比较关键评估变量与反事实假设的差异进行评估。实践中，评估机构一般会将执法决定的效果评估和事前分析的有效性评估相结合。

8. 结果的稳健性检验

结果的稳健性检验可以从评估结果的可测试程度或可核对程度来决定。统计测试是检查定量结果可靠性的常用方法。除了标准的稳健性检验方法外,还可以使用其他方法,如调查和访谈。OECD 建议,在做出结论时最好说明影响执法决定的因素及其与结果间因果关系的确定性程度。此外,对研究的不足等也需要说明。

9. 结论与政策建议

通过事后评估,确定事前分析和执法决定是否合适,并发现不适当的地方。但是,因为经营者集中案件的特点,每个案件都具有自己的市场特点和影响因素,需要考虑每个案件的具体情况,并确定评估结果在多大程度上具有普适性。通过事后评估,发现事前分析的一些具体问题有利于完善执法和立法。

法比安内和阿德里安(Fabiennye and Adriaan,2015)对三家执法机构事后评估情况进行了比较分析,内容包括评估目标、评估范围、评估方法、评估主体等,具体情况如表 3-3 所示。

表 3-3　　部分执法机构事后评估的情况

竞争主管部门	欧盟委员会竞争总局	美国司法部和美国联邦贸易委员会	英国公平贸易局和竞争委员会
评估目标	增强执法力度 提高反垄断法效力 评估合法性和宣传	评估政策实施报告 评估该机构的绩效(效率和合法性) 改进内部决策过程	评估内部管理 评估机构的绩效(效率和合法性) 改进内部决策过程
评估范围	执法和宣传活动年度报告 单个集中决定 中期审查条例 集中对消费者福利影响的年度评估(自愿)	执法和宣传活动年度报告 单个集中决定 集中对消费者剩余的年度评估	执法和宣传活动年度报告 个别竞争政策 对市场影响的事后评估 集中对消费者剩余影响的年度评估 执法活动对质量和产品创新的影响 调查威慑效应 宣传活动的影响

续表

竞争主管部门	欧盟委员会竞争总局	美国司法部和美国联邦贸易委员会	英国公平贸易局和竞争委员会
评估方法	调查法、事件研究法、结构模型与模拟、消费者储蓄等	结构模型与模拟、双重差分、消费者储蓄等	调查法、结构模型与模拟、双重差分法、消费者储蓄、个案研究
评估主体	内部或第三方	内部或第三方	内部或第三方
评估结果披露	个案决定	广泛披露	广泛披露

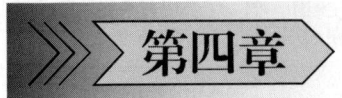

经营者集中反垄断审查效果事后评估的典型应用

前文已经对经营者集中反垄断审查效果事后评估的标准、主要方法、主要内容和评估流程等做了详细介绍。接下来,本章将着重介绍反垄断执法机构和学者对经营者集中反垄断审查效果事后评估的典型应用。本章主要从两个角度介绍经营者集中反垄断审查的典型应用。一类是对经营者集中反垄断审查效果的综合评估,分别介绍了美国和欧盟反垄断执法机构对其执法效果的评估以及学者对欧盟集中控制效果的评估;另一类是个案评估,介绍了两个典型案例的事后评估分析。

第一节 综合评估

一、美国联邦贸易委员会对其并购救济措施实施效果的综合评估

(一)研究背景和方法

1999年,美国联邦贸易委员会发布《剥离措施研究报告》[①]。该研

---

① FTC. A study of the Commission's divestiture process.

究是自 1976 年的《哈特—斯科特—罗迪诺反托拉斯改进法》通过并实施以来，联邦贸易委员会首次对其合并救济措施进行系统性审查，旨在确定剥离中的买方在根据委员会命令获得资产后的表现，并确定部分资产剥离未能实现救济目标是否存在系统性原因。

该研究主要基于案例分析，包括 1990～1994 年的 35 项剥离令，采取调研方法进行。35 项剥离令牵扯 50 家买方，该研究对其中的 37 家进行了调研，并与 8 家集中方和 2 家第三方进行了访谈。研究中包含的剥离包括广泛的行业和资产组合样本。通过研究深入了解委员会的资产剥离命令和资产剥离过程。

（二）研究结果

（1）几乎所有要求的资产剥离都实施了。在所研究的 35 份命令中，每一份都存在资产剥离的情况。有些命令还涉及多个买方。例如，如果零售场所被要求剥离，每个场所可能有不同的买方。如果要剥离的资产包括多个生产线，则每个生产线可能有不同的买方。因此，在研究涉及的 35 项命令中，委员会批准了 50 项资产剥离。该研究调查了 50 家买方中的 37 家。

（2）所研究的资产剥离中，3/4 似乎是成功的。该研究试图就被剥离资产的买方是否能够进入市场并维持运营得出结论。通过访谈的方式，该研究试图通过买方和其他被调查对象来确认买方进入相关市场后的影响。如果买方能够相对较快地在相关市场开始运营，并且有能力在该市场进行有效竞争，则认为该运营是可行的，并认为已实现了资产剥离的目的。在所研究的 37 项资产剥离中，有 28 项已在相关市场实现了可行的运营，大约 75% 的资产剥离是成功的。

（3）剥离运营中的业务比剥离特定资产更容易成功。该研究也试图研究部分剥离的效果。因为近年来，联邦贸易委员会批准了越来越多的部分剥离，旨在通过促进市场进入来促进竞争，而不是通过维持一个竞争实体来恢复竞争。在所研究的 37 项剥离案中，有 22 项涉及运营中的资产。这 22 项剥离，有 19 项几乎在资产剥离后立即在相关市场上存活。在 15 项资产的剥离中，有 9 项剥离的企业生存下来；5 家企业因为问题严重而最终没有成功，一家没有在相关市场独立运营。因此，该研究表明，剥离正在进行的业务比剥离定义更为狭义的一揽子资产更有可能保证运营的持续，这为联邦贸易委员会更倾向于剥离正在进行的业务这一结论提供了支持。但是，研究也表明，部分资产的剥离也是可以成功的。

（4）买方在资产剥离后与集中方保持联系，可能会增加买方的脆弱性，但也可能对一些买方的成功至关重要。根据调查结果，37 家买方中，有 19 家在资产剥离完成后与集中方保持着某种持续的关系。其中，有 6 起案件因为持续关系的存在，严重影响了买方在市场上的竞争。另外 7 起案例，虽然持续关系的存在对买方有害，但危害程度不足以阻止买方在市场上的竞争。还有 6 起案例，供应合同或技术援助义务等持续关系不仅对买方有帮助，甚至对买方的成功起了至关重要的作用。从这些数字来看，剥离后持续关系的存在应该引起执法者的注意。此外，根据具体的案例分析，应该详细区分哪种关系是有利的或者应该采取何种措施，以最大限度地发挥这种关系的效用。

（5）小公司与大公司的成功率似乎差别不大。虽然对大公司和小公司的资产剥离大部分都是成功的，但案例研究表明，规模较小、更具创业精神的公司的成功率与大型公司的成功率差不多。因为调查发现，在向小公司剥离的 23 宗资产中，有 3 宗不成功。在向大公司剥离的 14 宗资产中，有 4 宗没成功。小公司 13% 的失败率低于大公司 29% 的失败率。因此，买方公司的规模不是影响剥离业务成功的因素，小公司具有相同的竞争力。

上述一般性调查结果指出了应该优先考虑的资产剥离类型。为了在个案中制定更好的救济措施，研究者通过对资产剥离的案例进行分析，以帮助执法者更好地了解被剥离资产的买方所面临的问题，以及审查决定和资产剥离合同的具体条款对买方的影响。

(三) 有效剥离的障碍

1. 集中方

集中方通常会按照命令的要求行事。但是，根据对买方的调查发现，集中方可能会采取以下行为来降低被剥离资产在买方手中的竞争力，主要包括以下方面。

（1）集中方会有意地提出有限的剥离方案。附条件批准的并购案中剥离措施最初是在联邦贸易委员会工作人员与被告之间的谈判中确定的。但是研究发现，一些剥离方案似乎不足以完全实现委员会命令的救济目的。

（2）集中方会有意选择弱势买方。集中方负责寻找并提出待剥离资产的可接受买方，并在命令截止日期前完成剥离。他们没有被要求必须选择最强的买方。根据调查，许多买方表示，他们觉得自己被选中是因为集中方并不认为自己是一个强大的竞争对手。

（3）集中方可能会采取战略行为阻碍买方的成功。

（4）集中方有负面激励。很明显，即使集中方没有采取任何行动故意扰乱买方的业务，集中方也没有帮助买方的自然动机。动机的缺乏可能会使被剥离的业务面临风险。

2. 买方

（1）买方通常缺乏有关待剥离资产的重要信息。由于买方缺乏信息，他们在收购正在进行的业务、特定资产的转让和纯技术转让方面容易犯错误，进而降低了买方的竞争力。

（2）买方缺乏议价能力。案例研究表明，买方普遍认为自己的讨价还价能力比集中方弱。

（3）买方通常不会就与集中方打交道时遇到的困难与委员会进行沟通。

（4）买方的利益可能与欧盟委员会的利益不同。

3. 技术转让的复杂性。商业秘密和技术的成功转让是制定有效补救措施的重要任务。技术由集中方转让给买方本身就是一大难点。

4. 可行业务的界定非常困难。建立一个可行的竞争对手需要对业务运营有透彻的了解。剥离必须确保买方能够获得必要的技术、供应商、分销渠道和其他基本业务要素。而案例研究表明，即使委员会正确界定了交易可能造成竞争损害的市场，如果拟剥离的一揽子资产范围太窄，也无法创建可行的竞争业务。

（四）提高资产剥离救济措施有效性的建议

增加集中方的激励以实现有效的资产剥离，包括任命审计员为监督受托人；纳入"皇冠上的珠宝"条款等。

促进买方成功的措施包括：确保买方能够获得准确的信息；选择合适的买方，买方的知识和经验、市场的承诺程度、规模等都可能会影响最后的成功。

促进商业信息的传递。为了使机密商业信息转让更有效，可以要求集中方必须授予买方所有相关技术的权利；集中方必须授予买方获得技术援助的权利；集中方必须授予买方检查集中方用设施的权利；集中方必须授予买方可以从集中方雇佣具有重要知识的人员的权利。

二、欧盟委员会对其并购救济措施效果的综合评估

（一）评估介绍

1. 研究背景和目标

2005年，欧盟委员会竞争总司对1996~2000年欧盟委员会附加限制性条件通过的40起集中案件进行了评估①。该研究的目的是在事后

---

① DG competition, European commission. Merger remedies study.

(附加限制性条件通过 3～5 年后）评估欧盟委员会提出的救济措施的设计和实施中是否存在严重的问题；欧盟委员会的并购救济措施的有效性；进一步完善欧盟委员会现存并购救济政策和措施。通过该研究发现，2000 年以来欧盟委员会采取的一些并购救济措施，如救济通知（remedies notice）、示范文本（model texts）以及最优做法指南（best practice guidelines）等都是有效的。但是，通过研究也发现一些与所分析的救济措施的设计和实施有关的严重问题，需要进一步关注和调整。

2. *研究方法*

评估小组首先对执法决定进行筛选，以设立具有代表性的救济措施样本。1996～2000 年欧盟委员会五年报告期内共附加限制性条件通过 91 起并购案件，共涉及 227 项救济措施。该研究根据救济措施的类型、案件所涉及的产业以及第一阶段或第二阶段深入调查后并购方接受的救济措施的数量，最终选择了其中的 40 起集中案件，共涉及 96 项救济措施。这 40 起案件占欧盟委员会五年报告期内通过的涉及救济措施的合并决定的 44%，所涉及的救济措施占所有救济措施的 42%。

该研究主要采用调研法和访谈法。该研究并未试图对所评估的每种救济措施进行全面的市场调查，而是选择了分析救济措施的内容和实施过程。因此，该研究选择了"访谈法"。在选定评估样本后，评估者对案件档案进行了查阅，并根据受访者的情况有针对性地设计了问卷。受访者主要包括：承诺方或卖方、许可方和授予方；买方或卖方、被许可人和受让人；受托人。

评估小组审查了案件档案，并与参加了集中调查和救济措施设计和实施的案件小组进行了讨论。他们根据包含 120 个问题的抽样问卷，对相关公司的相关人员进行了 145 次采访。所有采访都是结构化的，但不限成员名额，受访者可以自由评论救济过程的各个方面。评估小组还对一些案例另外进行了书面问题的随访，对 6 起案例中的 10 种救济措施向 25 名受访者发送了详细的后续调查问卷，主要针对造纸和纸浆行业。关于这些救济措施，评估小组收集了关于市场特征、市场变化、产品价格弹性以及企业市场份额变化等的定量经济数据。需要注意的是,对于一些救济措施,如果没有对集中后的市场进行充分、全面的调查的话,是很难全面了解市场情况的。因此,该研究对救济过程中主要参与者所提供的信息的依赖程度很高。此外,要评估一项救济措施的效果,还需要与反事实情况进行比较。访谈法虽然能够获得相关参与者的观点和数据,但是对反事实情况的猜测却是推测性的,因此调查结果仅具有一定的参考作用。

3. 救济措施的类型

被评估案件主要包括以下救济措施:转让市场份额的承诺;退出合资企业的承诺;允许进入的承诺和其他承诺。此外,该研究还区分了"剥离救济措施"和"剥离承诺"。该研究共包括84项剥离承诺和12项非剥离承诺（10项准入承诺和2项其他承诺）。主要救济措施主要分为:转让市场份额的承诺（68项救济措施）;退出合资企业的承诺（15项救济措施）;允许进入的承诺（10项救济措施）;其他承诺（3项救济措施）。

4. 并购类型和竞争损害理论分析

在所分析的96项救济措施中,80%涉及横向并购,另有14%既涉及横向并购也涉及纵向并购,还有6%仅涉及纵向并购。

对于涉及横向并购的案件,一般通过转移市场份额的承诺来解决。对于涉及横向和纵向并购的案件,救济措施较类似,其中,准入救济措施使用相对更频繁（15%）,但退出合资企业的救济措施相对较少（8%）。纵向并购主要通过允许进入的承诺（83%）来解决,该救济措施也适用于混合并购。此外,大部分救济措施（84%）的使用是为了防止合并后形成单一市场支配地位。一部分救济措施（12%）旨在防止出现共同市场支配状况或协调效应。单一市场支配地位问题通常通过转让市场份额的承诺来解决。共同市场支配地位问题则通常通过退出合资企业的承诺以及转让市场份额的承诺来解决。

（二）剥离承诺的设计或实施问题

该研究的一个主要研究目的是确定救济措施设计或实施中存在的问题。因为，如果此类问题不解决，欧盟委员会的合并控制努力就会变得毫无意义，竞争问题可能仍然部分或完全得不到解决。根据研究发现，救济措施设计或实施中出现的严重问题有2/3以上（194个问题中有135个，即70%）在决定做出后的3~5年内得到了实际解决。然而，有59个严重问题仍未解决。在尚未解决的问题中，被剥离业务范围不足是最常见的问题，其次是买方不合格的问题。

1. 剥离业务的范围

被剥离业务范围不足是最常见的问题。在84项资产剥离救济措施中有79%存在一个或多个问题。在实施过程中，大量此类问题仍未解决（21项救济措施中有48个存在严重问题）。这些问题本身或与其他问题（尤其合适买方的选择）一起导致其中四项救济措施"完全无效"，17项"部分有效"。导致被剥离业务范围不足的主要原因是关键资产的遗漏，而这些关键资产对被剥离业务后续的发展和竞争都是必需的。为了保证剥离业务的准确性，研究发现欧盟委员会在确定资产剥离方案时需要充分考虑以下因素：被剥离业务与保留业务上下游的联系；被剥离业务生产和竞争的地域范围可能与相关地域市场不完全相同；资产剥离方案的临界规模或质量；产品的周期效应；知识产权问题。研究发现，仅剥离重叠业务的方法有时会导致对一些关键商业问题考虑不足，并进一步损害其竞争力，因为这些关键商业问题与被剥离业务的生存能力紧密相关。

2. 直接影响第三方的救济措施

欧盟委员会附加限制性条件批准并购的决定可能会影响第三方的权利，但欧盟委员会不能要求这些受影响的第三方履行承诺。欧盟委员会通常要求做出承诺的各方充分实施救济措施，而不考虑第三方的权利。因此，集中各方有责任在做出承诺之前，确保不存在与第三方有关的、可能会损害特定承诺有效履行的不可克服的风险或不确定因素。但这些分析或不确定因素仍有可能出现并破坏特定承诺的实施。其中，受访者最担心的此类问题主要涉及承诺方退出合资企业和/或买方进入时需征得合资企业合伙人的同意。第三方权利也阻碍了各种合同协议的执行，如供应协议的转让。其他依赖第三方的情况包括要求获得工程委员会、工会甚至个别雇员（例如，关键雇员）的批准。

该研究发现，第三方的干扰或不合作通常会将实施推迟几个月，并导致双方承担额外的实施成本，但对相关市场的竞争没有重大影响。虽然涉及第三方依赖的救济措施得到了成功实施，但研究表明，做出承诺的各方和欧盟委员会不一定需要依赖第三方的合作。尤其是当第三方的积极参与对成功实施救济措施至关重要时，作为集中各方的竞争对手，合作不一定是第三方的理性反应。

3. 替代剥离承诺和"皇冠宝石"规则

在"首选"救济措施无法实施的情况下，欧盟委员会接受替代剥离救济措施。根据研究样本发现，替代剥离措施并不常用。替代措施只存在四种救济措施中，其中三种涉及退出合资企业的救济。除了这些救济措施外，该研究还确定了至少八种非合资企业救济措施（占所有剥离救济措施的10%），其中替代剥离或"皇冠宝石"承诺可能通过增加各方充分履行"首选"承诺的激励、降低与"首选"剥离业务范围不足相关的实施风险等方式来改善救济措施。替代性救济措施旨在确保完全地消除欧盟委员会的竞争担忧，因此，它必须"如果不能更好，但也得具有相同的"恢复有效竞争的作用。

4. 被剥离业务的临时保存和单独持有

在过渡期内保持被剥离业务的生存能力、市场能力和竞争力，造成了大量实际问题，并产生了更多的实施风险，从而使对这一阶段的监管尤为重要。该研究发现，被剥离业务因为投资项目停止，或客户和供应商关系被忽视，可能会带来特别的损害。但是，收集这些问题的确凿证据非常困难，研究很难得出准确结论。

在所分析的 84 项剥离救济措施中，有 31 项（37%）涉及资产保存程序不当而降低救济措施有效性的问题，14 项救济措施（18%）涉及与业务保存有关的问题，26 项救济措施（34%）涉及单独持有问题，5 项救济措施（7%）涉及隔离条款相关问题。此外，通过案件研究表明，资产剥离的时间越长，就越需要有效的临时保存和单独持有措施。

因此，研究得出结论，应尽量缩短临时保存的时间，并明确剥离方的三项义务。此外，研究发现，安排单独持有管理人负责临时保存和单独持有剥离业务，管理人向受托人负责并在转让完成后很长一段时间内仍留在剥离业务中的做法对几乎所有剥离救济措施都有益，尤其是当合并方能够在过渡期内显著降低被剥离的业务时。关于临时保存和单独持有条款的监督，任命监督受托人是普遍做法。但是受一些因素影响，监督受托人对临时保存和单独保留条款的监督力度存在很大差异。

5. 资产剥离过程

资产剥离过程通常由双方/卖方在剥离初期自行安排。研究发现，这种自由通过以下方式破坏了救济措施的有效实施：因为剥离过程缺乏透明度，卖方可能会偏袒弱势买方，以限制未来的竞争；卖方对可能会成为其强大竞争对手的潜在买方采取排他性或歧视性行为；卖方通过缩短调查程序，来限制潜在买方的数量；潜在购买者收到的有关剥离业务和销售流程的信息不完整或不准确（至少在两种救济措施中）。

因此，该研究表明，只有当正确的潜在购买者及时收到有关被剥离业务的充分信息时，他们才能对剥离业务的收购和未来前景做出明智的决定。因此，建议欧盟委员会尽可能确保买方从各方和受托人处收到所有必要信息。该研究还发现购买者数量的减少减缓了剥离过程。因此，执法机构需要制定一个构成适当资产剥离程序的最低标准，以制衡卖方在剥离过程中采取排除或歧视被视为强大潜在竞争对手的候选买家的做法，从战略上引导买家的选择过程。

6. 被剥离业务的剥离

在所研究样本中，分割型剥离与独立剥离的比例为3∶2，这突出了分割型剥离救济措施的重要性。因此，尽管欧盟委员会明确表示倾向于独立剥离，但分割型剥离仍在实践中得到了灵活应用。分割型剥离导致9项救济措施中存在严重未解决的实施问题。另外5项救济措施导致剥离业务对卖方的长期依赖。在需要进行重大剥离的50项救济措施中，有14项的被剥离业务属于收购方，只有3项救济中的被剥离业务属于并购中的被收购方（目标公司），其余33项救济中的剥离业务属于合并方或合资伙伴之一。

剥离问题还涉及有形资产和无形资产的划分，以及被剥离业务和保留业务之间的人员分配。研究发现，在救济措施的设计阶段，当事人或欧盟委员会并不能预见到所有可能发生的情况，因为在履行这些义务的过程中，总是会出现需要采取哪些措施来准确地剥离资产的问题。此外，研究还发现，在分离共享资产和分配共享人员的过程中，确保被剥离企业以某种形式得到其使用的所有必要资产和人员是至关重要。无论是保留原有的业务基础设施，还是剥离原有的业务基础设施，都必须做出明确决定。在采访中，IT系统的分离经常被认为是一个具有挑战性的问题，至少有五种救济措施在实施中出现了问题。研究发现，人员分配对剥离业务的有效性至关重要，各方和欧盟委员会需要在设计阶段进行充分考虑。当待剥离业务并非完全独立时，监督机制的使用也是非常有必要的。

7. 被剥离业务的转让

研究发现，有形资产和无形资产的转让往往在资产剥离结束后很长时间才能完成，特别是在涉及专有技术转让的情况下。在84项资产剥离救济措施中，至少有10%的购买者未能获得所需的全部资产。在

68项转移市场份额的承诺中，至少有15项（22%）存在严重的转移问题。但在15项退出合资企业的承诺中未出现该类问题。与有形资产和无形资产转让相关的严重问题通常与剥离业务的资产和人员的剥离有关。

8. 监督受托人

该研究除了对剥离过程中受托人的职能进行说明外，还研究了监督受托人的选择和任命的程序，所需的资格及其与各方、第三方和欧盟委员会的关系。在所研究样本的69项剥离救济措施中，除两项外，其他所有救济措施都要求受托人对承诺进行监控。监督受托人通常监督一种或几种救济措施。研究表明，执法机构应当在所有救济措施中任命监督受托人；监督受托人的任命必须尽早明确；监督受托人必须具备相应的资格，才能对剥离程序、资产的临时保存及独立程序的保留等进行监督。

9. 合适的买家

在所分析的84项资产剥离承诺中，有40项（48%）牵涉买方是否合适的问题。大多数救济措施通常都规定了对买方的某些基本要求。具体来说，合适的买方应拥有必要的财政资源和必需的已获得证明的专业知识；有保持和发展被剥离业务的能力和动力；具有独立性，与并购方无关；不会导致新的竞争问题，也不会导致承诺履行延迟的风险；预计将获得监管机构所有必要的监管批准。研究发现，所有类别的买家都是合适的，只要特别注意在个案基础上评估它们的匹配就可以。

10. 剥离期限

在所分析的60项转移市场份额的承诺中，最常见的剥离期限是6个月，占60%。该比率与欧盟委员会在1996~2000年统计的所有承诺的比率一致。在所有转移市场份额的承诺样本中，平均剥离期限为7.6个月。在退出合资企业的承诺中，承诺文本中规定的剥离期限通常比转移市场份额的承诺期限长（平均 8.5 个月）。研究表明，对转移市场份额的承诺，6 个月的期限通常是足够的。根据访谈结果，表示资产剥离期限足够长的受访者与认为剥离期限太短的受访者人数相当。有 18 项资产剥离措施（占 30%）的最后期限延长了一次或几次。延迟期限的批准说明资产剥离是个不确定的过程，委员会对此也采取了灵活态度。并且，延期一般也是快速恢复有效竞争的最佳选择。研究也表明，对转移市场份额的承诺，6 个月的期限通常是足够的。因此，该研究支持欧盟委员会当时的做法，即先确定一个剥离期限，并规定有"正当理由"的情况下可以延长，而不是从一开始就给予更长的期限。

（三）授予准入权限承诺和其他承诺

1. 授予准入权限承诺

评估小组分析了 10 起案例，所有这些案例都将授予准入权限作为独立救济措施。授予准入权限的承诺旨在通过防止关键投入、基础设施或技术进入阻止的出现，以维持相关市场的实际或潜在竞争。还有许多准入承诺被视为对其他救济措施的"补充"。受样本容量等的限制，该研究仅提供有限的关于授予准入权限承诺的一般性结论。研究表明，该救济措施只在非常有限的情况下起作用。而未能履行准入承诺的主要原因在于，在制定有效准入条件和监测方面存在困难。

所有准入救济措施都强调了确定最佳准入范围的重要性，即是否将所有必要的资产、知识产权和专有技术包括其中。关于准入条款，准入成本是影响其有效性的基本因素。繁重的财务条款可能会阻碍市场进入，无法达到救济的目的。

鉴于准入条款的一些问题，在设计可行的准入救济措施时，欧盟委员会应该注意以下方面：欧盟委员会需要向足够数量的潜在用户提供并授予允许访问知识产权等关键资产的非排他性许可；许可应明确说明使用领域、地域范围、时间，并应根据商业上可行的条款授予准入（尤其是准入成本不得过高）；承诺不应包含可能对竞争结果产生不利影响的条款；许可不得促进授予人及其受益人的竞争协调行为；在设计准入许可的承诺中，必须审查相关条款。

2. 其他承诺

研究发现，欧盟委员会担心少数市场主导者会形成协调行为。这些市场主体可以通过对彼此的影响或信息交换更好地协调其行为或监控偏差。因此，削弱竞争者竞争影响的承诺尤为重要。这项研究分析了一项承诺，该承诺涉及从市场上撤出具有重要市场地位的产品。但是对其有效性，需要批判性的看待。

（四）评估结果

该研究的重点是详细审查集中救济措施的设计和实施，但也首次表明了救济措施在维护有效竞争方面的有效性。该研究没有对每一个有关市场的演变进行详细的事后评估，但对有关救济措施的设计和实施结果进行了评估，还考察了一些市场指标，如市场份额的变化，并分析了研究期间获得的所有相关信息。通过这种方式，对所评估的每种救济措施的有效性进行全面的评估。评估结果主要包括以下方面。

1. 未解决的严重设计和/或实施问题

总体而言，关于转移市场份额或退出合资企业的承诺，存在59个严重的设计和/或实施问题。如上所述，在这些尚未解决的问题中，剥离业务的范围不足是最常见的问题，其次是买方不合适、资产剥离和剥离业务的转让存在问题。在所分析的10个准入救济措施中，存在至少9个严重的设计和/或实施问题。此外，在3项"其他"救济措施中，有1项产生了严重的设计和/或实施问题。

2. 市场指标

对于评估的大多数剥离救济措施，评估组还检查了以下可衡量的参数：买方是否仍在营业；在可能的情况下比较剥离和保留业务市场份额的演变。研究发现，在84项剥离救济措施的买方中，87%的买方在剥离实施3~5年后仍在经营剥离业务，另有7%的买方已将剥离业务出售给新的买方，且出售后仍在经营。因此，总的来说，94%的剥离业务仍在运营，因此对合并实体施加了一定程度的竞争约束。当然，原买方或后续买方继续经营被剥离业务是确保剥离救济措施有效的必要条件，但不是充分条件。因为，被剥离业务虽然继续经营，但是并不意味着一定在市场上进行了有效竞争。

市场份额的演变可以更好地显示被剥离业务和保留业务的表现，从而更好地显示相关补救措施的有效性。该研究考察了剥离实施后3~5年内被剥离企业市场份额的演变，主要包括56项补救措施的相关数据（占84项剥离补救措施的67%）。其中，被剥离企业的市场份额减少的概率（44%）高于增加的概率（18%）。34%的补救措施的市场份额保持稳定，4%的补救措施的市场份额消失。研究发现，只有18%的被剥离企业在剥离实施后的3~5年实现市场份额的增加。

3. 整体效果评估

如上所述，评估小组对每种救济措施的有效性进行了初步的全面评估。政策的有效性主要通过分析救济措施实现其竞争目标的程度来衡量（即通过防止形成市场支配地位或者增强市场支配地位来维持有效竞争）。根据救济措施的效果，主要分成以下几类：

（1）"有效"救济措施能显著的实现竞争目标。对于转移市场份额的承诺和退出合资企业的承诺，这意味着被剥离实体仍然是一个可行且有效的竞争对手。准入救济措施的有效性主要体现在封锁问题的消除。

（2）"部分有效"救济措施主要指存在设计和实施问题且救济措施实施后的3~5年内问题没有完全解决，对剥离业务的竞争力形成了部分影响。

（3）"无效"救济措施指的是未能如欧盟委员会附条件批准决定中所预期的那样恢复竞争状态。

（4）"效果不明"救济措施是指研究无法确定救济措施是否达到了

既定目标。

在所评估的96项救济措施中,有85项可以进行总体效果评估。在这85项救济措施中,57%的救济措施是有效的,24%部分有效,7%是无效救济措施,还有12%效果不明确。在考虑每种救济措施的效力时,研究发现,总体而言,退出合资企业的救济措施是最有效的,而授予准入权限的救济措施的效力较弱。

三、学者对欧盟和美国集中控制效果的综合评估

除了反垄断执法机构外,理论界也对集中控制效果事后评估非常感兴趣。接下来介绍杜索等(Duso et al.,2011)对欧盟集中控制效果的事后综合评估和科沃卡(Kwoka,2021)对美国并购控制政策效果的研究。

(一)杜索等对欧盟集中控制效果的事后评估

1. 评估背景

欧盟的并购控制始于《欧洲共同体合并控制条例》(European Communities Merger Regulation),该条例于1990年9月21日生效。该条例第2条第(3)款主要关注并购带来的主导地位的影响,即更注重支配地位测试(dominance test,DT)。2004年欧盟新的合并控制条例[①]生效,开始关注合并对竞争的影响。从政策角度来看,欧盟并购控制政策发生了明显的变化。与禁止合并相比,救济措施被认为是更优的政策工具,因为救济措施既能解决合并可能带来的市场势力问题,还能维持并购带来的效率改进。美国的情况也反映了类似的政策演变。1992~2003年,美国联邦贸易委员会和司法部也越来越多地在合并

---

① Council Regulation (EC) No. 139/2004 of 20 January 2004 on the control of concentration between undertakings (the EC merger regulation), OJ L24/1, 29 January 2004.

控制决策中使用补救措施。并购控制政策的效果虽然也引起了学者激烈的讨论，但几乎没有系统的经济计量证据表明合并政策是否达到了它应该达到的目的，即"保护和恢复有效竞争"。在这种背景下，杜索等（Duso et al., 2011）以 1990~2002 年欧盟委员会审查的 151 起并购案为样本，分析了合并控制决策的影响，为合并控制政策的有效性提供计量经济学的证据。

2. 评估方法

该研究的样本由 1990~2002 年欧盟委员会审核的 151 起合并案组成，共包括 544 家不同公司，既有并购方也有其竞争对手。文章根据欧盟委员会的决定确定并购方和其竞争对手、并购的类型、并购的性质、相关产品市场和相关地域市场以及具体的救济措施等。在所有合并案中，完全合并案占 57.1%，合资占 24%，部分收购占 13.1%，要约收购占 11.3%，资产收购占 6%。其中 41.1% 案例的相关地域市场为欧盟经济区，35.1% 案例的相关地域市场为某一具体国家，还有 21% 案例的相关地域市场为全球。此外，在所有案例中，有 35.1% 的案例为附加限制性条件通过，7.7% 的案例被禁止。在所有救济措施中，欧盟对 23.5% 的案例采取剥离政策，而对 11.8% 的案例采取其他救济措施。对并购方和竞争对手，不同事件选取不同的事件窗，最短的事件窗为事件前后 5 天，最长的事件窗为事件前 50 天到事件后 5 天。

该实证分析主要关注三个事件。首先是合并公告，他们将其定义为媒体上出现的第一个特定于合并的传言，这有助于确定市场对并购竞争效应的反应。其他两个相关事件是第一阶段和第二阶段的决定日期，这有助于确定合并控制程序的影响。分析的核心思想是，并购控制应该能消除合并产生的反竞争效应。他们通过三个步骤评估合并控制的效果：从理论上确定反竞争效应；从经验上量化合并和合并控制的效应；通过回归分析来衡量不同并购控制工具的效果大小。

该研究利用股票市场的证据，对并购和欧盟委员会的并购审查决定的竞争后果进行独立的评估。在第一步中，他们使用事件研究法计算并购方及其竞争对手在相关事件（并购以及并购控制等）前后的累积平均异常收益率（CAAR）。该计算基于以下原理，合并公告前后的 CAAR 应反映并购的竞争影响，而欧盟委员会决定公布前后的 CAAR 能衡量并购政策的影响（Eckbo and Wier，1985）。四个假设构成了该研究的理论框架基础，基于该理论框架进行相关实证分析。具体的理论框架包括如下内容。

寡头垄断理论（Stigler，1950）预测，企业合并可能会对竞争对手产生两种外部性：由于合并的市场力量效应而产生的正外部性和由于合并产生的潜在效率改进而带来的负外部性。第一个效应是合并导致市场上企业减少，而在其他条件相同的情况下，价格竞争将不那么激进，从而导致更高的价格和利润。在两种不完全竞争的产业组织模型中（古诺模型和伯特兰德模型），在不存在效率改进的情况下，并购导致产品价格上升（Salant et al.，1983；Deneckere and Davidson，1985；Farre and Shapiro，1990）。竞争对手受益，因为他们不承担内部人员数量的减少，但仍能从更高的价格中获益。第二个效应是更高的效率，它会导致更低的价格，使内部人员和消费者受益，而竞争对手则会在更激烈的竞争中失利。在大多数合并中，这两种影响可能同时存在，因此，杜索等（Duso et al.，2011）主要关注净效应。基于上述理论，假设具有反竞争效应的合并对竞争对手产生正外部性，即竞争对手的利润增加，消费者福利下降，评估组对并购效果进行验证。即通过竞争对手利润的变化来衡量消费者剩余的变化。当然，该相关性主要存在于横向并购中。

该研究的第二步是选择一个实证指标来衡量并购以及并购控制决策的效果。文章选择利用股票市场对合并宣布和合并决定的公布的反应来评估此类事件对并购方和其竞争对手利润的影响。使用股票市场数据与使用其他数据相比，有几个主要优势。首先，也是最重要的是，它可以将合并事件与决策的影响分开，而对公司会计利润影响的观察只允许人们衡量净影响。其次，不需要定义观察合并效应的时间跨度。

最后，它可以用来分析被禁止并购的案例。当然，股票市场数据也存在一些问题，该研究假设市场是半强有效的。如果市场是半强有效的，它们会在对合并公告做出反应时考虑未来的反垄断决定（Eckbo，1992）。因此，该研究制定了一个策略来考虑这些期望。纠正 CAAR 对委员会决定期望的方法，即通过估计特定决策的概率作为可观察到的合并特征的函数来量化这些期望。CAAR 公告的预期修正使其成为衡量合并效果的更清晰的指标。故该研究假设在修正了市场对反垄断调查结果的预期后，围绕具体合并的 CAAR 衡量合并的竞争效应。该研究使用商业媒体上有关合并的第一个传言的出现作为合并的公告日期，而不是官方的宣布日期，以降低合并被提前预期的可能性，从而降低异常回报偏向于零的可能性。此外，研究还考虑市场冲击如需求或成本冲击等造成的信息效应等，以将其与并购的竞争效应区分开来。为了使结果更稳健，该研究还进行了详细的稳健性检验，包括控制行业事件的冲击，将样本以 1995 年为界分为两组；主要关注特定行业而不是整个经济范围的冲击对并购的影响；根据最初的并购谣言和欧盟委员会审查程序（通知）开始之间的时间跨度来区分合并，因为事件之间的时间跨度对评估并购的竞争效应非常重要。

接下来衡量委员会决定的效果，该研究假设修正了市场对反垄断调查结果的预期后，围绕委员会决定的 CAAR 衡量了该决定对盈利能力的影响。委员会的最终决定取决于合并公告中已有的信息，且最终信息中包含一些市场预想不到的因素。该评估主要关注并购政策的直接影响，即特定决策对市场、并购方及其竞争对手等的影响。此外，该研究还根据案件是在第一阶段还是第二阶段进行的判决，来测试补救措施的有效性差异。

理想情况下，有效的并购控制政策应该能够维持效率，提高消费者的福利，同时降低并购的市场势力效应。为了更好地评估救济措施的效果，需要将两种影响区分开来，并衡量两种效应的大小。该研究认为合并的市场势力效应意味着合并企业和竞争企业都获得正利润，而合并的效率效应意味着合并企业获得正利润，而竞争企业获得负利润（Eckbo，1983）。因此，如果反垄断机构的行动有效，合并公司和竞争对手决策日的异常回报（Π_{ij}^{D*}）应为负值，并且它们应该系统地与宣布期的异常回报率负相关。合并的市场势力效应越大，这两类公司在宣布期的异常回报（Π_{ij}^{A*}）越大。反垄断行动越有效，效果回归应该越大。因此，该研究通过对合并公司和竞争对手分别进行以下基本回归来评估反垄断行动的有效程度：

$$\Pi_{ij}^{D*} = a_{idj} + b_{idj}\Pi_{ij}^{A*} + g_i X_j + \eta_{ij} \qquad (4-1)$$

其中，下标 i 表示合并企业或竞争对手，下标 j 表示合并，这是他们的观察单位。下标 d 代表欧盟委员会的最终决定（C = 无条件通过；O = 其他补救措施；S = 结构性救济；B = 禁止并购）。他们估计了四种决策的不同截距和斜率系数。系数 b 衡量因特定欧盟委员会的决定而导致的效果回归程度。X 为外生变量，如年度和行业虚拟变量等。

3. 评估结果

首先，该研究估计委员会采取行动的概率。研究发现，如果一家或两家合并企业来自美国，或者如果市场被定义为欧盟范围内的市场，则采取行动的可能性会显著降低。在样本的最后几年（1995～2002年），随着企业集团或垂直一体化企业的存在、竞争企业规模的增加，该风险显著增加。其次，该研究在控制时间和行业影响的情况下，选择不同的窗口期对第一和第二阶段决策前后的影响进行回归分析。

通过全样本分析，一个重要发现是直接禁止案件的系数 b_{iB} 显著为负（竞争对手的 b_{iB} = -0.88，并购方的 b_{MR} = -0.72），这在统计上与竞争对手的负系数没有显著差异。根据理论框架，禁止并购的政策似乎完全恢复了并购前的竞争状况，可以认为它是有效的并购控制工具。当并购被禁止时，并购企业的截距显著为负，这可以用禁止并购的额外成本（除了市场势力的丧失和效率改进）来解释。零截距可以说明无条件通过并购对公司未产生积极影响。救济措施的系数估计仅部分符合有效并购控制的预测，因此，救济措施是部分有效的。在一些无条件批准的案件中，欧盟委员会可能犯了Ⅱ类错误。

接下来，该研究分别分析了第一阶段和第二阶段的决策（子样本）。对于第一阶段调查后结案的案例，救济措施的实施对竞争对手效果的回归结果显著（$b_{RR} = -0.19$），虽然截距显著不为零。说明这些救济措施在恢复市场势力效果方面是有效的。在被正确清算的合并中，竞争对手的截距和斜率系数显著为正，该结果与全样本类似，可能是因为欧盟委员会犯了Ⅱ类错误。第二阶段子样本的回归结果与从全样本中得到的结果几乎完全吻合。同样，在禁止案件中，并购方和其竞争对手的截距也显著不为零。在无条件通过案件中，并购方和其竞争对手的斜率和截距也显著不为零。这一结果表明，在深入调查后，Ⅱ类错误发生的概率较小。但是，对实施救济措施的案件，情况存在差异。结构性救济措施的实施使竞争对手的斜率显著为正，而并购企业的截距显著为负。可能的解释是救济措施并未纠正并购的反竞争作用，而只是将并购的好处从并购企业转移给其竞争对手。因此得出结论，第二阶段的救济措施不是一种有效的并购控制工具。

接下来分析不利于竞争的并购与有利于竞争的并购对竞争对手的斜率和截距的影响。结果发现，救济措施只是部分有效。在不利于竞争的并购中，救济措施对竞争对手具有显著的负向影响。而在有利于竞争的并购中，救济措施对并购企业具有显著的负向影响。这说明，欧盟委员会可能犯了Ⅰ类错误，错误地干预了有利于竞争的并购。

通过稳健性检查，该研究进一步验证前面假设是否正确并解释原因。通过对横向并购子样本的回归分析发现，救济措施是部分有效的；结构性救济措施的系数再次说明并购救济将并购的好处从并购方转向竞争对手，其中斜率系数显著为正。

该研究通过区分"缓慢"和"快速"并购，以分析并购时间长短对竞争效应的影响。"快速"合并的结果更符合预测。在禁止的并购中，竞争对手的系数 $b_{RB} = -1.03$，并购企业的斜率为 -2.22，不是很显著。在"缓慢"并购的子样本中，禁止的案件中竞争对手的斜率为

-1，且不显著，这可能是因为从首次传闻出现到通知公布之间的时间跨度较长，以及隐含的测量误差。救济措施的结果与从全样本中观察到的结果非常相似。

总之，该研究发现，禁止并购的决定完全扭转了并购公告发布前后的影响。而救济措施似乎无法实现平均效果的完全逆转，因此只是部分有效。此外，救济措施在第一阶段最为有效，因为这些案件更为简单，并且委员会对合并公司具有更强的讨价还价能力。此外，救济措施对不利于竞争的合并的效果更好。他们还发现，随着合并公告效果的增加，无条件通过并购决定的效果也会增加，但仅限于对竞争对手的影响。最后，他们还对欧洲并购控制政策有效性随时间的演变情况进行了分析和解释。显示，欧盟委员会从多年的经验中吸取了教训，提高了救济措施的有效性。

（二）科沃卡对美国集中控制效果的事后评估

1. 评估背景

并购控制是反垄断执法的重要组成部分，但其有效性还没有得到充分的证实，以下事实可以说明对并购控制政策进行事后评估的重要性：美国司法部和联邦贸易委员会收到大量的并购申报；一些并购控制政策对相关市场具有不同寻常的影响，尤其是对新兴经济领域的发展和关键部门的发展和运营更明显。合并的重要性以及缺乏系统的影响证据，促使越来越多的人呼吁对合并的影响以及反垄断政策的效果进行研究。

2. 评估方法

科沃卡（Kwoka，2021）通过对现有关于并购控制效果回溯性研究经济文献（共60篇已发表文献，包括对53项并购案的价格效应进行分析）的分析，综合评估并购的实际效果。这些"回溯性研究"通常在严格控制其他影响的情况下，比较并购前后的价格变化。通过这种数据汇总和分析可以获得更多的信息。除此之外，该研究还分析了53项并购案例的执行信息和交易背景的相关数据。通过信息的汇总探究美国并购控制政策的效果。

3. 具体分析结果

该研究先分析了美国联邦贸易委员会和司法部公布的总体调查和立案数据。首先，对1999~2003年受到美国联邦贸易委员会和司法部调查的173起合并案所在的市场特征进行分析，该数据包括1263个市场的结构特征。数据表明，HHI小于2000或HHI变化小于300的市场的合并很少受到调查。事实上，HHI的中值为4500，HHI的中值变化约为1200。这些数字都远远超过了调查发生时合并指南中规定的阈值。这主要是由于其他因素的重要性超过了集中度统计数据。通过执行概率的模型分析，也可以发现对于集中度较高且集中度变化较大的行业中的合并，执法行动的可能性更大。其次，通过对被调查案件相关市场中公司的统计数据可以发现，执法行动的概率是受合并影响的市场中重要竞争对手数量的严格递减函数。最后，数据还突出了对进入壁垒影响的分析。

并购的事后评估主要是对美国联邦贸易委员会或司法部调查的已完成的并购对关键产品价格影响的实证检验，也有少数论文研究了并购对产品成本和质量的影响。双重差分法是最常用的实证方法。根据以下条件，科沃卡（Kwoka, 2021）确定了53项合并和相关横向交易对价格的非重复估计：研究必须考察纯粹或实质上的横向交易；为了评估政策，只包括涉及美国企业和市场的结构性交易；研究使用公认的分析技术，且符合现代研究设计标准。这些构成了该研究的核心数据库，首先对结果本身进行分析，然后结合有关机构的行动信息进行深入的分析。

这53笔交易发生在16个不同的行业。接下来重点评估合并或其他横向交易导致的价格变化幅度。考虑到行业、数据、时间段等方面的差异，该研究首先对所有评估结果进行标准化处理。在控制了所有其他影响后，53笔交易的总体平均价格变化为6.04%，该结果意味着这些交易通常会产生不利的竞争影响。在53份价格估算中，共有40份（75.50%）报告了价格的上涨，平均增长率为9.40%。13起交易（占总交易的24.50%）导致价格下降，平均下降4.29%。通过比例检验可以发现，价格上涨的可能性更大。在全样本中剔除掉非纯粹合并后发现，在46起纯粹的合并中，33起（82.60%）导致价格上涨，而只有8起（17.40%）导致价格下降。这46起纯粹的横向合并的整体价格效应约为7.29%。

对合并和类似交易的概述主要得出以下初步结论。首先，3/4以上的合并会导致价格上涨。其次，航空业和医疗行业的交易绝大多数会导致价格上涨，其中许多涨幅相当大。相比之下，虽然石油行业的合并数量众多，但很少会导致价格的实质性变化。最后，与真正的合并所代表的更彻底的结构变化相比，代码共享和合资企业的交易具有显著的有利价格的效应。

接下来分析反垄断执法机构的决策和行动，主要包括禁止并购、无条件通过、剥离、行为和条件性救济。在上述53宗交易中有25宗涉及明确的机构行动数据，其中23宗为合并。在这25宗交易中，有8宗（32%）在没有采取任何行动的情况下被执法机构无条件通过；有12宗获得了结构性或行为/条件救济措施；有17宗被直接禁止或受到此类救济措施的约束。这些数据表明，针对存在竞争问题的合并和类似交易的执法活动相当多。在竞争管理机构的自由裁量权范围内，在所研究的案件中，有相当一部分已经采取了重大救济措施。

通过对不同政策使用频率随时间变化情况的研究，发现呈现不同的特点。在20世纪80年代，所有被研究的案件都是通过直接禁止或救济措施来解决的，禁止的政策更为普遍。相比之下，在20世纪前10年，所有案件要么无条件通过，要么附加限制性条件通过，无禁止案例，无条件通过是更常见的解决办法。所有这些都表明，在遵守上述警告的前提下，政策已逐渐从20世纪80年代比较强硬的姿态转变为

21世纪初更宽松的姿态。

接下来,该研究分析市场的先决条件与执法决策之间的关系。研究发现:反垄断机构禁止案例的相关市场一定是"很难"进入的;执法机构实施"剥离救济措施"的案例,其相关市场的HHI一般都在6000~8000之间,市场集中度"高/中等",并且所有的市场进入壁垒很高;执法机构实施"行为或条件性救济措施"的案例,其相关市场的HHI在3000~6350之间,市场集中度"中等/高",两家并购企业的$CR_2=1$,市场进入壁垒很高;从可获得的有限信息可知,无条件通过并购的市场进入很容易。

该研究还分析了政府并购控制政策的效果,即并购对价格的影响。研究发现,无论采取何种政策措施,在所有情况下合并导致的一个重要结果就是价格上涨。当然,政策行动的类型不同,结果也有很大差异。反垄断机构直接反对的并购平均价格上涨1.86%。资产剥离案件的价格上涨6.66%,而使用行为或条件救济措施的案件价格上涨幅度则大得多,达到12.82%。值得注意的是,无条件通过的并购会导致价格平均7.40%的上涨,与资产剥离案件的比例差不多。这些数据表明,反垄断机构可能在"禁止并购"的政策中犯了错误,也有可能是其他机构对合并进行了有效控制;剥离或行为/条件救济措施似乎都不能特别有效地保护竞争,因为它们都不能防止并购后出现显著的价格上涨;与资产剥离救济措施相比,行为/条件救济措施的效果似乎要差得多。总体来说,这些结果表明,所研究案例中的合并控制政策总体上可能过于宽松,救济措施可能不足以保护竞争。

最后,该研究通过数据分析,进一步检验了合并后竞争问题的严重程度与所选控制政策之间的关系。结果发现:第一,反垄断执法机构通常可以区分并购对竞争等的影响,并能正确地选择并购控制措施。第二,尽管执法机构对问题严重的交易采取了行动(救济措施),但这些行动似乎是不够的,因为交易后的价格确实上涨了10%以上。第三,对于导致中等程度价格变化的交易,则没有明显的代理行为模式。通过对问题案例行动频率的检验，表明机构的行动是根据潜在价格问题的严重程度进行适当调整的。

第二节 个案评估

一、英国图书并购案的事后评估

阿古佐尼等（Aguzzoni et al., 2016）评估了英国两大图书零售商合并（Waterstone's 收购 Ottakar's）的价格效应。该研究基于并购前后 4 年内 50 个当地市场 200 本书的月度扫描数据，比较了合并前后连锁店所在区域的价格变化。此外，他们还调查了并购对全国市场的影响。结果表明无论是在当地还是在国家层面，合并都没有导致价格上涨，因此也证明英国竞争委员会无条件批准并购的决定是合理的。

（一）案件背景与案例介绍

零售业的并购受到反垄断审查的概率很高，1996~2011 年，美国联邦贸易委员会对 176 个食品杂货市场进行了合并控制，其中 152 个受到了反垄断审查。同样，欧盟委员会在过去 20 年中审查了越来越多的零售业合并。欧盟委员会在 1990~2008 年分析了 167 起零售业的并购案，其中 13 起被阻止或者被附加限制性条件批准。另外，尽管越来越多的研究分析了各种行业合并的价格效应，但对零售业合并的事后评估却较少。在此背景下，该研究选择图书零售行业的并购案进行事后评估。零售行业的合并呈现出一些特定的特征，使其与其他市场的集中有所不同。因此在并购审查中需要考虑这些特征。在事后评估中也需将这些特征纳入考量范围。

他们分析了两大图书零售商合并前后英国图书行业市场集中情况。

截至2005年,超市和在线零售商的市场份额大幅增长(2001~2005年均增长了4%),而非互联网远程卖家(主要是书友会)的市场份额有所下降。合并时,合并双方的合并股份为24%。英国四大零售商(W. H. Smith,Waterstone's,Ottakar's,Borders)的市场份额合计为45%。

2005年8月,Waterstone's和Ottakar's宣布合并计划。在宣布合并时,Waterstone's由全球娱乐零售连锁店HMV Group控制。Waterstone's在英国有190家店铺,每家店铺都有可供选择的商品。Ottakar's成立于1987年,它通过有机增长和收购实现增长,到2005年12月31日达到141家。并购方声称,合并主要是出于防御性理由。拟议中的合并将使Waterstone's能够更有效地与Borders、W. H. Smith、互联网零售商和超市以及其他专业零售商竞争。此外,双方强调,将Waterstone's更高效的库存管理系统引入Ottakar's的运营中,以及从规模经济中获得更高的效率收益。

基于此,英国竞争委员会审查认为拟议合并不会导致地方、地区或国家层面新书(畅销书或深度图书)零售市场竞争的大幅降低。因此,2006年5月12日英国竞争委员会无条件批准了该合并。

(二)评估方法

1. 数据和样本选择

为了进行双重差分分析,该研究建立了两个数据集,一个是区域层面,另一个是国家层面。他们从尼尔森(Nielsen)获得了Waterstone's和Ottakar's的60家零售商店销售的200本书每周的销量和价格数据,以及一些图书的特征数据。此外,他们还获得了同一时间段内竞争对手销售的相同图书的全国总销量和价格数据。除此之外,他们还从公共来源收集了社会经济特征(如人口、GDP、互联网普及率等)相关数据——包括地方和国家两个层面。具体门店和图书的选择标准如下。

商店的选择:在对地方层面的DiD分析中,研究需要构造控制组和对照组。他们将控制组定义为两家企业在重叠区域的门店,即并购前两家连锁店均存在的区域,将对照组定义为两家连锁店在非重叠区域的门店。根据英国竞争委员会的决定,2004~2007年,两家企业的门店共分布在203个区域,其中33个区域被确定为重叠区域,170个区域为非重叠区域。从这些区域中分别选择了30家门店进行分析。接下来,他们通过匹配方法确定了两组具有同质可观察特征的区域。

图书的选择:英国竞争委员会认识到,合并可能会对畅销书和深度图书产生不同的影响。事实上,尽管畅销书面临着强大且日益激烈的竞争,尤其是来自超市、非专业商店和互联网零售商的竞争,但深度图书似乎受这些竞争约束的影响较小,因为超市和非专业商店此类图书的存量很少。该研究还对这些差异进行了解释。因此该样本还分别区分了"常卖书""最畅销书""畅销书""不畅销书"。

2. 控制变量

评估选择的控制变量主要包括需求和供给两个方面。需求方面主要包括:人口、人口密度、书籍的平均销量、总增加值、大学数量、教育水平以及互联网销售的扩散。供给方面主要包括:潜在成本转移因素(纸张成本、房价等)和竞争强度(在所选区域内经营的零售商的数量及其进入/退出率)。

(三) 评估结果

1. 区域层面的分析

该研究评估不同书目在重叠和非重叠区域的月平均价格(折扣)。根据假设,如果门店经理可以在门店层面自由定价,并且并购具有反竞争效应的话,则在重叠区域并购对折扣的影响会很明显,因为并购减少了竞争。基于此假设,通过双重差分法验证并购前后的价格变化,回归模型如下:

$$disc_{ist} = \alpha + \beta post_t + \lambda overlap_s + \delta post_t * overlap_s + \gamma X_i + \mu Z_s t + \eta_t + v_{is} + \varepsilon_{ist}$$

(4-2)

其中，$disc_{ist}$ 为书店 s 在时间 t 关于书目 i 的推荐零售价。$post_t$ 为虚拟变量，并购后为 1，并购前为 0。$overlap_s$ 是虚拟变量，重叠区域销售的书目为 1，否则为 0。关键变量是 $post_t$ 和 $overlap_s$ 的相互作用，其系数 δ 衡量重叠区域相对于非重叠区域的价格变化。系数 β 测度所有地域并购前后的价格变化。系数 λ 则主要衡量与合并无关的重叠和非重叠区域之间的特殊差异。

为了量化合并的整体效果，该研究除了对所有书目进行汇总回归外，还分别对每类书进行了回归分析，因为不同类别的图书面临不同的竞争条件。另外，他们还对每个书目/商店进行了固定效果的回归，以便捕获可能影响价格的所有标题/特定商店（未观察到和观察到的）特征。关于窗口选择，该研究选择了两个可能的窗口（6 个月和 12 个月），并发现结果基本不受窗口大小的影响，故仅报告合并日期前后六个月的结果。

全样本分析的结果表明每个书店和书目的组合都有固定效应，且合并似乎在重叠和非重叠区域没有产生不同的影响。根据对分类图书的回归结果发现，合并对合并方在重叠区域的平均折扣未产生不利影响。post 变量的系数表明，合并后，不畅销书的时间趋势有统计学意义的上升（12.4%），而畅销图书的时间趋势有所下降（23.5%）。衡量区域竞争强度的系数表明区域竞争确实在决定价格方面发挥了作用。除此之外，他们还观察到一些与书目特征相关的常见且具有统计学意义的影响。总体结果表明，合并似乎没有对重叠区域的平均价格产生明显不利影响。

该研究还进行了异质性处理效果估计，以更准确地衡量合并对价格的影响。他们从三个维度评估合并对重叠和非重叠区域的影响：特定账簿、特定公司和特定市场。结果表明合并后，两家合并连锁店在重叠区域的价格趋于一致。这种价格趋同可能会产生重要的政策影响，因为长期以来，人们一直认为统一价格可能会对消费者的剩余产生混合影响（Hausman and Mackie-Mason，1988），一些客户的福利获得改善，而另一些的福利则受到影响，但受到数据的限制，无法对消费者福利变化进行进一步的衡量。并购可能会导致门店的减少，但是研究发现，即使在合并后门店数量减少的地区，也未发现合并后价格的系统性差异。英国竞争委员会认为门店关闭不会阻碍竞争主要因为互联网零售商和其他实体店的存在。另外，Ottakar's的库存管理系统的改进也可以抵消部分因为门店关闭带来的损失。

第二组异质性回归涉及特定于所有权的异质性，以探讨合并对合并前存在的产品和合并后引入的产品的影响差异。结果表明，合并后，重叠区域的商店似乎对新发行书籍的定价更为积极。相反重叠区域的商店在发布日期两个月后，为图书设定了显著更高的价格。这一结果似乎表明，合并可能也影响了公司在折扣时间和期限方面的激励。

第三组异质性回归涉及特定于市场的异质性。与霍斯肯等（Hosken et al., 2012）类似，他们研究了合并对价格的影响是否因竞争强度的不同而存在差异，竞争强度由合并前市场上竞争对手的数量来衡量。结果表明，竞争差异对并购前后价格变化的影响不显著。

该研究除了对价格影响进行分析外，还对非价格变量，如产品种类或服务质量等进行了分析。因为通过模型分析发现，零售业的合并可能会导致产品种类的减少（Inderst and Shaffer, 2007）。因此，该研究分析了合并对书目的月平均销售额的影响。通过对重叠区域和非重叠区域的比较发现，合并似乎对销售额没有任何影响。这些发现证明合并未对服务质量或产品多样性产生明显负面影响。

2. 国家层面的分析

上文的分析侧重于并购对区域竞争的影响。然而，如果双方主要制定全国统一的价格，则该交易也可能对全国价格产生总体影响。所以，该研究进行了补充分析，以评估并购在国家层面的影响。实施这种替代分析的一个主要问题是确定合适的反事实。为了提高结果的稳健性，他们选择了两个对照组：Waterstone's 和 Ottakar's 的竞争对手销售的相同产品；合并双方出售的畅销书。

第一，该研究将竞争对手的书目作为控制组进行 DiD 分析。事实上，影响整个行业的外部供给或需求冲击会以类似的方式影响合并方及其竞争对手的价格。然而，如果公司在价格上竞争，市场上所有零售商应用的折扣可能是相关的，因此，合并可能不仅影响并购双方的折扣，还影响竞争对手的折扣。然而，根据德内克尔和戴维森（Deneckere and Davidson，1985）提出的标准理论模型，对价格和商品上存在差异的企业合并，竞争对手会跟随并购双方的价格变化而变化，但幅度较小。因此，将合并各方的价格变化与竞争对手的价格变化进行比较，可以提供一个有用的指标，表明合并是否产生了负面的价格效应。评估公式为：

$$\text{disc}_{ijt} = \alpha + \beta \text{post}_t + \lambda \text{merged}_j + \delta \text{post}_t * \text{merged}_j + \gamma X_i + \mu Z_t + \eta_t + v_i + \varepsilon_{ijt}$$

(4-3)

并购似乎对折扣没有产生差异性影响，无论是合并方还是其竞争对手。因此得出结论，在全国层面，并购未对价格产生明显影响。该结论进一步说明审查机构通过该案是合理的。

第二，为了克服将竞争对手的书目作为对照组时出现的问题，该研究还进行了一次补充评估，将最畅销的作品作为对照组。因为，最畅销书似乎是市场中竞争最激烈的产品。所有类型的零售商，尤其是价格政策最为机动的超市，都在销售这类商品。因此，合并可能会对这类书的价格产生影响。评估结果说明，在国家层面，合并并没有对价格产生负面影响。这与以竞争对手的价格作为对照组的 DiD 回归结果一致。

二、欧盟委员会对 Pirelli/BICC 并购案的事后评估

（一）评估背景

欧盟委员会通过调查法和事件研究法两种方法对倍耐力集团

(Pirelli Cavi e Sistemi) 和 BICC 通用 (BICC General) 并购案（以下简称"Pirelli/BICC 并购案"）① 进行了事后评估②。两家企业都是生产电力电缆系列产品的企业。

根据欧盟委员会的审查决定，该案的相关产品主要包括四类：第一个是低/中压（LV/MV）电力电缆市场；第二个是高/超高压（HV/EHV）电力电缆市场，还有两个是超高压液体填充电力电缆以及超高压 XLPE 电力电缆市场。该评估主要关注电缆的相关市场，因为并购会在这两个市场引起较大的竞争关注。相关地域市场定义为欧盟（决定发布时欧盟包括 15 个成员国）。

关于该案欧盟委员会最初主要有以下担忧：Pirelli/BICC 以及阿尔卡特（Alcatel）会获得 LV/MV 市场的共同支配地位；Pirelli/BICC 会获得 HV/EHV 市场的支配地位；Pirelli/BICC 以及 Alcatel 会获得 HV/EHV 市场的共同支配地位。经过全面分析两个市场的情况后，欧盟委员会认为并购不会为并购企业带来支配地位或加强其支配地位，故无条件通过该并购。

为了确定该案的审查决定是否合理，欧盟委员会对该案进行事后评估，主要采用了事件研究法和调研法。首先，欧盟委员会通过事件研究法测度集中对股票市场的影响；其次，又对市场主要参与者进行调查访谈，获取信息来验证事件研究法的结论。两种方法相互补充，分析该并购对相关市场的影响，并最终评估允许并购的决定是否合理。具体而言，该评估主要是确定欧盟委员会的决定是否起到了保护消费者福利的目标，是否有更好的替代方案。

（二）关键论点的评估

该部分评估的目的是确定和批判性评估欧盟委员会允许合并的关

---

① Case M. 1882 – Pirelli/BICC, Commission decision of 19. 07. 2000.
② European Commission, 2005: DG Competition Merger remedies study.

键论点,分三个步骤进行阐述:确定决策所依据的关键论点;评估这些关键论点的有效性;对其完整性进行评估。

1. 关键论点的确定

关键论点的确定可以使事后评估只关注驱动决策的因素,而避免重复整个事前分析。评估小组根据欧盟委员会的两个文件最终确定关键论点包括:相关市场界定;竞争问题分析;可能的救济措施(如果存在竞争问题)。

(1) 相关市场界定。

在其审查决定中,欧盟委员会为电力电缆定义了两个独立的市场:一个是低压/中压电缆,另一个是高压/超高压电缆。根据需求替代分析和供给替代分析确定两个相关市场。

相关地域市场的界定在欧盟委员会的决策中起着关键作用。因为地域市场的确定直接决定了集中方竞争对手的范围,并影响到竞争评估。欧盟委员会界定该案的相关地域市场为欧盟。高压/超高压电缆市场的界定主要基于三个基本要素:许多欧盟生产商能够参与所有成员国供应合同的竞争;欧盟的公共采购程序立法;欧盟内部贸易流量的不断增加。低压/中压电缆相关地域市场的界定也是基于三个要素:产品标准协调方面的重大进展;欧盟公共采购程序立法;欧盟内部贸易流量的不断增加。评估小组分别对这些关键因素进行分析。

(2) 竞争分析。

竞争分析主要分析集中对相关市场、竞争以及消费者的影响。竞争分析主要考虑集中可能产生的单边效应和协调效应,考虑集中是否会造成买方势力,是否影响市场进入以及集中可能产生的效率改进是否可以抵消其反竞争效应。竞争分析分别在两个独立的相关产品市场进行,具体内容如表4-1、表4-2和表4-3所示。

表 4-1　竞争问题关键论点（高压/超高压市场）

事实论据：
1. 引入了价格上限机制形式的监管制度。
2. 监管制度减少了需求，降低了价格。
3. 在高压/超高压市场至少存在 4 个可靠的竞争对手。
4. 竞争者的存在确保了有效竞争。
5. 高压/超高压电缆市场为招标市场：每笔交易数额都很高；交易不频繁；根据赢家通吃原则授予合同。
6. 价格不透明。

逻辑判断：
1. 价格上限机制通过减少投资和更积极的讨价还价，有力地激励客户降低成本。
2. 在投标市场中，不太可能出现协调行为。
3. 价格缺乏透明度使得协调行为不太可能。

表 4-2　抵消因素关键论点（高压/超高压市场）

事实论据：
1. 市场需求方由大型国家公用事业公司主导，这些公司几乎吸收了高压/超高压电缆的全部需求。
2. 国家公用事业公司在切换到不同供应商方面没有明显限制。
3. 国家公用事业公司还可以通过促进新供应商的进入，从战略上行使其买方权利。

逻辑判断：
1. 价格上限机制提供了使用买方权力的激励。
2. 强大的买方势力可能会限制协调行为或施加市场力量的企图。

表 4-3　竞争问题关键论点（低压/中压市场）

事实论据：
1. 低压/中压市场是一个采购市场。
2. 公用事业公司使用框架协议和多年购买协议来增加单笔交易的价值。
3. 价格不透明。
4. 竞争对手非常多。

逻辑判断：
1. 价格缺乏透明度使得协调很难。
2. 总需求机制与协调行为的出现形成对比。
3. 边缘竞争对手的存在使合谋不稳定。

2. 关键论点有效性分析

评估小组用于评估关键论点有效性的实证工具与欧盟委员会事前

评估中使用的工具相似。他们通过向客户和生产商分发调查问卷,追踪了1999~2003年相关市场的演变,并从动态角度得出了检验关键论点有效性所需的信息。再加上他们通过电话采访和从公共渠道获得的信息,评估小组可以较全面地了解相关市场。该部分的结构与上面一部分类似。

(1) 相关市场界定。

相关产品市场:评估小组从动态的角度,从供给替代和需求替代两个角度调查了两个相关市场,以确定相关产品市场界定是否合适。根据调查所收集的证据,评估小组证实了欧盟委员会产品市场定义的有效性。由于缺乏需求侧替代和有限(不对称)供应侧替代,在做出决定时,低压/中压和高压/超高压电力电缆属于两个独立的市场。该市场定义在合并后的几年内仍然有效。

相关地域市场:一是高压/超高压电缆市场。欧盟委员会的决定确定相关地域市场为整个欧盟。为了评估其有效性,评估小组采取了双重方法。首先,他们查看了客户提供的1999~2003年的交易记录;其次,分析了调查中收集的数据以及公开的数据。根据这些信息,除了关于贸易流量的陈述外,所有事实论点和逻辑判断都得到了验证。此外,他们收集的有关投标的详细信息以及贸易流量的信息也可以证明欧盟委员会关于相关地域市场判断的正确性。二是低压/中压电缆市场。该相关产品的相关地域市场也是整个欧盟。该部分的评估与高压/超高压电缆市场的方法相同。收集的所有证据都证实了欧盟委员会相关地域市场定义的有效性。这一定义在作出决定时有效,在合并后的几年内也仍然有效。

(2) 高压/超高压电力电缆市场。

接下来是评估小组关于竞争问题关键论点有效性的验证。首先分析高压/超高压电力电缆市场。分析发现,2003年前所有欧盟国家都通过TPA规则(第三方接入规则)来管理其网络。大多数国家都有价格上限机制。这导致国家和地方电网运营商大幅削减成本,进而导致基础设施支出减少，电力电缆需求下降。输配电行业公共事业运营监管的演变，电力电缆需求的趋势变化，市场供应方的演变证实了欧盟委员会决定中关键论点的有效性。经济理论则可以证实逻辑判断的合理性。

评估小组发现1999~2003年NKT、ABB等企业确实是集中方的竞争对手，在市场竞争中发挥了重要作用，其中美国跨国公司通用电缆公司和希腊公司富尔戈等也在相关市场中扮演了重要角色。因为市场进入特别困难，短期内竞争对手不会发生变化。

评估小组通过调查证实了欧盟委员会关于相关市场竞争方式论断的有效性。在高压/超高压电力电缆市场，平均每年授予两次合同。合同的平均期限为1~2年。每份标书的平均价值接近500万欧元。此外，合同总是根据赢家通吃原则授予的。电力电缆的价格很难从投标价格中得出。而经济理论仅能部分证实逻辑命题的有效性。

关于抵消因素，评估小组调查发现，1999~2003年交易的性质没有改变，欧盟能源市场的自由化进程并未改变竞争模式。此外，市场需求方存在强大的议价能力，再加上适当的利用动机，使默契共谋的可能性较小。

（3）低压/中压电力电缆市场。

评估小组通过对输配电领域公共事业运营监管、低压/中压电力电缆需求趋势以及市场供应侧演变的分析，证实了欧盟委员会审查决定中关键论点的有效性。关于竞争方式，评估小组调查显示，在所考查的时期内，低压/中压电力电缆市场的交易组织相当不均匀。他们将买家大致分成三组，每组买家按照不同的系统运营。通过不同买家运营的描述证实了欧盟委员会论点的有效性。关于这部分的逻辑论点，评估小组认为缺乏价格透明度不足以排除默契共谋行为的可能性，特别是在通过招标机制分配合同的市场中。关于第二个命题，经济理论支持欧盟委员会的论点。此外，评估小组分析证实，在低压/中压电缆市场，除了两个市场运营的大型制造商外，确实存在许多二级制造商。二级制造商与主要一级制造商竞争，被授予相同的合同，这证明了欧盟委员会论点的有效性。主流经济理论也支持边缘竞争对手的存在使共谋不稳定的论点。

3. 关键论据完整性的分析

评估小组最后验证欧盟委员会做出决定所依据的关键论点是否包括所有需要的关键因素。这些关键因素包括决定合并对竞争以及消费者福利影响的所有市场特征。评估小组分析发现，欧盟委员会的分析遗漏了两个因素：第一个因素涉及价格透明度与潜在的默契共谋行为之间的关系；第二个因素与集中可能产生的效率有关。

审查分析中注意到，缺乏价格透明度是阻碍集中方出现协调行为的一个因素。这种推理忽略了这样一个事实，即虽然通常情况下，当价格难以观察时，有效监控的范围会缩小，但在投标中，市场协调也可能采取合谋公司之间合同分配的形式。评估小组认为，在通过招标流程分配交易的市场中，仅分析价格透明度不足以确定协调效应的可能性。

审查决定的分析中遗漏的第二个因素是考虑合并产生的潜在效率。合并可能带来各种类型的效率收益，从而降低价格或提高消费者福利。生产或分销方面的成本节约可能会使合并实体有能力和动机收取较低的价格。消费者还可以从研发和创新领域的效率提升中获得新的或改进的产品或服务。效率改进可能会增加被合并实体增加产量和降低价格的动机，从而削弱其与竞争对手协调的动机。

但是，审查决定中这两个因素的省略对合并的总体竞争评估没有重大影响，即使增加这两个因素也不会改变欧盟委员会的决定。

（三）事件研究法

1. 评估方法

事件研究法的理论和步骤在第三章已做了具体介绍，在此不再赘述。根据事件研究法，评估小组首先根据欧盟委员会的审查决定确定了并购方的竞争对手和客户。其次确定事件和事件的窗口期。在该评估中，评估小组主要评估了四个事件，分别是集中公布日；集中申报日；第一阶段的决定公布日；第二阶段的决定公布日。为了更好地捕捉到事件日前后事件的影响，评估小组选择了两个"窗口期"，分别是[-10, 10]和[-10, 5]。

该评估的股票数据主要来自 Datastream。但是只能找到部分公司的股票数据，因为集中发生前后有些相关企业还未上市。评估小组收集了所有公司的日股票价格数据。除此之外，为了估计如果集中未发生股价的走势（反事实），他们还收集了1998年1月1日到2003年1月31日所有股票的相关数据。公司股价的反事实主要通过"市场模型""资本资产定价模型"等金融模型计算所得。企业股票的历史数据用来估计模型的参数。通过该参数则可以估计集中未发生情况下的股票价格。

2. 评估结果

评估小组首先评估了竞争对手和客户在不同事件期前后日异常收益率（ARs）的情况。结果发现，竞争对手的日异常收益率大部分是负的，且不显著。尤其是在集中公布日这一事件窗口期，5家竞争对手中有3家（Draka、NKT、Sagem）的日异常收益率为负，且都显著不为0。其他两家（ABB and Alcatel）的日异常收益率分别为1.5%和3.9%，但与零没有显著差异。评估小组从中得出的结论是：股票市场预期集中不会对企业造成显著影响。股票市场对其他事件的反应，不管是集中申报日还是审查决定第一阶段的公布日，竞争对手的日异常收益率大部分为负（4/5）。在第二阶段的决定公布日窗口期内，5家竞争对手中有3家股价出现下降，但是都不显著。这些结果表明，欧盟竞争委员会批准并购的决定是合理的。竞争对手日异常收益率的负的或非正的波动说明集中会降低或者至少不会增加其预期收益。换言之，金融市场预期集中将提高集中方的效率，因此赋予其竞争优势。集中企业市场势力的提高对集中方和其竞争对手都有利，但是，只有集中方可以从效率提高中获益（Duso et al.，2006）。效率提高的集中有利于消费者福利的增加。

接下来，评估小组分析集中对集中方客户的影响。如果假设买方利润的增加会最终传递给消费者，则也可以认为集中有利于消费者福利的增加。根据评估结果，竞争对手日异常收益率在集中公布日前后为正，收益很大且显著。在第一阶段公布日附近，大部分顾客的日异常收益率为负，尤其是在意大利和英国尤为显著。这说明市场对欧盟委员会在第二阶段的行动存在担忧，害怕欧盟委员会的决定会降低最初的收益预期。在第二阶段决定公布日的窗口期内，Vattenfall 的股价大涨14%。鉴于客户股价在关键事件窗口期内都出现增长，发现这些证据与从竞争对手得到的结论一致。因此进一步说明欧盟委员会的决定是合理的。

为了更好地理解欧盟委员会决定对不同相关地域市场的影响，评估小组还对受集中影响的不同国家进行了评估。为了防止窗口期的选择影响评估结果，评估小组测度了相关事件的两个不同窗口期的累计日异常收益率，但是结果不显著，故保持上述结论不变。

综上所述，评估小组通过事件研究法，对集中方主要竞争对手和客户股价的测度结果发现，竞争对手并未从集中中获益，但客户从中受益。这说明欧盟委员会的决定是合理的。

（四）调查法

调查法是事件研究法的重要补充。评估小组分别调查了低/中压（LV/MV）电力电缆市场和高/超高压（HV/EHV）电力电缆市场的相关数据，以分析欧盟委员会决策对每个相关市场福利的影响。通过调查，他们共收集了1999~2003年主要市场变量的演变信息，包括定量信息和定性信息，特别是关于价格、销量和成本的数据。在信息收集过程中，评估小组发现，市场需求方的信息相对来说更好收集。但是，市场供给方因为保密问题并缺乏明确的参与动机，信息收集相当困难。

这也是对所有反垄断决定进行事后调查时都会面对的共性的问题。尽管如此,通过问卷收集到的信息可以描述集中后相关市场的演变,并确定如果禁止该案可能存在的后果。

(1) 高/超高压(HV/EHV)电力电缆市场。

在分析价格、产量、成本以及产品特性等在集中前后的演变之前,评估小组首先分析了供应商市场份额的演变。在高压/超高压电力电缆市场,集中方在欧盟15国的市场份额保持稳定:1999～2002年其份额一直保持在47%,几乎未发生变化,直到2003年才有所波动。集中方的主要竞争对手Alcatel的市场份额在此期间增长了4%。其他竞争对手提高其市场份额的能力在成员国间各不相同。

电力电缆的价格在很大程度上取决于购买的数量和所需的特定规格。虽然被调查的客户向评估小组提供了1999～2003年电力电缆的价格和购买数量的信息,但是因为不足以衡量平均价格和时间演进规律,所以评估小组主要根据调查问卷和电话采访所获得的定性信息来重建该时间段电力电缆价格的演变。调查发现,买方和生产商都表示产品价格是下降的。造成价格下降的原因包括:竞争加剧;需求下降,生产成本下降。这主要是因为市场供应端的合理化。

此外,大型国家公用事业公司采购量的收缩导致高压/超高压电缆数量的减少,欧盟委员会在其审查中已预料到这些变化。但同时,将地上线路移到地下以及将替代能源连接到传输网络上的需求促进新需求的产生,弥补了上述部分需求下降。关于需求市场,后面还会进行详细分析。

接下来考虑这一时期生产成本的演变。电力电缆的主要原材料包括金属(铜和铝)、绝缘电缆的材料以及劳动力和能源。根据所获得数据分析发现,在所评估时间段内,除铜的成本有波动外,原材料成本大体保持不变。在其他生产成本中,劳动力成本有所增加,而能源成本变化不大。但是,在此期间,单位总生产成本略有下降。该下降是由于生产商的效率提高,而效率提高源于市场供应方为了提高效率而进行了生产厂商的重组。这些效率的提高似乎表明高压/超高压市场存在压力。

综上所述，1999～2003年市场演变包括如下特征：高压/超高压电缆价格略有下降；由于需求减少，交易量下降；生产成本略有下降。评估小组通过对实际市场演变与集中被禁止的反事实状态下市场可能的演变进行比较发现，集中对竞争没有产生负面影响。集中没有增加价格或减少产量。因此，可以得出结论：集中没有减少消费者福利，而且禁止集中也不会是一个福利最大化的决定。因此，就高压/超高压市场而言，欧盟委员会的决定是适当的。

（2）低/中压（LV/MV）电力电缆市场。

集中对低压/中压电力电缆市场的影响，与上文所述的影响相当。

首先看市场份额的变化。在欧盟15国，集中方的市场份额在1999～2003年下降了3%，Alcatel的市场份额保持不变，而其他供应商（如Draka）的市场份额有所增加。接下来看产品价格变化。1999～2003年，低压/中压电缆的价格下降了，并且这种下降幅度很大。竞争加剧带来的价格效应进一步加剧了需求的下降。中压电缆的销售额大幅下降（每年下降4%～5%，总计达到20%），而低压电缆的需求收缩不太明显。就生产成本而言，高压/超高压市场的情况同样适用于中压/低压市场，因为这两个市场的投入是相同的。总之，中压/低压电缆市场在1999～2003年的演变可总结如下：由于竞争加剧和需求减少，价格大幅下降；由于需求减少，交易量减少；生产成本略有下降。当价格和数量都下降时，很难对消费者福利的变化做出明确判断。但是，根据评估小组的调查可知，禁止该集中不会明显增加消费者福利。因此，欧盟委员会的决定也是合理的。

通过对欧盟委员会允许Pirelli/BICC并购决定的评估，评估小组发现允许该集中的决定是合理的，唯一可行的替代方案，即禁止合并，并不会对消费者福利产生更多有利影响。

中国经营者集中反垄断审查执法情况分析

本章首先对我国经营者集中反垄断审查部门第一个10年经营者集中反垄断审查情况进行详细的总结和分析。通过数据统计和可视化分析，对研究对象获得一个全面、系统的认知，有利于后面问题的提出，案例的选择以及对实施效果的评估。通过分析发现，在反垄断执法的10年中，我国经营者集中反垄断审查部门在经营者集中控制方面取得显著成果：一方面，审理了大量案件，其中不乏国际上有影响的重要案件，案件审理数量逐年增加，执法透明度不断提高，案件审查的效率不断提高；另一方面，通过案件审理积累了实践经验，分析越来越翔实，越来越专业，相关法规和政策不断出台，审查程序不断完善。总之，我国经营者集中反垄断审查部门在10年的执法中已经积累大量的经营者集中案例，已具备对以往经营者集中反垄断审查决定进行事后评估的初步条件。同时，由于《反垄断法》实施时间短，执法经验不足等原因，我国的经营者集中控制也存在一些问题，部分案件备受争议，受到学界和舆论的关注，因此需要及时对我国经营者集中情况进行事后评估。

第一节　总体执法情况分析

首先对中国经营者集中反垄断审查机构前 10 年（截至 2018 年 12 月 31 日）的执法情况进行详细的梳理，通过数据统计和可视化分析，对执法情况获得大体的认识。根据《反垄断法》，反垄断执法主要集中于垄断协议、滥用市场支配地位、经营者集中和滥用行政权力排除、限制竞争四部分。国务院"三定"方案，对反垄断执法机构的职能做出了明确的规定。根据该规定，商务部负责经营者集中申报；发改委负责涉及价格的滥用市场支配地位和垄断执法；工商行政管理总局负责涉及价格垄断外的其他垄断行为，如划分地域市场、限制交易等；国务院反垄断委员会负责总体协调。商务部反垄断局于 2008 年 9 月组建完成，主要受理经营者集中申报并决定是否批准集中申请。2018 年根据国务院机构改革方案，商务部下属的反垄断局、国家发改委下属的价格监督检查与反垄断局，国家工商总局下属的反垄断和反不正当竞争执法局等三部门的反垄断职能整合，组建国家市场监督管理总局反垄断局，由国家市场监督管理总局反垄断局继续行使经营者集中反垄断审查的职能。在我国，经营者集中申报是强制性的，达到要求必须申报。此外，根据《国务院关于经营者集中申报标准的规定》的要求，即便未达到上述申报标准的经营者集中，如果事实和证据表明，该集中具有或可能具有排除、限制竞争影响的，执法机关也应当依法进行调查。

我国经营者集中反垄断审查的主要依据是《反垄断法》。根据 2022 年新修订的《反垄断法》，经营者集中主要集中在第四章第二十五至三十八条。[①] 但是，第四章相关条款的规定比较原则，且缺乏可操

---

① 以下所提到的《反垄断法》的内容都以 2022 年新修订的内容为准。

作性。为了经营者集中反垄断执法的具体实施，完善反垄断法律制度体系，规范经营者集中反垄断审查工作，国务院、国务院反垄断委员会、以及经营者集中反垄断审查部门做了大量的工作，完善相关配套法规、规章和指南，比如《关于评估经营者集中竞争影响的暂行规定》《经营者集中申报办法》《经营者集中审查暂行规定》等。配套法规涉及相关市场的界定，竞争影响的评估，违法申报的处理等各个环节和方面，初步形成了经营者集中反垄断审查的规则体系，有效提高了《反垄断法》的可操作性，为经营者集中反垄断审查工作提供了较为完善的法律依据，详细情况如表5-1所示。

表5-1　　　　　　　　经营者集中反垄断审查配套法规

年份	相关法规
2008	★《关于禁止公用企业限制竞争行为的若干规定》（自2008年11月5日起公布施行） ★《国务院关于经营者集中申报标准的规定》（自2008年8月1日起公布施行）
2009	★《关于对未达申报标准涉嫌垄断的经营者集中证据收集的暂行办法（草案）》（2009年1月） ★《关于对未达申报标准涉嫌垄断的经营者集中调查处理的暂行办法（草案）》（2009年1月） ★《关于经营者集中申报的指导意见》（2009年1月5日公布） ★《关于经营者集中申报文件资料的指导意见》（2009年1月5日） ★《关于外国投资者并购境内企业的规定》（修改公告）（2009年6月22公布并施行） ★《金融业经营者集中申报营业额计算办法》（2009年7月15日公布，自2009年8月15日起施行） ★《国务院反垄断委员会关于相关市场界定的指南》（2009年5月24日）
2010	★《经营者集中审查办法》（2009年7月15日通过，自2010年1月1日起施行） ★《经营者集中申报办法》（2009年7月15日通过，自2010年1月1日起施行） ★《关于实施经营者集中资产或业务剥离的暂行规定》（2010年7月5日公布施行）
2011	★《商务部实施外国投资者并购境内企业安全审查制度有关事项的暂行规定》（2011年8月25日公布，自2011年9月1日起实施） ★《商务部实施外国投资者并购境内企业安全审查制度的规定》（2011年8月25分布，2011年9月1日起实施） ★《关于评估经营者集中竞争影响的暂行规定》（2011年8月29日公布，自2011年9月5日起施行）

续表

年份	相关法规
2012	★《未依法申报经营者集中调查处理暂行办法》(2011年12月30日公布,自2012年2月1日起施行)
2014	★《关于经营者集中简易案件适用标准的暂行规定》(2014年2月11日公布,自2014年2月12日起施行) ★《关于经营者集中简易案件申报的指导意见(试行)》(2014年4月18) ★《关于经营者集中申报的指导意见》(修订稿)(2014年6月6日)
2015	★《关于经营者集中附加限制性条件的规定(试行)》(2014年9月30日通过,自2015年1月5日起施行)
2017	★《关于规范经营者集中案件申报名称的指导意见》(2017年2月14日公布并施行)
2018	★《关于经营者集中申报的指导意见》(2018年9月29日修订) ★《关于经营者集中申报文件资料的指导意见》(2018年9月29日修订) ★《关于经营者集中简易案件申报的指导意见》(2018年9月29日修订) ★《关于规范经营者集中案件申报名称的指导意见》(2018年9月29日修订) ★《经营者集中反垄断审查办事指南》(2018年9月29日修订) ★《关于施行〈经营者集中反垄断审查申报表〉的说明》(2018年9月29日修订) ★《监督受托人委托协议示范文本》(2018年9月29日修订)
2020	★《经营者集中审查暂行规定》(2020年10月20日通过,自2020年12月1日起施行)
2022	★市场监管总局对《经营者集中审查暂行规定》进行修订

根据规定,我国经营者集中审查的程序主要包括:申报、立案、审查和决定四个阶段。根据《关于经营者集中申报标准的规定》,所有符合申报门槛的集中都必须在集中实施之前向相关执法机构进行申报。只有获得审查决定后才可以实施集中。根据《反垄断法》,审查分成两个阶段:第一阶段为30日,进行初审并作出是否需要进一步审查的决定,并书面通知经营者;第二个阶段是90天,做出是否禁止集中的决定,并书面通知经营者。对于禁止的集中,必须做出说明。如果有特殊情况的,可以再延期60天。其中,在新修订的《反垄断法》中,新增加了经营者集中审查期限的"停钟"制度,即第三十二条,该条规

定:"有下列情形之一的,国务院反垄断执法机构可以决定中止计算经营者集中的审查期限,并书面通知经营者:(一)经营者未按照规定提交文件、资料,导致审查工作无法进行;(二)出现对经营者集中审查具有重大影响的新情况、新事实,不经核实将导致审查工作无法进行;(三)需要对经营者集中附加的限制性条件进一步评估,且经营者提出中止请求。自中止计算审查期限的情形消除之日起,审查期限继续计算,国务院反垄断执法机构应当书面通知经营者。"此外,还引入了经营者集中分类分级审查制度,作为第三十七条:"国务院反垄断执法机构应当健全经营者集中分类分级审查制度,依法加强对涉及国计民生等重要领域的经营者集中的审查,提高审查质量和效率。"这是反垄断修订的一个重大内容。

为了进一步简化审查程序,提高审查效率,《关于经营者集中简易案件适用标准的暂行规定》于2014年2月12日起施行,将进行申报的案件根据市场份额、市场集中度等分为"简易案件"和"非简易案件"。从相关材料可以看出,简易案件审查步骤与非简易案件相同,但是没有关于其审查程序的具体规定,且大部分简易案件在初步审查阶段就完结。欧盟的经营者集中控制程序中,第一阶段为商谈。在中国,经营者进行集中申报以前可以就集中等相关问题向执法机构申请商谈,《经营者集中申报办法》等也对申报前的商谈程序作了相关规定,但商谈不是经营者集中审查的必经程序。具体程序如图5-1所示。

依据《反垄断法》第三十六条,国务院反垄断执法机构应当将禁止经营者集中的决定或者对经营者集中附加限制性条件的决定,及时向社会公布。商务部作为初期经营者集中的审查部门,在执法透明度方面不断完善,并成为三个部门里面公布内容最全面的部门。商务部从2008年起将其禁止、附条件批准的经营者集中案例以及行政处罚书在其网站公布。为提高行政执法的透明度,从2012年第四季度开始,商务部按季度公布其所有无条件批准的经营者集中案例,并补充公布了2008年8月1日至2012年9月30日通过的所有无条件批准的经营

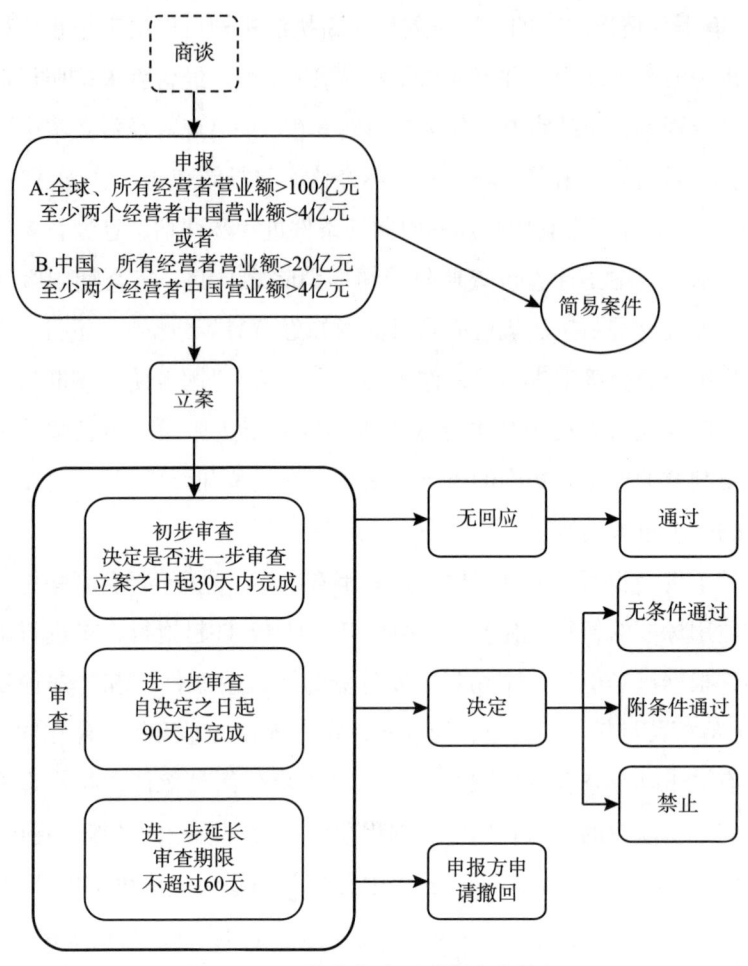

图 5-1　经营者集中反垄断审查流程

者集中案例。从 2014 年 5 月 1 日开始，商务部对立案调查的未依法申报经营者集中案件，通过商务部网站向社会公布行政处罚决定书。《关于经营者集中简易案件适用标准的暂行规定》施行后，商务部从 2014 年 5 月 22 日起对经营者集中简易案件在商务部政府网站进行公示。到目前为止，经营者集中审查决定的公示与公开已经形成规范的程序，并及时在相关网站公布。

审查的依据主要集中在《反垄断法》第三十三条。① 经过集中审查后，反垄断执法机构可能会做出三种审查处理结果：无条件通过、附条件通过或禁止。无条件通过的案件是认为该集中不会对竞争造成严重影响。禁止的案件则是认为该项集中会严重影响相关市场的竞争，对相关市场造成不利影响。在实际执法实践中，大部分案件都获得无条件通过，禁止案件很少。附条件通过案件也仅占很少一部分（后面有详细分析），这部分案件被认为可能具有排除、限制竞争的效果。因此，反垄断执法机构要求附加部分限制性条件通过，所附条件可以抵消该项集中的部分排除、限制竞争的效应。截至2018年12月31日，我国反垄断执法机构共收到申报案件2765起，审结案件2533起。其中，禁止集中案件2起，附条件通过集中案件39起，无条件通过集中案件2492起②。

在所有审结的案件中：

（1）无条件通过经营者集中案件2492件。其中，2008年8月1日至2012年9月30日，无条件批准458件；2012年第四季度至2018年第四季度无条件批准2024件③。

（2）附条件批准经营者集中案件39件，每年的具体分布情况如图5-2所示。

（3）禁止2件。分别为可口可乐公司收购中国汇源公司案④以及马士基、地中海航运、达飞设立网络中心案⑤。

---

① 第三十二条审查经营者集中，应当考虑下列因素：（一）参与集中的经营者在相关市场的市场份额及其对市场的控制力；（二）相关市场的市场集中度；（三）经营者集中对市场进入、技术进步的影响；（四）经营者集中对消费者和其他有关经营者的影响；（五）经营者集中对国民经济发展的影响；（六）国务院反垄断执法机构认为应当考虑的影响市场竞争的其他因素。
② 中国反垄断年度执法报告（2020）［EB/OL］.市场监管总局网，2021－9－24.
③ 经营者集中反垄断审查无条件批准案件信息统计情况［EB/OL］.商务部网，2012－11－16.
④ 中华人民共和国商务部2009年第22号公告.
⑤ 中华人民共和国商务部2014年第46号公告.

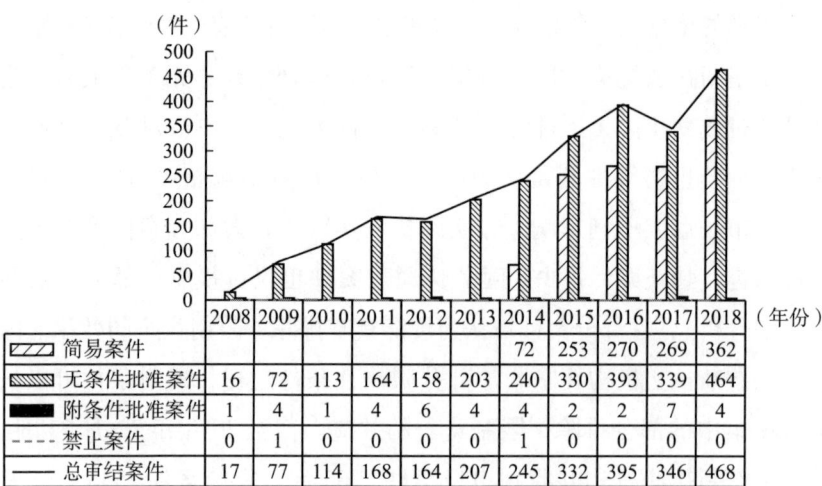

图 5-2 反垄断执法机构经营者集中审查情况（总）

资料来源：中华人民共和国商务部反垄断局和国家市场监督管理总局反垄断局网站。

（4）公布行政处罚决定书 31 件。行政处罚决定书包括对已批准经营者集中案件违反所附加条件案件的处罚决定，如商务部行政处罚决定书，以及对应申报而未申报经营者集中案件的处罚决定，如商务部行政处罚决定书。

根据图 5-2 和以上数据可以发现：执法机构收到经营者集中案件申报数量以及立案和审结数量呈逐年上涨趋势；在《反垄断法》实施初期，提交并购审查的企业主要为外国企业或者跨国公司，但是随着 2012 年《未依法申请经营者集中调查处理暂行办法》的实施和反垄断执法的深入，国内企业甚至包括国有大型企业的并购都开始进行申报，如 2015 年中国南车和中国北车的合并（以下简称"南北车合并"）；《反垄断法》实施 10 年，禁止案件仅 2 件，虽然案件数很少，但是总体比例与欧洲差不多，低于美国水平，附条件通过和禁止的案件占全部审结案件不足 2%，也就是 98% 以上案件获得无条件批准，这与欧美及其他司法辖区的情况基本一致[①]；随着简易案件的实施，审查速度

---

① 王晓晔. 我国反垄断法中的经营者集中控制：成就与挑战[J]. 法学评论，2017（2）：11-25.

逐渐加快。

与欧美各司法辖区比较成熟的执法实践相比，我国过去十年经营者集中反垄断执法主要有以下显著特点：

（1）企业主动申报的意愿不高，比例较低。由于我们只能从经营者集中反垄断审查部门获得具有审查结果的案例，而无法知道主动申报案件的数量。为了大体统计该比例，根据《国务院关于经营者集中申报标准的规定》的规定，从万德数据库搜集我国沪深两市所有公布的并购案件数据，可以发现 2015 年一年就有 600 多起上市企业的集中符合申报标准，根据执法机构公布的数据，2015 年总共申报经营者集中案件有 344 起①。这与美国和欧盟每年 1500~2000 起申报案件的数量相比②，我国企业并购的申报意愿或意识不强。这也正是《未依法申报经营者集中调查处理暂行办法》（2012）颁布的原因，下文将详细分析。

（2）禁止案件比例极低。反垄断执法 10 年间只有 2 起集中案件被禁止，仅占所有正式审查案件的 0.08%，与欧盟和美国同期的 0.6%~1.5% 相比③，中国禁止集中案件所占比例极低。

（3）救济措施与欧美等国家存在差异。在 39 起附条件通过案例中，采取结构性救济措施的案件 19 起，采取行为性救济措施的案件 30 起，两种救济措施都有的案件 9 起。其中，行为性救济的比例超过 76.9%④，与欧盟和美国救济措施的历史数据相比，该比例很高。与之形成鲜明对比的是，美国虽然在 2010 年新的并购指南明确提出加强行为性救济措施的力度，结构性救济措施仍占主导地位⑤。

接下来根据案件审结的结果（禁止、无条件通过、附条件通过）分别对案件的情况进行详细的阐述。

---

① 中国反垄断年度执法报告（2020）[EB/OL].市场监管总局网，2021-9-24.
② 资料来源：欧盟竞争政策官网；美国司法部官网.
③ European Commission, DG Competition, 2015: Ex-Post Economic Evaluation of Competition Policy Enforcement: A Review of the Literature.
④ 资料来源：国家市场监督管理总局反垄断执法一司官网；反垄断局官网.
⑤ 王晓晔，我国反垄断法中的经营者集中控制：成就与挑战 [J].法学评论，2017（2）：11-25.

第二节　各种类型案件执法情况分析

一、附条件批准案件

根据《反垄断法》第三十五条规定："对不予禁止的经营者集中，国务院反垄断执法机构可以决定附加减少集中对竞争产生不利影响的限制性条件。"

1. 概述

从附条件批准的39起案件所涉及的行业类型看，依据中华人民共和国国家统计局的国民经济行业分类标准（GB/T 4754-2011），共涉及以下行业：制造业、信息传播、软件和信息技术服务业、电力、热力、燃气及水生产和供应业、批发和零售业、采矿业、农、林、牧、渔业和专业技术服务等。其中涉及制造业的最多，其次是信息传播、软件和信息技术服务业[①]（具体情况见表5-2，所占比例见图5-3），从细分门类可以看出绝大多数来自计算机、通信、软件信息服务、现代生物、化学、航空航天等高新技术产业。

就附条件案件的集中性质而言，通常认为横向集中更容易降低竞争约束，与其他司法辖区执法机关相似，我国经营者集中审查部门最关注的也是横向集中。39起附条件的案件中22起涉及横向重叠，6起涉及纵向关系，5起既涉及横向重叠也涉及纵向关系，3起涉及相邻关系，2起涉及横向重叠及相邻关系，另有1起既涉及纵向关系又涉及相邻关系。相关市场界定既有全国市场也有全球市场，还有中国境内市场和中国各省级行政区市场。每一起附条件通过案件的基本情况如表5-2所示。

---

① 资料来源：国家市场监督管理总局反垄断执法一司官网。

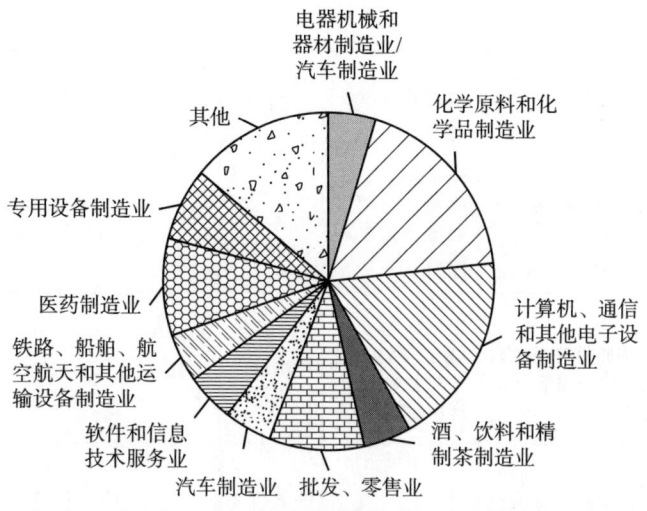

图 5-3 附条件批准案件所属行业分类

表 5-2 附条件批准案件的行业分布及集中性质

序号	案件名称	相关产品市场	相关地域市场	行业	子行业	集中性质
1	英博集团公司收购AB公司案	啤酒	中国市场	制造业	酒、饮料和精制茶制造业	横向重叠
2	日本三菱丽阳公司收购璐彩特国际公司案	MMA；SpMAs；PMMA 粒子；PMMA 板材	中国市场	制造业	化学原料和化学品制造业	横向重叠/纵向关系
3	美国通用汽车有限公司收购美国德尔福公司案	车乘用车市场；汽车商用车；汽车零部件	中国市场	制造业	汽车制造业	纵向关系
4	辉瑞公司收购惠氏公司案	人类药品，具体包括 J1C 和 N6A；动物保健产品，包括猪支原体肺炎疫苗等	中国境内市场	制造业	医药制造业	横向重叠

续表

序号	案件名称	相关产品市场	相关地域市场	行业	子行业	集中性质
5	松下公司收购三洋公司案	硬币型锂二次电池；民用镍氢电池；车用镍氢电池	全球市场	制造业	电器机械和器材制造业	横向重叠
6	诺华股份公司收购爱尔康公司案	眼科抗炎/抗感染化合物；关于隐形眼镜护理产品	中国市场/中国境内市场	制造业	医药制造业	横向重叠
7	乌拉尔开放型股份公司吸收合并谢尔维尼特开放型股份公司案	氯化钾	全球并考察中国市场	制造业	化学原料和化学品制造业	横向重叠
8	佩内洛普有限责任公司收购萨维奥纺织机械股份有限公司案	自动络筒机电子清纱器	全球市场	制造业	专用设备制造业	横向重叠
9	通用电气（中国）有限公司与中国神华煤制油化工有限公司设立合营企业案	水煤浆气化技术	中国市场	电力、热力、燃气及水生产和供应业	燃气生产和供应业	相邻关系
10	希捷科技公司收购三星电子有限公司硬盘驱动器业务案	硬盘	全球市场	制造业	计算机、通信和其他电子设备制造业	横向重叠
11	汉高香港与天德化工组建合营企业案	氰乙酸乙酯；氰基丙烯酸酯单体；氰基丙烯酸酯黏合剂	全球市场同时考察中国市场	制造业	化学原料和化学品制造业	纵向关系
12	西部数据收购日立存储案	硬盘	全球市场	制造业	计算机、通信和其他电子设备制造业	横向重叠

续表

序号	案件名称	相关产品市场	相关地域市场	行业	子行业	集中性质
13	谷歌收购摩托罗拉移动案	移动智能终端；移动智能终端操作系统	全球市场并重点考察中国市场	信息传输、软件和信息技术服务业	电信、广播电视和卫星传输服务	纵向关系
14	联合技术收购古德里奇案	B2C网上零售	全球市场	制造业	铁路、船舶、航空航天和其他运输设备制造业	横向重叠
15	沃尔玛公司收购纽海控股33.6%股权案	B2C网上零售	中国市场	批发和零售业	零售业	相邻关系
16	安谋公司、捷德公司和金雅拓公司组建合营企业案	TEE（可信执行环境）	全球市场	信息传输、软件和信息技术服务业	软件和信息技术服务业	纵向关系
17	嘉能可国际公司收购斯特拉塔公司案	铜精矿；锌精矿；铅精矿	全球市场同时考察中国市场	采矿业	有色金属矿	横向重叠
18	丸红公司收购高鸿公司100%股权案	中国大豆进口；中国玉米、豆粕及干粗酒糟的进口	中国市场同时考虑全球市场	批发和零售业	批发业	横向重叠
19	美国百特国际有限公司收购瑞典金宝公司案	CRRT系列商品；血液透析设备	全球市场同时考察中国市场	制造业	医药制造业	横向重叠
20	联发科技股份有限公司吸收合并开曼晨星半导体公司案	液晶电视主控芯片	全球市场并重点评估中国大陆市场	信息传输、软件和信息技术服务业	软件和信息技术服务业	横向重叠

续表

序号	案件名称	相关产品市场	相关地域市场	行业	子行业	集中性质
21	赛默飞世尔科技公司收购立菲技术公司案	生物科技行业的分子生物学、蛋白质生物学、细胞培养技术等领域的59种产品	中国市场/全球市场	制造业	化学原料和化学制品制造业	横向重叠
22	微软收购诺基亚设备和服务业务案	智能手机市场；移动智能终端操作系统；与移动智能终端相关的专利许可	中国市场	信息传输、软件和信息技术服务业	计算机、通信和其他电子设备制造业	纵向关系
23	默克公司收购安智电子材料公司案	液晶和光刻胶	全球市场同时考察中国市场	制造业	计算机、通信和其他电子设备制造业	相邻关系
24	科力远、丰田中国、PEVE、新中源、丰田通商拟设立合营企业案	车用镍氢电池	全球市场	制造业	电器机械和器材制造业/汽车制造业	纵向关系
		混合动力汽车	中国市场			
25	诺基亚收购阿尔卡特朗讯股权案	无线通信网络设备和服务	中国市场	制造业	计算机、通信和其他电子设备制造业	横向重叠
26	恩智浦收购飞思卡尔全部股权案	通用微型控制器；电源专用模拟集成电路；射频功率晶体管市场	全球市场	制造业	计算机、通信和其他电子设备制造业	横向重叠
27	百威英博啤酒集团收购英国南非米勒酿酒公司股权案	啤酒	中国市场及中国各省级行政区域	制造业	酒、饮料和精制茶制造业	横向重叠
28	雅培公司收购圣犹达医疗公司股权案	小腔血管闭合器	中国市场	制造业	医药制造业	横向重叠

续表

序号	案件名称	相关产品市场	相关地域市场	行业	子行业	集中性质
29	陶氏化学公司与杜邦公司合并案	9个农化产品相关商品市场	中国市场	制造业	化学原料和化学品制造业	横向重叠/纵向关系
		16个材料科学产品和特种产品相关商品市场	全球市场			
30	博通有限公司收购博科通讯系统公司股权案	光纤通道交换机专用集成电路市场、以太网交换机专用标准品市场等	全球并考察其对中国市场的影响	制造业	计算机、通信和其他电子设备制造业	纵向关联/相邻关系
31	惠普公司收购三星电子有限公司部分业务案	A3、A4幅面打印机以及激光、喷墨打印机等打印机产品，及对应的打印耗材市场	中国市场	制造业	专用设备制造业	横向重叠
32	加阳公司与萨斯喀彻温钾肥公司合并案	氯化钾市场	全球市场，并重点考察对中国市场的影响	制造业	化学原料和化学品制造业	横向重叠
33	马士基航运公司收购汉堡南美船务集团股权案	普通集装箱班轮运输服务市场、冷藏集装箱班轮运输服务市场等	中国市场	交通运输、仓储和邮政业	水上运输业、运输代理业	横向重叠/纵向关联
		油轮运输服务市场、集装箱市场	全球市场			
34	日月光半导体制造股份有限公司收购矽品精密工业股份有限公司股权案	半导体封测代工服务市场	全球并考察其对中国市场的影响	制造业	计算机、通信和其他电子设备制造业	横向重叠

续表

序号	案件名称	相关产品市场	相关地域市场	行业	子行业	集中性质
35	贝克顿-迪金森公司与美国巴德公司合并案	粗针穿刺活检器械市场	中国市场	制造业	专用设备制造业	横向重叠
36	拜耳股份公司收购孟山都公司股权案	非选择性除草剂等农化产品、种子生产和销售	中国市场	制造业/农、林、牧、渔业/批发和零售业/专业技术服务	化学原料和化学制品制造业/农业/批发/其他	横向重叠/纵向关联
		性状供应商、数字农业供应商	全球市场			
37	依视路国际与陆逊梯卡集团合并案	光学镜片、光学镜架和太阳镜批发	中国市场	制造业/批发和零售业	仪器仪表制造业/眼镜批发和零售	横向重叠/相邻关系
		眼镜产品零售	城市市场			
38	林德集团与普莱克斯公司合并案	氦气、氖气、氯化氢稀有气体混合气等，以及32种电子特种气体；空分装置和合成气生产装置	全球市场	制造业	化学原料和化学制品制造业	横向重叠/纵向关系
		大气气体现场/管道供气和合成气气体现场/管道供气	中国市场			
		液氧、液态医用氧气	各地区分市场			
39	联合技术公司收购罗克韦尔柯林斯公司股权案	可调水平安定面作动器、机翼防冰系统、螺旋桨加热器等航空零部件	全球市场	制造业	铁路、船舶、航空航天和其他运输设备制造业	横向重叠/相邻关系

从 2008 年 11 月第 1 个附条件批准案件以来，公告文件格式和内容获得不断发展和完善。从公告格式看，2008 年批准的第一起附加限制性条件集中案——英博集团公司收购 AB 公司案的审查决定①内容篇幅小，仅包括审查程序、审查决定以及附加限制性条件三部分，内容非常简略，没有核心经济分析，即相关市场界定以及竞争分析。同样是关于啤酒的并购分析，2016 年百威英博啤酒集团收购英国南非米勒酿酒公司股权案的审查决定②不仅篇幅长，而且内容翔实专业。增加了相关市场的分析，并从相关市场的市场份额和竞争状况、集中对交易主体对市场控制力的影响、集中对竞争的影响、相关市场的进入壁垒、集中对其他经营者和消费者的影响等方面展开了比较详细的经济分析。分析框架具有逻辑性和科学性，具有成形的分析框架。

从公布内容看，分析越来越注重经济分析，尤其表现在竞争损害分析方面。10 年经营者集中反垄断审查的工作表明，执法分析趋于"精细化"。在横向并购中注重分析单边效应和协调效应，在纵向并购中注重分析封锁效应。这些分析方法在经营者集中控制中经历了"从无到有""从粗到细"的过程。《反垄断法》并没有关于协调效应、单边效应、封锁效应等竞争损害理论的具体规定；但根据 2011 年颁布的《关于评估经营者集中竞争影响的暂行规定》第四条基本采纳上述竞争损害理论。根据经营者集中审查决定来看，自 2012 年起反垄断执法机构开始逐渐使用单边效应和协调效应的分析思路。例如，在 2012 年联合技术公司收购古德里奇公司案中③就比较详细地分析了单边效应，而在 2012 年西部数据收购日立存储案和 2013 年的百特收购金宝一案中，则深入地分析了并购可能导致的协调效应。前期关于单边效应的分析，多是使用集中企业"单方"或"单独"排除、限制竞争行为这样的字

---

① 中华人民共和国商务部公告〔2008〕第 95 号。
② 商务部公告 2016 年第 38 号关于附加限制性条件批准百威英博啤酒集团收购英国南非米勒酿酒公司股权案经营者集中反垄断审查决定的公告。
③ 商务部公告 2012 年第 35 号关于附加限制性条件批准联合技术收购古德里奇经营者集中反垄断审查决定的公告。

眼。而在近年的审查结果中，如在2017年的马士基收购汉堡南美案①还有同年的日月光半导体公司收购矽品案②的公告中都明确表明了对集中企业"可能从事涨价等单边排除、限制竞争的行为"的竞争关注，特别使用了集中企业在交易完成后"单方面涨价"的陈述方式。这进一步突出了单边效应理论的核心作用。严格来讲，单方或单独排除、限制竞争行为不仅指单边价格行为，也包括滥用市场支配地位行为，如歧视性定价、搭售、拒绝交易等。因此，将集中企业的单边定价行为与内涵不同的单独滥用市场支配地位行为分离开来是经营者集中竞争效果评估非常关键的一步。在从混合集中和纵向集中案件的审查公告发现，经营者集中反垄断审查部门对买方抵消力量、竞争封锁效应以及上下游信息传递等各种因素的分析也逐渐趋于精细化和明晰化。

注重经济分析的另一方面体现在经济分析工具的应用。经营者集中反垄断审查部门一直非常开放地接受和采用各种国际前沿经济学分析方法和工具，包括SSNIP方法、临界损失分析法、需求替代分析方法、价格关联法以及问卷调查法等；在竞争效应评估方面，则采用了UPP测试法、GUPP测试法、并购模拟法以及结构－行为回归预测法等。尤其是2017年以来的执法决定分析中使用了上述多种方法，如半导体行业并购案和惠普收购三星案。

2. 审查时间数据

经营者集中反垄断审查流程（见图5－1）对经营者集中反垄断审查的程序进行了展示，但是在实际的申报中还有一个从递交申报材料到正式受理的时间。关于这个时间期限，《反垄断法》《经营者集中审查暂行规定》以及《经营者集中反垄断审查办事指南》都没有明确说明。经营者集中反垄断审查机构也没有关于该期限的具体规定。不过，

---

① 商务部公告2017年第77号关于附加限制性条件批准马士基航运公司收购汉堡南美船公司集团股权案经营者集中反垄断审查决定的公告。
② 商务部公告2017年第81号关于附加限制性条件批准日月光半导体制造股份有限公司收购矽品精密工业股份有限公司股权案经营者集中反垄断审查决定的公告。

通过对反垄断执法机构所公布的附条件通过的案件的材料可以反映从材料递交到最后立案的时间。如表5-3所示的统计结果看，39起集中案件中，从申报到受理时间最长的是日月光半导体制造股份有限公司收购矽品精密工业股份有限公司股权案，111日；① 最短的是辉瑞公司收购惠氏公司案，从申报提交到受理仅7日。39起案件的平均用时为47日。纵向比较看，2008~2009年②两年平均受理时长为40日，而2017~2018年的平均受理时长为51天，受理时间变长。

如图5-1所示，经营者集中的审查时间为：第一阶段30日，第二阶段90日，特殊情况可以延长60日，最长180日。但是根据统计（见表5-3），39起案件的平均用时195日，远长于180日。这主要是因为在实际申请中，多起附条件通过案件由申请方撤回申请后再重新提交。根据执法机构公布的决定书，39起案件中2起在第一阶段收到审查决定，8起案件在第二阶段收到审查决定，而有29起案件因各种特殊情况延长了审查期限，占74.36%，其中有14起案件由申请方撤回申请后重新递交。纵向比较来看，2008~2009年③案件批准的时间为86日，而2017~2018年案件批准的时间为299日，受理期限显著变长。

表5-3　　　　　　　经营者集中审查时间对比

序号	案件名称	申报提交日期	受理日期	公告发布日期	受理时长	决定时长
1	英博集团公司收购AB公司案	2008.9.10	2008.10.27	2008.11.18	47日	22日
2	日本三菱丽阳公司收购璐彩特国际公司案	2008.12.22	2009.1.20	2009.4.24	29日	94日

① 以公告发布时间为准。
② 以结案时间为准。
③ 以结案时间为准。

续表

序号	案件名称	申报提交日期	受理日期	公告发布日期	受理时长	决定时长
3	美国通用汽车有限公司收购美国德尔福公司案	2009.8.18	2009.8.31	2009.9.28	13日	28日
4	辉瑞公司收购惠氏公司案	2009.6.9	2009.6.15	2009.9.29	6日	106日
5	松下公司收购三洋公司案	2009.1.21	2009.5.4	2009.10.30	103日	179日
6	诺华股份公司收购爱尔康公司案	2010.4.20	未说明	2010.8.13	—	115日
7	乌拉尔开放型股份公司吸收合并谢尔维尼特开放型股份公司案	2011.3.14	未说明	2011.6.2	—	80日
8	佩内洛普有限责任公司收购萨维奥纺织机械股份有限公司案	2011.7.14	2011.9.5	2011.10.31	53日	56日
9	通用电气（中国）有限公司与中国神华煤制油化工有限公司设立合营企业案	2011.4.13	2011.5.16	2011.11.10	33日	178日
10	希捷科技公司收购三星电子有限公司硬盘驱动器业务案	2011.5.19	2011.6.13	2011.12.12	25日	182日
11	汉高香港与天德化工组建合营企业案	2011.8.8	2011.9.26	2012.2.9	49日	136日
12	西部数据收购日立存储案	2011.4.2	2011.5.10	2012.3.2	38日	297日
13	谷歌收购摩托罗拉移动案	2011.9.30	2011.11.21	2012.5.19	52日	180日
14	联合技术收购古德里奇案	2011.12.12	2012.2.6	2012.6.15	56日	130日

续表

序号	案件名称	申报提交日期	受理日期	公告发布日期	受理时长	决定时长
15	沃尔玛公司收购纽海控股33.6%股权案	2011.12.16	2012.2.16	2012.8.13	62日	179日
16	安谋公司、捷德公司和金雅拓公司组建合营企业案	2012.5.4	2012.6.28	2012.12.6	55日	161日
17	嘉能可国际公司收购斯特拉塔公司案	2012.4.1	2012.5.17	2013.4.16	46日	334日
18	丸红公司收购高鸿公司100%股权案	2012.6.19	2012.7.31	2013.4.22	42日	265日
19	美国百特国际有限公司收购瑞典金宝公司案	2012.12.31	2013.3.12	2013.8.8	71日	149日
20	联发科技股份有限公司吸收合并开曼晨星半导体公司案	2012.7.6	2012.9.4	2013.8.26	60日	356日
21	赛默飞世尔科技公司收购立菲技术公司案	2013.7.3	2013.8.27	2014.1.14	55日	140日
22	微软收购诺基亚设备和服务业务案	2013.9.13	2013.10.10	2014.4.8	27日	180日
23	默克公司收购安智电子材料公司案	2014.1.15	2014.1.29	2014.4.30	14日	91日
24	科力远、丰田中国、PEVE、新中源、丰田通商拟设立合营企业案	2013.12.31	2014.3.4	2014.7.2	63日	120日
25	诺基亚收购阿尔卡特朗讯股权案	2015.4.21	2015.6.15	2015.10.19	55日	126日
26	恩智浦收购飞思卡尔全部股权案	2015.4.3	2015.5.15	2015.11.25	42日	194日

续表

序号	案件名称	申报提交日期	受理日期	公告发布日期	受理时长	决定时长
27	百威英博啤酒集团收购英国南非米勒酿酒公司股权案	2016.3.8	2016.3.29	2016.7.29	21日	122日
28	雅培公司收购圣犹达医疗公司股权案	2016.7.4	2016.9.6	2016.12.30	64日	115日
29	陶氏化学公司与杜邦公司合并案	2016.3.21	2016.5.6	2017.4.29	46日	358日
30	博通有限公司收购博科通讯系统公司股权案	2017.1.13	2017.3.6	2017.8.22	52日	169日
31	惠普公司收购三星电子有限公司部分业务案	2016.11.16	2016.12.23	2017.10.5	37日	286日
32	加阳公司与萨斯喀彻温钾肥公司合并案	2016.11.8	2016.12.5	2017.11.6	27日	336日
33	马士基航运公司收购汉堡南美船务集团股权案	2017.3.29	2017.4.27	2017.11.7	29日	194日
34	日月光半导体制造股份有限公司收购矽品精密工业股份有限公司股权案	2016.8.25	2016.12.14	2017.11.24	111日	345日
35	贝克顿-迪金森公司与美国巴德公司合并案	2017.6.30	2017.7.12	2017.12.27	13日	168日
36	拜耳股份公司收购孟山都公司股权案	2016.12.5	2017.2.24	2018.3.13	81日	382日
37	依视路国际与陆逊梯卡集团合并案	2017.5.23	2017.8.17	2018.7.25	86日	342日

续表

序号	案件名称	申报提交日期	受理日期	公告发布日期	受理时长	决定时长
38	林德集团与普莱克斯公司合并案	2017.8.14	2017.9.29	2018.9.30	46日	366日
39	联合技术公司收购罗克韦尔柯林斯公司股权案	2017.11.16	2017.12.13	2018.11.23	27日	345日

3. 救济措施

对于附条件通过的案例，附加限制性条件是为了减少或消除集中可能带来的反竞争效应，其中附加的条件或者义务被称为救济措施。关于经营者集中救济并没有约定俗成的界定和称呼。欧盟称之为"可接受的补救"，"补救"即对集中进行修正，目的是恢复有效竞争的市场条件，削弱集中企业的市场力量，防止集中产生新的市场势力或导致集中企业市场势力增强。日本称之为"问题解消措施"，并在其《企业结合指南》中做了进一步的解释：进行结合的企业可以采取合适的方法将两者合并对竞争造成的限制问题加以消解。在我国，一般将其表达为"附加限制性条件"。《反垄断法》第三十五条对其做了基础性的规定，"对不予禁止的经营者集中，国务院反垄断执法机构可以决定附加减少集中对竞争产生不利影响的限制性条件。"为了降低经营者集中对竞争的影响，《关于经营者集中附加限制性条件的规定（试行）》第三条规定对不予禁止的经营者集中可附加以下三类限制性条件：（1）剥离有形资产、知识产权等无形资产或相关权益等结构性条件；（2）开放网络或平台等基础设施、许可关键技术（包括专利、专有技术或其他知识产权）、终止排他性协议等行为性条件；（3）结构性条件和行为性条件相结合的综合性条件。

结构性条件的核心是剥离，即剥离集中当事人的资产、业务、股权等,出售给具备相应能力和财力的善意第三方或相关市场中的其他竞争者。该项救济措施既可以避免集中企业滥用市场支配地位,又可以在市场中创造新的竞争者,或者增强竞争者的竞争力,以达到维持市场竞争秩序和竞争活力的目的。结构性条件常见于横向集中的案件,在实际执法中应用较广,但是因其具有"一次性"的效果,会对经营者和市场产生永久性的影响,所以实施时必须非常谨慎。

行为性条件主要包含:防火墙条款、终止排他性协议、开放市场承诺、技术许可、非歧视条款等。行为性条件常见于纵向集中,有时也适用于混合集中,由于行为性条件的灵活性导致难以准确确定使用期限,效果也存在不确定,并且后期监督成本高,难度大。

综合性条件其实并不属于一种单独的类型,它是结构性条件和行为性条件的混合。综合性条件能有效改善上述两种救济措施的不足,取长补短,在实践中愈发受到重视,运用也逐渐增多。

各国反垄断执法机构在实践中采用的具体救济措施存在差异。在美国,结构性救济主要应用于横向集中,而行为性条件主要应用于纵向集中,且使用结构性条件的比重较高。比如,在1993年前后的10年间,美国司法部113个集中案件中仅有10起案件使用了行为性救济措施,使用结构性条件的案件占了91.2%[①]。而2013~2015年三年间,联邦贸易委员会附条件通过的12个案件中附加行为性条件的仅3起[②]。波斯纳(Posner,1961)这样评价资产剥离制度"法官对合并进行救济首先应该想到的就是资产剥离,资产剥离因其简单的形式,方便管理和确定的结果,是最重要的企业合并救济方式。"

表5-4详细汇总了经营者集中反垄审查实施10年的执法情况,主要是每起附条件通过案件所附加限制性条件的类型。

---

① FTC. A Study of the Commission's Divestiture Process,1999.
② Competition & Market Authority. Understanding Past Merger Remedies:Report on case study research,2015.

表 5-4　　　附加限制性条件通过案件救济措施汇总

序号	案件名称	集中性质	限制性条件①	
			结构性条件	行为性条件
1	英博集团公司收购 AB 公司案	横向	维持持股比例	—
2	日本三菱丽阳公司收购璐彩特国际公司案	混合	产能剥离	保持独立；限制扩展
3	美国通用汽车有限公司收购美国德尔福公司案	纵向	—	防火墙条款；非歧视条款；禁止报复
4	辉瑞公司收购惠氏公司案	横向	业务剥离	—
5	松下公司收购三洋公司案	横向	业务剥离	—
6	诺华股份公司收购爱尔康公司案	横向	—	终止排他性协议；短期退出市场
7	乌拉尔开放型股份公司吸收合并谢尔维尼特开放型股份公司案	横向	—	维持现状
8	佩内洛普有限责任公司收购萨维奥纺织机械股份有限公司	横向	股份剥离	—
9	通用电气（中国）有限公司与中国神华煤制油化工有限公司设立合营企业案	纵向	—	非歧视条款
10	希捷科技公司收购三星电子有限公司硬盘驱动器业务案	横向	—	保持独立；防火墙条款
11	汉高香港与天德化工组建合营企业案	纵向	—	非歧视条款；公平交易；维持现状
12	西部数据收购日立存储案	横向	资产剥离	独立运营；维持现状
13	谷歌收购摩托罗拉移动案	纵向	—	非歧视条款；公平交易；维持现状
14	联合技术收购古德里奇案	横向	业务剥离	—

---

① 为叙述简便，本书对各个案件的救济措施进行了要点归纳，可能个别地方与审查决定书原文有出入，请以决定书为准。

续表

序号	案件名称	集中性质	限制性条件	
			结构性条件	行为性条件
15	沃尔玛公司收购纽海控股33.6%股权案	混合	—	维持现状
16	安谋公司、捷德公司和金雅拓公司组建合营企业案	纵向	—	非歧视条款
17	嘉能可国际公司收购斯特拉塔公司案	纵向/横向	资产剥离	维持现有交易
18	丸红公司收购高鸿公司100%股权案	纵向	—	防火墙条款;保持独立
19	美国百特国际有限公司收购瑞典金宝公司案	横向	业务剥离	终止协议
20	联发科技股份有限公司吸收合并开曼晨星半导体公司案	横向	—	保持独立;维持现状
21	赛默飞世尔科技公司收购立菲技术公司案	横向	业务剥离、股权剥离	知识产权许可
22	微软收购诺基亚设备和服务业务案	纵向	—	技术许可;非歧视条款
23	默克公司收购安智电子材料公司案	混合	—	禁止捆绑销售;非歧视条款
24	科力远、丰田中国、PEVE、新中源、丰田通商拟设立合营企业案	混合	—	保持公平、合理、非歧视条款
25	诺基亚收购阿尔卡特朗讯股权案	横向	—	保持公平、合理、非歧视条款;知识产权转让
26	恩智浦收购飞思卡尔全部股权案	横向	业务剥离	—

续表

序号	案件名称	集中性质	限制性条件	
			结构性条件	行为性条件
27	百威英博啤酒集团收购英国南非米勒酿酒公司股权案	横向	股权剥离	—
28	雅培公司收购圣犹达医疗公司股权案	横向	业务剥离	—
29	陶氏化学公司与杜邦公司合并案	横向	业务剥离	—
30	博通有限公司收购博科通讯系统公司股权案	纵向/混合	—	防火墙条款；非歧视条款；禁止捆绑销售
31	惠普公司收购三星电子有限公司部分业务案	横向	—	保持独立、公平、合理、非歧视条款；禁止虚假宣传；维持现状
32	加阳公司与萨斯喀彻温钾肥公司合并案	横向	股权剥离	防火墙条款；维持现状
33	马士基航运公司收购汉堡南美船务集团股权案	横向	—	独立运营；保持市场份额
34	日月光半导体制造股份有限公司收购矽品精密工业股份有限公司股权案	横向	—	维持独立竞争者地位；有限股东权利；保持独立、公平、合理、非歧视条款
35	贝克顿-迪金森公司与美国巴德公司合并案	横向	业务剥离	—
36	拜耳股份公司收购孟山都公司股权案	纵向/横向	业务剥离	保持公平、合理、无歧视条款
37	依视路国际与陆逊梯卡集团合并案	横向/纵向	—	禁止捆绑搭售；保持独立、公平、合理、非歧视条款等

续表

序号	案件名称	集中性质	限制性条件	
			结构性条件	行为性条件
38	林德集团与普莱克斯公司合并案	横向/纵向	剥离股权、剥离产能	维持现状
39	联合技术公司收购罗克韦尔柯林斯公司股权案	横向	业务剥离	禁止捆绑搭售；非歧视条款；维持现状

从附条件批准的39起集中案件可以看出，审查部门在所附加限制条件方面不断创新，所采用的救济类型非常多元，其中既包括美欧等国家和地区常用的限制性条件，也包括一些其他司法辖区不常用的限制性条件，初步具备了自己的风格。总体来看，审查决定中所附加的限制性条件包括结构性条件、行为性条件以及综合性条件。

结构性条件：在39起附加限制条件的经营者集中案中，附加结构性条件的有19起，这些案件主要是横向集中。这些案件既包括剥离参与集中的企业既存独立业务单位的典型结构性条件，如松下收购三洋案和辉瑞收购惠氏案中剥离参与集中企业既存的独立业务单位，也包括剥离非独立业务单位的资产、产能、股东权益、关联企业股份等非典型的结构性条件，如三菱丽阳公司收购璐彩特国际公司案。

行为性条件：执法机构对行为性限制条件采取相对开放的态度。根据所有附条件通过案件的审查结果公告可知，10年间通过的39起案件附加行为性条件的有30起，占76.9%[①]。这些案件所涉及的行为性条件类型多样，既包括国外执法机构经常使用的一些典型行为性条件，如开放承诺、终止排他性协议、过渡性协助义务、非歧视条款、防火墙条款以及禁止滥用市场势力的承诺等条件，还包括一些颇具创新性

---

① 资料来源：国家市场监督管理总局反垄断执法一司官网。

的条款，如保持两个业务主体之间的独立性、禁止市场扩张、禁止特定市场行为以及供应与服务水平承诺等条件（见表5-5）。

表 5-5　　　涉及行为性救济措施的集中案件列举

行为性条件类型		案例示例	具体条款
典型行为条件	非歧视条款	通用汽车收购德尔福案	集中交易完成后，通用汽车应当对其所有汽车零部件的采购继续遵循多源供应和非歧视原则，在符合通用公司相关要求的条件下无歧视性地采购，不得专门制定对德尔福有利而对其他供应商不利的不合理条件
	禁止滥用市场势力的承诺	希捷收购三星硬盘驱动器业务	集中完成后，希捷不得实质性改变当前的商业模式，强制或变相强制客户从希捷或任何受希捷控制的公司排他性地采购其硬盘产品
	防火墙条款	西部数据收购日立存储案	为确保实现上述目标，西部数据和Viviti公司应当事先制定保障措施，特别是双方当建立防火墙，确保双方不会交换竞争性信息
	开放承诺	谷歌收购摩托罗拉移动案	谷歌将在免费和开放的基础上许可安卓平台，与目前的商业做法一致
	过渡性协助义务	辉瑞收购惠氏案	剥离后三年内，根据购买人的请求，辉瑞公司有义务向购买人提供合理的技术支持，协助其采购生产猪支原体肺炎疫苗所需的原材料，并对购买人的相关人员提供技术培训和咨询服务
	终止排他性协议	诺华收购爱尔康案	在商务部审查决定生效之日起12个月内，诺华终止上海视康与海昌隐形眼镜公司之间的《销售和分销协议》
非典型行为性条件	禁止市场扩张	英博收购AB公司案	鉴于此项并购规模巨大，合并后新企业市场份额较大，竞争实力明显增强，为了减少可能对中国啤酒未来市场竞争产生的不利影响，商务部对审查决定附加限制性条件，要求英博公司履行如下义务：4个不得
	禁止特定市场行为	沃尔玛收购纽海控股案	交易完成后，沃尔玛公司不得通过VIE架构从事目前由上海益实多电子商务有限公司（益实多）运营的增值电信业务

续表

	行为性条件类型	案例示例	具体条款
非典型行为性条件	保持两个业务主体之间的独立性	丸红收购高鸿100%股权案	决定生效之日起6个月内,丸红公司应设立两家独立的法人实体,组建两支独立的运营团队负责向中国出口和销售大豆
	供应与服务水平承诺	乌拉尔吸收合并谢尔维尼特案	合并后的公司应一如既往地为中国市场提供种类齐全和数量充足的氯化钾产品,合并后的公司应一如既往地供应中国用户,在种类和数量上满足其在农业、工业和特殊工业用途在内的各种用途

另外还有 9 起案件同时涉及两种救济方式。可以看出在附条件通过集中案件中,行为性救济案件数超过结构性救济案件数,这一点与欧美司法辖区的情况有所不同。并且附加限制性条件的使用并未严格区分集中案件的性质,很多的横向集中案件使用了行为性条件,没有明显规律。虽然执法机构所附加限制性条件具有创新,且其对附加限制性条件的运用能力越来越强,但是也存在诸如实际监督成本很高,透明度不高,违法责任不够明确等问题。

除此之外,简单回顾一下关于救济措施的相关研究。关于救济措施影响因素的研究也作为新兴的领域而发展起来。伯格曼等(Bergman et al.,2005)基于 Probit 分析发现欧盟并购控制机构在并购审查中主要注重市场集中度的变化,而不会明显受政治和国别等因素的影响。米哈伊尔(Mikhail,2007)发现资产剥离措施的使用与案件经济效率改善程度和诉诸法律机会的可能性呈反向关系,而与案件的社会关注度和并购双方的市场重叠度呈正向关系。科沃卡(Kwoka,2015)基于美国并购控制效果的分析也发现,救济措施明显受并购导致的集中度变化影响。杨和迈克尔(Yang and Michael,2014)研究发现新西兰并购评估也会特别注意并购导致的市场份额变化以及进入壁垒的情况。以上研究主要通过实证方法,也有研究是基于案例分析。卡茨(Katz,

2002）通过对美国 DOJ 对无人机、原子能发电和航空业三起并购案救济措施的分析发现，救济措施的依据不是效率原则而是来自下游买方的反对。梅达等（Mehta et al.，2014）发现美国 DOJ 对传统产业并购案更倾向于使用"合理原则"，而对新兴领域的并购案则更偏好使用"本身违法原则"。戴维斯和奥尔扎克（Davies and Olczak，2010）对欧盟委员会多起结构性救济案件的研究发现，审查决定主要受市场集中度的影响，也会格外关注并购的"单边效应"。

救济的行为化倾向是各国反垄断执法中出现的新现象。科沃卡和莫斯（Kwoka and Moss，2012）指出行为救济具有经济规制的若干特征，但是因为反垄断执法机构缺乏相关的专业知识和信息，会带来信息不对称问题，也会导致更高的执法成本。莫斯（Moss，2008）、杜赞（Dusan，2009）、王和马蒂（Wang and Matti，2012）基于对欧盟的执法案例分析发现，行为性救济措施会增加反垄断执法成本和监督成本。行为性救济多用于知识密集型和专利密集型产业，如信息通信和互联网行业等。产业组织理论和法经济学主要从"标准必要专利"（standards-essential patents，SEP）与"公平、合理、无歧视原则"（fair, reasonable and non-discriminatory，FRAND）的关系入手，分析这些领域的反垄断执法问题。法勒等（Farrar et al.，2014）认为应将 FRAND 原则扩展到所有知识产权类的案件。但是布鲁斯和赖特（Bruce and Wright，2012）、米勒（Miller，2015）、赖特（Wright，2014）却持相反观点，认为反垄断机构的救济措施无法起到相应的效应，还会破坏技术创新的现有模式。

我国学者对此类问题的分析大多停留在法理辨析和个案考察的状态。余东华（2012）、黄坤和张昕竹（2011）以及叶军（2015）分别从集中度变化、效率要求与立案标准等维度，计算出了我国并购审查的量化指标或参数。袁日新（2016）认为应淡化"结构"与"行为"救济的位阶顺序问题，并对行为救济方式的优势进行了分析，但他并没有对该救济措施的执法成本和监督成本进行分析。韩和斯蒂芬（Han and Stephen，2014）认为我国集中控制部门在审查中存在程序和规则不透明的问题、且过分重视行为救济措施。林和赵（Lin and Zhao，2012）对商务部集中审查案例的分析也发现了福利标准模糊、产业政策优于竞争政策等问题。赖特（Wright，2014）认为我国的并购审查附加了大量"反垄断法"以外的约束或要求，目的不是消费者福利而是保护竞争者。

4. 经营者集中审查过程中的市场调查手段

经营者集中反垄断审查机构在评估限制性条件时的市场调查手段越来越丰富，包括以书面征求意见、论证会、座谈会、听证会、实地调查、委托调查、约谈当事人、电话采访、调查问卷等形式，向政府有关部门、相关行业协会、同业竞争者、上下游企业以及行业专家展开沟通并征求意见，了解案件中所涉及的重要问题。根据公告书中的内容分析，每种方式在所有案件中所占的比重可以看出，执法机构比较注重咨询"有关政府部门"的意见。值得一提的是，执法机构在联发科技股份有限公司吸收合并开曼晨星半导体公司案以及默克公司收购安智电子材料公司案两个案件中，决定公告书中明确提到聘请独立第三方咨询机构对此项集中的竞争问题进行了分析评估，这是巨大的进步。

二、无条件批准案件

在反垄断执法的第一个 10 年，无条件批准经营者集中决定在我国经营者集中审查决定中占 98%，比重很大[①]。执法机构从 2012 年起开始公布反垄断法实施以来的所有案件。每季度无条件通过案例的具体情况如图 5-4 所示。

---

① 国家市场监督管理总局反垄断局：中国反垄断年度执法报告（2020）。

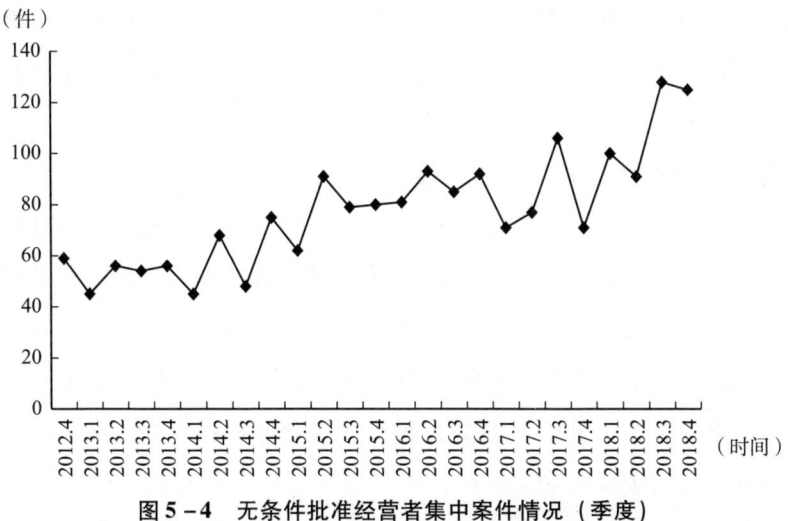

图5-4 无条件批准经营者集中案件情况（季度）

注：2008年8月1日至2012年9月30日无条件批准案件为集中公布，商务部提供的数据中无时间标记，无法具体划分季度，故未做统计。
资料来源：中华人民共和国商务部反垄断局网站和市场监督管理总局反垄断局网站。

但是，所有公布的无条件通过的案例只是简单地公布了案件名称、参与集中的经营者名称和结案时间（后期补充公开的2008年8月1日至2012年9月30日并购案件没有时间）。批准经营者集中案件的来源主要有两种，一种是集中对市场具有或可能具有排除、限制竞争的效果，但由于符合我国法律规定的豁免情形而得到执法机构的批准；另一种是集中对市场不具有排除、限制竞争的效果。但是，相关执法机构审查中豁免的标准到底如何贯彻执行的，案件是不是完全不具有排除、限制竞争的效果，集中是否涉及其他同行业的利益，是否有异议，其合法权利如何有效维护等问题一直存在。此外，从这些信息中，外界完全无法获得审查时的重要分析——竞争分析的标准和法律依据。

经营者集中审查在简易案件实施以前时间比较长，一般需要4~5个月，审查时间太长给交易双方带来诸多不确定性因素和不利影响，甚至有企业宁可被罚款而不申报，以避免企业处于长期的不稳定状态。审查时间太长也给审查机关带来很大的负担和压力。为了降低案件审理时间,提高工作效率,执法机构借鉴欧盟经验实行简易案件申报和公示制度。2014年2月11日,商务部发布了《关于经营者集中简易案件适用标准的暂行规定》,并于2014年2月12日正式开始实施。对经营者集中引入简易案件审查制度,简易案件总体上占到全部案件的45%左右,2016年达76%,2017年已达83%,绝大部分简易案件均在初步审查阶段审结①。根据《关于经营者集中简易案件申报的指导意见(试行)》的规定,经执法机构审核,符合简易案件标准(见表5-6)的可以按简易案件立案,不符合的仍然按非简易案件重新申报。简易案件申报的决定一般在30天之内做出。区分经营者集中简易案件和普通案件,有助于减轻企业负担,提高反垄断执法的速度和效率,更重要的是,在引入简易案件公示制度后,有益于提高经营者集中反垄断审查的透明度。

表5-6 关于经营者集中一般标准和简易标准的对比

一般标准	简易标准
(一)参与集中的所有经营者上一会计年度在全球范围内的营业额合计超过100亿元人民币,并且其中至少两个经营者上一会计年度在中国境内的营业额均超过4亿元人民币 (二)参与集中的所有经营者上一会计年度在中国境内的营业额合计超过20亿元人民币,并且其中至少两个经营者上一会计年度在中国境内的营业额均超过4亿元人民币	(一)在同一相关市场,所有参与集中的经营者所占的市场份额之和小于15%; (二)存在上下游关系的参与集中的经营者,在上下游市场所占的份额均小于25%; (三)不在同一相关市场、也不存在上下游关系的参与集中的经营者,在与交易有关的每个市场所占的份额均小于25%; (四)参与集中的经营者在中国境外设立合营企业,合营企业不在中国境内从事经济活动; (五)参与集中的经营者收购境外企业股权或资产的,该境外企业不在中国境内从事经济活动; (六)由两个以上经营者共同控制的合营企业,通过集中被其中一个或一个以上经营者控制

资料来源:中华人民共和国商务部反垄断局和市场监督管理总局反垄断局网站。

---

① 资料来源:中华人民共和国商务部反垄断局和市场监督管理总局反垄断局网站。

三、禁止案件

《反垄断法》第三十四条规定："经营者集中具有或者可能具有排除、限制竞争效果的，国务院反垄断执法机构应当作出禁止经营者集中的决定。但是，经营者能够证明该集中对竞争产生的有利影响明显大于不利影响，或者符合社会公共利益的，国务院反垄断执法机构可以作出对经营者集中不予禁止的决定。"但是什么情况才会存在排除、限制竞争的效果，《关于评估经营者集中竞争影响的暂行规定》对该条款进一步解释，通过以下三个方面考察并购是否对竞争产生不利影响：第一，"考察集中是否产生或加强了某一经营者单独排除、限制竞争的能力、动机及其可能性"，这可理解为单边效应；第二，"当集中所涉及的相关市场有少数几家经营者时，考察集中是否会产生或加强了相关经营者共同排除、限制竞争的能力、动机及其可能性"，即为协调效应；第三，"当参与集中的经营者不属于同一相关市场的实际或潜在竞争者时，考察集中在上下游市场或关联市场是否具有或可能具有排除、限制竞争效果"，这可理解为封锁效应。这与欧美并购控制政策是一致的。

截至2018年底，我国经营者集中反垄断审查机构共禁止两起集中案，分别为可口可乐公司收购中国汇源公司案和马士基、地中海航运、达飞设立网络中心案。可口可乐1456个字的决定书体现出很多问题，如缺乏细节分析，透明度不够。虽然决定书给出了禁止该案的三个理由，即集中完成后：（1）会将可口可乐公司在碳酸软饮料市场上的支配地位传导到果汁饮料市场；（2）可口可乐公司通过控制"美汁源"和"汇源"两个知名果汁品牌，对果汁市场控制力将明显增强，加之其在碳酸饮料市场已有的支配地位以及相应的传导效应，集中将使潜在竞争对手进入果汁饮料市场的障碍明显提高；（3）集中挤压了国内中小型果汁企业生存空间，抑制了国内企业在果汁饮料市场参与竞争和自主创新的能力。但是对于为什么会得出这样的结论并没有给出详细的公布，包括相关市场界定，双方的市场份额，相关市场的竞争情况，可口可乐市场地位如何从一个市场传导到另一个市场等，所以引起诸多争议。

5年后公布的另外一起禁止案件的决定书则体现出反垄断审查机构执法能力的快速提高，分析框架基本完善。通过替代分析等界定了相关产品市场和相关地域市场。通过相关市场集中度、市场控制力、市场进入、市场份额、对消费者和其他经营者的影响等因素的评估，分析了集中对相关市场竞争的影响。通过分析发现网络中心的设立将形成紧密型联营。通过交易方运力份额的计算（交易方合计运力份额达46.7%）说明网络中心的设立将显著增强交易方的市场控制力。设立网络中心形成紧密型联营将导致亚洲—欧洲航线国际集装箱班轮海运市场的HHI值从890增至2240，增加了约1350，使相关市场的市场集中度显著提高[1]。因为规模经济性和资金密集型行业的特性，国际集装箱班轮海运服务本身就具有较高的进入壁垒。网络中心的设立将消除竞争者在相关市场的有效竞争，导致国际集装箱班轮海运服务市场进入壁垒的进一步提高。此外，网络中心的设立会挤压其他竞争者的发展空间，不利于他们的发展，会降低货主企业的议价能力，损害货主的利益，还可能增强交易方对港口的议价能力。基于以上分析，在该案已分别获得欧美国家相关反垄断审查部门批准并无条件通过的情况下，考虑到该案对我国相关市场的影响，我国经营者集中反垄断审查机构仍然禁止了该并购。

四、未依法申报案件

（一）案件数据统计

行政处罚决定主要分两类，一类是对未依法申报的经营者集中进

---

[1] 中华人民共和国商务部反垄断局官网：商务部公告2014年第46号商务部关于禁止马士基、地中海航运、达飞设立网络中心经营者集中反垄断审查决定的公告。

行的处罚，另一类是对未依法履行承诺（附加限制性条件）的行政处罚，其中第一类情况占比较大。在各种原因的作用下，实践中许多依法应申报的集中未申报。《未依法申报经营者集中调查处理暂行办法》（以下简称《暂行办法》）的颁布实施是我国经营者集中控制程序的又一新发展。《反垄断法》和《国务院关于经营者集中申报标准的规定》施行后，虽然大部分经营者集中案件都会被申报，但是也有一些达到要求的集中案件未经申报批准就实施了。为此，《暂行办法》实施，以加强对违法实施经营者集中案件的查处力度。根据《暂行办法》第十三条规定："经调查认定被调查的经营者未依法申报而实施集中的，执法机构可以对被调查的经营者处 50 万元以下的罚款，并可责令被调查的经营者采取以下措施恢复到集中前的状态"。第一个被处罚的未依法进行经营者集中申报而集中的案件是紫光集团有限公司收购锐迪科微电子公司案，于 2014 年 12 月 2 日公布处罚决定书。截至 2018 年底，经营者集中审查部门共查处和公布未依法申报案件 31 起。

　　根据未依法申报处罚决定书，31 起案件既涉及央企和国企，也涉及私企和外企，既有上市公司也有非上市公司。其中涉及国有企业 18 家（中央国有企业 3 家，地方国有企业 15 家），非国有企业 25 家（外国企业 12 家，外商投资企业 5 家，内资民营企业 8 家）。从经营者集中类型看，31 起未依法申报的集中有 16 起涉及收购（部分收购 12 起，全部收购 4 起），15 起涉及合营①。

　　自第一个处罚书公布，2015 年上半年执法机构接收的案件申报数量同比增长 55%，所以该事件也具有标志性意义。但是也存在一些问题，比如，所有处罚案件中最高处罚额 40 万元，最低只有 15 万元，处罚额度太低，形不成很大的威慑力。其中，2 起案件处罚 40 万元，11 起案件处罚 30 万元，5 起案件处罚 20 万元，13 起案件处罚 15 万

---

① 资料来源：中华人民共和国商务部反垄断局和市场监督管理总局反垄断局网站。

元①。与之形成鲜明对比的是美国。根据美国的《哈特－斯科特－罗迪诺反托拉斯改进法》，未依法申报的申报义务人或者未依法在等候期内等候的，将被处以每日 40000 美元（2019 年调整为每日 42530 美元）的罚款，直至违法行为消除。比如，佳能通过设立特殊目的公司 M，并通过发行三类股票以达到收购东芝医疗的目的。该案被举报后，我国执法机构对佳能处以 30 万元的罚款。但是，佳能和东芝根据其与司法部达成的裁决各自向美国司法部支付 250 万美元的罚款。美国的罚款是我国罚款的约 113 倍②。

（二）未依法申报的具体类型

根据处罚决定的分析，我们可以将未依法申报分为四类：控制权认定偏差、营业额计算偏差、抢跑和分拆。具体来看：

1. 控制权认定偏差

《反垄断法》第二十五条对经营者集中进行了界定。根据该规定，仅取得股权或者资产，但是不存在控制权的集中或转移并不属于经营者集中。在实际的集中案例中，如果对资产或股权收购是否会导致控制权转移的判断有错误，就会出现应申报而未申报的后果。另外，对于合营企业合营各方在何种情况下构成共同控制的问题也容易出现判断错误。这样的案例有中国免税品（集团）有限责任公司将分别收购日上上海、日上集团分别持有的日上免税行（中国）有限公司股份的 50% 和 1%。两笔交易分开来看不会导致控制权的转移，但是合并后就形成了股权 51% 的交易，导致控制权的转移，应该依法申报③。

2. 营业额计算偏差

根据《关于经营者集中申报的指导意见》的规定，我国经营者集

---

① 中华人民共和国商务部反垄断局官网：商务部公告 2014 年第 46 号商务部关于禁止马士基、地中海航运、达飞设立网络中心经营者集中反垄断审查决定的公告。
② 资料来源：美国消费者保护联邦贸易委员会官网．https：//www.ftc.gov/．
③ 市场监管总局发布对中免集团收购日上中国股权未依法申报案的行政处罚决定书 [EB/OL]．搜狐网，2018 – 11 – 29.

中申报门槛选择的是营业额标准。如果对营业额的计算或理解出现错误将会导致应当申报的经营者集中未申报的情况出现。比如格林美（武汉）的处罚案例，在处罚决定书中明确指出营业额计算的错误，三井物业虽然未参与交易但是因为受目标公司持股，因此其营业额也需要计算。

3. 抢跑

《反垄断法》第二十六条规定："经营者集中达到国务院规定的申报标准的，经营者应当事先向国务院反垄断执法机构申报，未申报的不得实施集中。"但是，对于何种行为构成了"实施集中"并没有明确规定。因此在实际的集中案例中存在经营者认识错误而在未获得审查机关审查决定的情况下提前实施。比如山东太阳控股集团有限公司收购另外三家企业55%的股权①。在经营者集中反垄断审查材料未达到受理标准被退回的情况下，未等重新递交材料而直接完成了股权登记变更手续。等太阳控股重新提交申报材料时被认定为"已构成未依法申报的经营者集中"。

4. 分拆交易

经营者集中通过多个步骤进行，单个步骤来看不构成集中申报的条件，但是因为整个申报步骤"紧密关联"，实际构成了一个"完整交易不可分割的组成部分"。则这时，所有步骤将视为一个整体，依法申报，而不可分拆。在已被处罚的案例中，有多起案例存在这种分拆交易以规避申报义务的行为，最后被认定应申报而未申报。典型的案例是 Paper Excellence BV 分三个步骤收购 Eldorado 巴西纸浆公司全部股权，三次分别收购13%、33.46%和全部②。在第三步尚未实施前被我国审查机关处罚。

---

① 三家企业分别为万国纸业太阳白卡纸有限公司、山东国际纸业太阳纸板有限公司、山东万国太阳食品包装材料有限公司。资料来源：商务部网站。
② 【聚焦】收购巴西公牛未成　又在中国被罚30万［EB/OL］.搜狐网，2018-9-8.

(三) 其他

根据披露，案件线索来源包括举报、行政机关发现、当事人主动报告等多种形式。总体来看，对于一些影响广泛的案件如携程收购艺龙案、滴滴并购优步案，反垄断执法机构应该主动出击进行调查。经营者集中申报制度的有效运行既需要交易方的主动申报，也需要执法机构对达到申报标准的企业的有效监督。执法机构应该通过多种途径发现未依法申报的集中并对其进行处罚。此外，处罚决定书的公布有利于提高企业的守法意识，有利于提高反垄断法的威慑力，也有利于提高社会的监督。但主要的问题就是处罚额度较低，缺乏足够的震慑力。

第三节　本章小结

本章节对我国经营者集中反垄断审查第一个10年的实施情况进行了详细的总结和分析。

第一，对经营者集中反垄断审查实施的总体情况进行梳理，包括《反垄断法》实施后，经营者集中反垄断执法的具体实施；执法机构出台的涉及申报相关市场的界定、竞争影响的评估、违法申报的处理等各个环节和方面的配套法规、规章和指南；经营者集中反垄断审查程序；集中案件审查的总数据以及每年的详细情况等。

第二，按照案件审查结果类型分别对附条件通过案例、无条件通过案例以及禁止案例等进行了分类分析。附条件通过案例一直是研究的重点，欧盟、美国等相关执法机构进行的事后评估也基本都是针对附条件通过案例的救济措施进行评估。此外，因为执法机构详细公布了所有附条件通过案例的审查决定书，所以附条件通过案例更容易引起学界关注。本章节首先对附条件通过案例的行业分布特点和集中性质进行了介绍,然后根据救济措施的不同类型进行了详细概述。无条件批准经营者集中决定占比98%,比重很大①。但是,因为公布信息有限,所以,关于该类型案件的情况分析相对较少。简易案件作为提高效率的重要审查程序改进,对于提高反垄断执法的速度和效率具有重要作用,本章也作了基本概述。《反垄断法》实施10年,禁止案件只有2件,公布处罚决定书31件,虽然案件数量少,但是具有重要意义。

通过数据统计和可视化分析,对研究对象获得一个全面、系统的认知,有利于后面问题的提出,案例的选择以及对实施效果的评估。

---

① 资料来源:《中国反垄断年度执法报告(2020)》。

中国经营者集中反垄断审查的福利标准及影响因素

本章借鉴国外并购控制效果分析的常用方法——事件研究法，以并购企业竞争对手股票异常收益率为切入点，通过对竞争对手股票数据的分析，对执法机构无条件通过的经营者集中案例进行事后评估，以分析我国经营者集中反垄断审查初期的情况，主要包括福利标准的选择，影响审查的因素等。本章选取 2012~2016 年执法机构无条件通过的 65 个经营者集中案例作为研究对象，共涉及 189 家上市公司的股票数据。研究结果表明，我国的经营者集中反垄断审查主要采用社会总福利标准，但同时相关执法机构也非常注重消费者福利的保护。此外，因为我国发展的阶段和特点，经营者集中反垄断审查可能会受到产业政策的影响。但是，研究发现随着执法经验的不断积累和反垄断执法体系的不断完善，我国的经营者集中反垄断审查越来越注重消费者福利的保护。通过对经营者集中反垄断审查初期案件的事后评估，分析执法机构对经营者集中反垄断审查的福利标准和可能的影响因素，有利于引导企业的经营者集中行为，对完善反垄断执法也具有重要意义。

第一节　并购控制福利标准的理论逻辑

一、竞争政策及其目的

本章节主要集中于对竞争政策经济目的的讨论。并购控制作为竞争政策的重要组成部分也应该遵循该目标。目前，经济学家对反垄断政策的经济目标尚未形成一致的结论。

众所周知，竞争是资源配置的最优方式，是促进经济发展、技术进步和社会福利改善的核心驱动力。因此，竞争政策以及反垄断法实施的主要目的是保护该驱动力，保护充分、有效的竞争。除此之外，也有司法辖区加入了一些非经济的公共利益目标，比如保护就业、促进地区发展、控制通货膨胀、保持经济稳定以及保护中小企业（OECD，2003）。而欧盟竞争政策的一个重要目的是建立欧洲统一大市场。本章节主要是讨论竞争政策和反垄断法的经济目的，即保护竞争。

"保护竞争"的讨论由来已久。关于竞争保护的讨论直接促使了1890年美国《谢尔曼法》的颁布。并且，该讨论现在仍在继续。美国制定反垄断法的初衷显然是为了保护消费者免受卖家精心策划的行为可能导致的财富损害，而不仅仅是为了保护竞争本身（Lande，1982；1989）。然而，经济学家研究表明，从经济效率和社会总福利的角度来看，只注重保护消费者可能是一项代价高昂的社会政策，因为它忽略了这样做可能对企业效率和其他利益相关者，特别是股东和工人的福利产生的潜在负面影响（Williamson，1968）。

社会福利可分为消费者福利和生产者福利，前者衡量购买和消费特定市场商品和服务的所有代理人的福利总和，后者衡量为生产和销售这些商品和服务做出贡献的所有代理人的总福利,如股东、工人和贷款人。当然,公民通常既是消费者又是生产者。有效竞争应该促进可利用资源的分配,使总福利最大化,主要通过推动市场价格接近边际生产成本,即所谓的配置效率来实现的。

与此相反,市场势力会降低配置效率。市场势力的存在使生产者可以将价格大幅提高到边际成本以上,进而增加生产者利润,提高其福利。当需求具有弹性时,市场势力带来的高价格无法实现所有可能的收益(即最大化社会福利),因为它导致产出的减少,导致部分消费者福利受损。

虽然社会福利最大化的政策是实现经济效率的最好方式,但世界上大多数国家的反垄断立法强调保护竞争的目的应该是只保护消费者福利(即消费者剩余)。换句话说,保护竞争的定义通常是优先保护消费者剩余,而不是总剩余和经济效率(OECD,2003)。

例如,欧共体指南(EC Guidelines)第81.3条规定,"根据第81条防止反垄断协议的总体目标,从直接或可能受协议影响的消费者的角度来看,协议的净效果至少必须是中性的"。但是,欧共体指南也包括如下含糊的表述:"第81条的目标是保护市场竞争,以此作为提高消费者福利和促进资源有效配置的手段"。同样,美国软法中也有这样的规定:"反垄断政策的目标是在竞争性市场环境下通过优化资源配置实现消费者福利最大化和促进经济效率"。

上述美国和欧盟的规定说明,欧盟和美国的立法者也关注经济效率。当然,在实际的并购控制中,对生产者剩余的关注明显要比对消费者剩余的关注要少得多。这在并购控制的立法中尤其明显。关于并购控制的立法是竞争政策实施的重要手段。在实践中,并购控制的主要任务是评估并购的福利影响,以确定是否通过并购。在评估中需要考虑并购对相关甚至重叠的群体(即消费者、股东、员工等)福利的影响。在不同群体的福利效应相互冲突的情况下,并购控制机构需要权衡群体之间的利益。"福利标准"阐明了竞争主管机构如何进行这些权衡,即哪些群体将被纳入合并效果的评估,以及如何为这些群体分配权重。

二、 福利标准选择

反垄断执法机构在执法中主要考虑和权衡以下两大利益集团的福利:消费者和生产者。据此,世界各国在反垄断执法中存在两个最常用的福利标准:消费者福利标准和社会总福利标准。消费者福利标准主要关注并购对消费者剩余的影响,只有当并购导致消费者剩余增加时,才可以被批准。社会总福利标准考虑的是社会福利的总体情况,即生产者剩余和消费者剩余之和,根据该标准,如果并购给生产者带来的收益大于消费者福利的损失,则可以被批准。所以,根据社会总福利标准,对消费者剩余产生不利影响的并购可能也会被批准。

上文提到目前关于并购控制政策的目标到底是消费者剩余还是社会总剩余的讨论尚无定论。但是这不影响本章的讨论,因为本章的目的并不是要讨论哪一种福利标准的选择是正确的,而是为事后评估确立一种标准,以确定并购控制部门的决策是否达到了其目的。要对经营者集中反垄断审查进行事后评估,首先要确定评估的标准。任何经营者集中反垄断控制体系都是直接或间接地建立在某些福利标准的基础之上的(Williamson,1968)。福利标准既是反垄断执法的指导思想,也是反垄断执法的目标。事后评估既然要看反垄断执法有没有达到执法目标,则福利标准必然是一个重要的考察对象。考察反垄断执法机构的福利标准,有利于明确反垄断执法机构对不同利益集团福利水平的权衡情况和执法的侧重点,也有利于寻找执法的影响因素,引导企业的集中行为。通过分析发现,美国和欧盟并购控制的主要标准是消费者福利标准,但是又兼顾经济效率。而我国反垄断执法的目标也存在多元性,接下来本章尝试对我国并购控制的目标进行探究。

第二节 假设的提出

经营者集中反垄断审查中福利标准的选择,在学术界和司法实践中一直存在争议。一般认为美国采用消费者福利标准,而美国司法执行中又往往有采用社会总福利标准的案例,因此法雷尔和卡茨(Farrell and Katz,2006)认为美国反垄断当局的福利标准是打着"消费者福利标准"标签的社会总福利标准。从《欧共体条例》第81.3条、《合并条例》第2.1条等看,欧共体也采用的消费者福利标准,但司法实践中也注重促进产业内竞争、提高产业国际竞争力、提升社会总福利水平。加拿大反垄断当局则更倾向于采用社会总福利标准,英国在2002年《企业法》颁布前以社会总福利作为并购审查的标准,而在2002年之后又倾向于采用消费者福利标准。

此外,反垄断执法也可能受到各种因素的制约。比如,通过对FTC执法案件的Probit检验,科特(Coate,1992)发现执法决定无法完全反映消费者福利的立法原则,因为政治体系、经济学家和律师在并购审查决定中的价值取向和评估依据是完全不同的。借鉴科特(1992)的分析框架,科特和乌尔克里(Coate and Ulrick,2006)研究表明FTC的审查决定更符合公共利益,而不是公共选择假说。伯格曼等(Bergman et al.,2010)通过对比美国和欧盟对并购的原则发现,欧盟委员会在审查中更注重对集中度变化的考察,而美国的并购控制部门更注重对并购后支配地位的变化或合谋行为的考察。科瓦契奇等(Kovacici et al.,2014)通过制度比较分析发现,反垄断法在政府干预体系中的作用和地位会影响该国并购审查的审查标准和救济措施。

我国的经营者集中反垄断审查部门到底应该采用消费者福利标准还是社会总福利标准呢?除此之外,审查决定还会受到哪些因素的影响和制约?林肯斯(Renckens,2006)认为,如果考虑执法成本和政策偏好，选择社会总福利标准会更好；政策制定者可以将消费者福利纳入反垄断当局自身偏好，并赋予较高权重。考虑到我国经济发展的特殊阶段和情况，余东华（2012）认为中国的并购控制政策更应该采用社会总福利标准，但是为了保护消费者的利益，必须给消费者福利赋予一个较大的权重。单等（Shan et al.，2012）详细分析了《反垄断法》各条款中所体现的福利标准，并分析了商务部禁止和附条件通过的部分案例，认为中国的经营者集中反垄断审查非常注重消费者福利的保护，但同时也明确地将动态效率的改善纳入考虑的范畴。林和赵（Lin and Zhao，2012）认为，中国的反垄断法制定者更注重的是社会总福利标准，即生产者剩余和消费者剩余之和，而不是单纯的消费者福利。

《反垄断法》第一章第一条界定中国反垄断政策的目标如下："为了预防和制止垄断行为，保护市场公平竞争，鼓励创新，提高经济运行效率，维护消费者利益和社会公共利益，促进社会主义市场经济健康发展，制定本法。"从该规定可以看出，我国的《反垄断法》非常注重通过垄断行为的控制和公平竞争环境的创造来维护消费者福利；同时，《反垄断法》还强调"经济运行效率"，这是社会总福利标准主要关注的因素之一。《反垄断法》第三十三条以及商务部《关于评估经营者集中竞争影响的暂行规定》第三条对审查经营者集中时应当考虑的因素做了明确规定，这些因素包括："参与集中的经营者在相关市场的市场份额及其对市场的控制力；相关市场的市场集中度；经营者集中对市场进入、技术进步的影响；经营者集中对消费者和其他有关经营者的影响；经营者集中对国民经济发展的影响；以及其他应当考虑的影响市场竞争的因素"。这些因素既考虑了消费者福利也包括效率改进。而第三十四条规定"经营者能够证明该集中对竞争产生的有利影响明显大于不利影响，或者符合社会公共利益的，国务院反垄断执法机构可以做出对经营者集中不予禁止的决定"。该规定与社会总福利标准的要求非常相似。综上，本章节提出：

假设6-1：我国的经营者集中反垄断审查采用的是社会总福利标准。

假设6-2：我国的经营者集中反垄断审查在社会总福利标准下，非常注重消费者福利的保护，赋予消费者福利很大的权重。

对竞争政策和产业政策关系的争论由来已久。竞争政策主要侧重于公平竞争市场环境的创造，以及市场主体创造力和活力的激发；产业政策则侧重于通过政策的引导促进经济的发展，弥补市场的缺陷。长久以来，产业政策在我国经济发展中发挥了重要作用，《反垄断法》也吸收了很多产业政策的内容。同时，我国的《反垄断法》也特别注重"社会主义市场经济的发展"，在《反垄断法》第一条和第三十三条都有明确体现。林和赵（Lin and Zhao, 2012）通过对商务部禁止或附条件批准的8个案例的分析指出，我国的反垄断审查某种程度上受到产业政策的影响，如可口可乐收购汇源案。基于以上分析，本章提出：

假设6-3：中国的经营者集中反垄断审查会受到产业政策的影响。

国有企业在我国的经济发展中起到了举足轻重的作用。相应的关于国有企业与反垄断法关系的讨论在我国也尤其突出。很多国家的反垄断法明确规定国有企业与私营企业同样适用于反垄断法[①]，美国虽然没有明确法律条款，但是大多数案例的审查结果也说明国有企业没有获得反垄断法的适用除外。虽然国有企业的利益与公共利益息息相关，但是大部分经济学家认为国有企业比私营企业更容易采取垄断行为（Sapington and Sidak, 2003）。不受反垄断法规制的国有企业的并购容易限制市场竞争，损害消费者的福利。所以，经过《反垄断法》十几年的制定过程、10年的实施经验和学界的充分讨论，目前已基本达成共识：我国的经营者集中审查制度同样适用于国有企业的并购。

但是，《反垄断法》第八条模糊的措辞留下很大的争议空间，一部

[①] 如《欧盟职能条约》第106条第1款；德国《反限制竞争法》第130条第1款；巴西《反垄断法》第15条等。

分学者认为《反垄断法》只是肯定了国有企业的垄断地位并保护其合法经营活动,另一部分学者则认为依据该法国有企业并购应该豁免于经营者集中的审查。而在我国的经营者集中反垄断审查实施过程中,确实存在一些备受争议的案例,典型的有联通和网通的合并、中国华孚并入中粮集团等中央企业的并购重组并未履行经营者集中申报与审查程序,而如南北车合并案①、中国五矿收购中国冶金科工案②等申报并无条件通过的并购案的审查也备受争议。与此形成鲜明对比,初期附条件通过和禁止的经营者集中案件基本都是国外企业。由此引发一系列中国《反垄断法》保护国有企业,歧视国外企业的质疑。综上所述,本章提出:

假设6-4:我国的经营者集中反垄断审查一定程度上存在选择性执法的问题。

第三节 理论模型构建及相关分析

股票市场没有直接反映消费者福利变化的变量,因此要通过股票市场检验经营者集中的福利标准尤其是消费者福利标准需要找到相关的参考变量。埃克博(Eckbo, 1983)、杜索等(Duso et al., 2007)的做法是根据并购与消费者福利和竞争对手收益的关系,并通过竞争对手股票异常收益率的波动反映并购以及并购控制政策对消费者福利的影响,本章借鉴该方法。该理论的基本演化过程如下。

埃克博(Eckbo, 1983)和斯蒂尔曼(Stillman, 1983)提出:如果并购是有利于竞争的,一方面并购对消费者有利,消费者剩余增加,另一方面并购导致相关市场竞争程度提高,竞争对手的收益降低;如

---

① 中国南车股份有限公司和中国北车股份有限公司吸收合并案。
② 中国五矿集团公司收购中国冶金科工集团有限公司股权案。

果并购对竞争不利,则一方面并购对消费者不利,消费者剩余减少,另一方面并购导致相关市场竞争程度降低,竞争对手收益增加。莫塔(Motta,2004)分析认为获得垄断势力的并购对并购方和竞争对手有利,对消费者不利;获得充分效率改进的并购,对并购方有利,也有利于消费者福利的增加,但是对竞争对手不利。

基于以上的分析,根据维维斯(Vives,2000)对同质产品的古诺竞争等的研究,杜索等(Duso et al.,2007)得出结论:并购对消费者福利的影响和对其竞争对手的影响存在反向的关系,即并购对竞争对手不利,则对消费者有利,反之亦然。虽然该结论并不是在所有的竞争环境中都适用,但是在大多情况下都成立。

下面详细分析竞争对手收益和消费者剩余的上述反向关系。基于法雷尔和夏皮罗(Farrell and Shapiro,1990)的方法,首先考虑同质产品的古诺寡头竞争情形。假设市场中有 n 个企业,生产同质产品,需要强调的是企业效率各不相同。企业 i 的成本为 $c^i(x_i)$,x_i 为企业的产出。为方便起见,我们记企业 i 的总成本和边际成本分别为:$c^i \equiv c^i(x_i)$,$c_x^i \equiv c_x^i(x_i)$。市场反需求函数是 p(X),其中 P 是价格,X 是行业总产出,且 $p'(x)<0$。ε 为市场需求弹性,即:

$$\varepsilon(X) \equiv -p(X)/Xp'(X) \qquad (6-1)$$

在古诺竞争中,每个企业的产出为 x_i,记除企业 i 之外的其他企业总产出为 $y_i \equiv \sum_{j \neq i} x_j = X - x_i$。企业 i 的利润为 $\pi^i(x_i, y_i) \equiv p(x_i + y_i) x_i - c^i(x_i)$,每个企业会根据竞争对手的产量来选择自己的产量以最大化自己的利润,由 $\partial \pi^i / \partial x_i = 0$,可得:

$$p(X) + x_i p'(X) - c_x^i(x_i) = 0, \quad i = 1, \cdots, n \qquad (6-2)$$

由式(6-2)可以求出各企业的古诺均衡产出为 $(x_i, \cdots, x_n)$。企业 i 的市场份额为 $s_i \equiv x_i/X$。比较两个企业 i 和 j 古诺均衡条件[即式(6-2)]可得 $x_i > x_j$ 当且仅当 $c_x^i < c_x^j$。易见在均衡中,企业市场份额越大,则边际成本越低。由于各企业生产不同的产出,其边际成本

也各不相同，所以在某一特定产出水平成本 X 下，各企业总的成本不一定是最低的。因此，用总产出 X 来刻画福利是不恰当的。

我们对古诺均衡做出以下两个弱假设。第一，假设每个企业反应函数是向下倾斜的。也就是说，随着竞争对手产出 y_i 的增加，企业 i 的边际收益将降低：

$$p''(X) + x_i p''(X) < 0, \quad i = 1, \cdots, n \tag{6-3}$$

显而易见，如果行业的需求曲线满足 $p'(X) + Xp''(X) < 0$，则式（6-3）成立。

第二，假设每个企业的剩余需求曲线 $p(\cdot + y_i)$ 与其边际成本曲线从上面相交，即：

$$c_{xx}^i(x_i) > p'(X), \quad i = 1, \cdots, n \tag{6-4}$$

更一般地，如果 $c_{xx}^i \geq 0$，即边际成本递增，此时即有式（6-4）成立。

接下来进行非常重要的一步，对古诺均衡做比较静态分析。考虑竞争对手总产出 y_i 的变化对企业产出的影响。根据式（6-2），企业 i 反应函数的斜率为：

$$\frac{dx_i}{dy_i} \equiv R_i = -\frac{p' + x_i p''}{2p' + x_i p'' - c_{xx}^i} \tag{6-5}$$

根据式（6-1）可得 $-1 < R_i < 0$，而根据式（6-3）和企业的二阶条件，也可以得到 $R_i < 0$。也就是说，如果竞争对手联合扩大生产，企业 i 会减产。但是企业 i 减产的幅度低于竞争对手产量增加的幅度。从 $dx_i = R_i dy_i$，我们可以进一步得到：

$$dx_i = -\lambda_i dX \tag{6-6}$$

其中，

$$\lambda_i \equiv -\frac{R_i}{1+R_i} = \frac{p'(X) + x_i p''(X)}{c_{xx}^i(x_i) - p'(X)} \tag{6-7}$$

根据式（6-3）和式（6-4）得 $\lambda_i > 0$。又因为，反需求曲线斜率的弹性为：

$$E \equiv \sim -Xp''(X)/p'(X) \tag{6-8}$$

企业 i 的边际成本弹性为 $\mu_i \equiv x_i c_{xx}^i / c_x^i$,则 λ_i 又可以表示为:

$$\lambda_i = \frac{s_i - s_i^2 E}{s_i + \mu_i(\varepsilon - s_i)} \quad (6-9)$$

其中,需求弹性 ε 是常量,$E = 1 + 1/\varepsilon$,那么 λ_i 可以用 s_i,μ_i 和 ε 表示。考虑一种简单情况,当需求函数是线性的且边际成本是常量,则 $E = \mu = 0$,此时可得 $\lambda_i = 1$。

第三,可以证明其他企业对某一企业产量变动的反应,得出结论:

假如企业 1 产量变动,其他企业也会相应地调整产量以建立新的古诺均衡。如果反应函数的斜率是负的式(6-3)且稳定条件式(6-4)满足,则总产出的变化与企业 1 产出的变化同方向,但是变化幅度要小。

接下来看兼并对竞争对手和消费者福利的影响。因为单纯比较兼并前后福利的变化很难实现。法雷尔和卡尔(Farrell and Carl,1990)为了讨论方便,将兼并的外部影响看成"无穷小兼并"外部影响的累积。企业兼并导致均衡产出的变化,设为 ΔX_I。根据古诺模型,竞争对手会对 ΔX_I 做出反应。我们要考虑的是竞争对手会如何反应以及该变化对竞争对手和消费者的福利影响,因此 ΔX_I 可以看成是一个外生变量,至于什么导致 ΔX_I 的变化我们不去考虑。我们将兼并导致企业产出的微小变化定义为 dX_I,即前面提到的"无穷小兼并"导致的产出变化。那么 ΔX_I 的福利影响效果则为"无穷小兼并"dX_I 的福利影响效果之和。为了数学计算的方便,我们可以认为一个兼并是无数个小兼并的集合。

因为产出的边际总效应可以用市场价格 p 来衡量,此时可得:

$$dW = pdX_I - dc^I + \sum_{i \in O} [p - c_x^i] dx_i \quad (6-10)$$

其中,c^I 是兼并企业的总成本,O 是竞争对手的集合。竞争对手对产出变化的反应可以用式(6-6)来表示,而他们的变化幅度则用式(6-2)来表示。改写式(6-10)可以得到:

$$dW = (pdX_I + X_I dp - dc^I) - X_I p'(X) dX + \sum_{i \in O} p'(X) \lambda_i x_i dX$$

$$(6-11)$$

在式（6-11）中，前三项表示兼并企业利润的变化 $d\pi^I$。很明显，$d\pi^I$ 包括成本项 dc^I。对反垄断执法机构来说，测度成本项的变化是非常难完成的一项任务。这样利用式（6-11）刻画 dW 将是很难实现的，比如说测度成本项 dc^I 的变化就是一件很难完成的任务。但是，如果只是考虑兼并的外部影响的话，这些麻烦就不存在了。改写式（6-11）得，

$$dW - d\pi^I = -X_I p'(X) dX + \sum_{i \in O} p'(X) \lambda_i x_i dX$$

或者

$$dW - d\pi^I = (\sum_{i \in O} \lambda_i x_i - X_I) p'(X) dX \qquad (6-12)$$

定义：

$$\eta \equiv \sum_{i \in O} \lambda_i x_i - X_I \qquad (6-13)$$

那么导致总产出 dX 变化的一个无穷小兼并的纯外部影响是 $\eta p'(X) dX$，如果 $dX < 0$，又由于 $p'(X) < 0$，所以此时有 $\eta p'(X) dX$ 与 η 的符号相同。将 η 转换为市场份额，我们可以得出以下结论：

在寡头垄断企业的古诺竞争中，兼并企业产出的变化对竞争对手以及消费者的外部影响只取决于兼并企业的均衡产出 X_I 的变化。容易证得，当且仅当满足条件 $\sum_{i \in O} \lambda_i s_i < s_I$ 时，X_I 的降低将导致竞争对手利润和消费者剩余之和相应地减少。

如果上述结论中充要条件满足的话，我们可以得到兼并企业任何产出的减少将会导致竞争对手利润和消费者剩余之和减少。容易看出，此时企业 i 的产出也减少，而其他竞争企业的产出都将增加，同时由于总产出减少，价格相应会上升，所以竞争对手利润将增加，这也意味着消费者的剩余将会减少。如果竞争对手和消费者对兼并企业产出的变化没有反应，也即 $\lambda_i = 0$，$i \in O$ 时，则任何产出的减少都对竞争者和消费者的福利之和不利，而此时，竞争对手受益，消费者福利下降。

从上述讨论中可以看出，我们可以利用行业中竞争企业的利润来刻画消费者剩余的变化，也即当满足一定条件时，从竞争企业利润的

增加，可以推出消费者剩余的减少，即 $\Pi_c < 0$，则 CS > 0，反之亦然。所以我们可以通过兼并后竞争对手的利润来刻画反垄断政策是否对消费者是有利的。在维维斯（Vives，2000）的《寡头垄断定价》（*Oligopoly pricing*）（2000）一书中也得到相同的结论。

然后，我们再考虑差异化产品的伯特兰德竞争中，两者的关系。假设产品互为替代品，那么此时竞争对手的总利润 $\Pi_c(p_c, p_m)$ 随着 p_m 的增加而增加。假设存在良定义的最优反应函数，以使得存在唯一稳定的纳什均衡解。记并购前的均衡价格为 (p_c^*, p_m^*)，那么并购可能产生两种效果：效率变化和并购企业间的合谋定价。

首先考虑效率增加的情况，记此时的均衡价格为 p_c^e，p_m^e。福登堡和蒂罗尔（Fudenberg and Tirole，1994）以及维维斯（2000）证明在上述假设下，关于效率 e 的比较静态分析结果为：随着 e 的增加，价格降低，竞争对手的收益降低，消费者剩余增加。特别的，因为价格降低我们会得到 $p_c^e < p_c^*$ 和 $p_m^e < p_m^*$。接下来，我们再考虑合谋定价的效果，记并购后的均衡价格为 (p_c^{**}, p_m^{**})，其中 $p_c^e < p_c^{**}$，$p_m^e < p_m^{**}$。关于效率的影响和合谋定价的影响哪个占主导地位，需要分两种情况分析：

情况（6-1）：如果 $p_m^* < p_m^{**}$，即并购导致价格提高。给定产品价格是策略互补的，则可得到 $p_c^* < p_c^{**}$，进一步，我们得到：

$$\Pi_c(p_c^*, p_m^*) < \Pi_c(p_c^*, p_m^{**}) < \Pi_c(p_c^{**}, p_m^{**}) \quad (6-14)$$

其中，式 6-14 前面的不等式基于替代假设（即 $\Pi_c(p_c, p_m)$ 随 p_m 增加而增加），后面的不等式则根据 p_c^{**}，p_m^{**} 的均衡定义获得。这说明并购对竞争对手有利，则对消费者不利，即 $\Pi_c > 0$，则 CS < 0。

情况（6-2）：如果 $p_m^* > p_m^{**}$，即厂商并购后的价格降低。给定产品价格是策略互补的，则可以得到 $p_c^* > p_c^{**}$，进一步，我们得到：

$$\Pi_c(p_c^*, p_m^*) < \Pi_c(p_c^*, p_m^{**}) < \Pi_c(p_c^{**}, p_m^{**}) \quad (6-15)$$

其中，式 6-15 前面的不等式是基于 p_c^*，p_m^* 的均衡定义，后面的不等式是基于替代性假设。这说明兼并导致竞争对手的收益降低，而消费者福利增加，即 $\Pi_c < 0$，则 $CS > 0$。

因此我们可以得出结论，在满足一些常规假设条件时，并购对消费者剩余和竞争对手收益影响的反向关系在同质产品的古诺竞争和差异化产品的伯特兰德竞争中都成立。不过需要注意的是，两者的对应关系只是变化方向的关系，而不存在直接的数量关系。

以上分析成立的条件主要是在横向并购中，在一个动态竞争环境中，虽然并购会带来效率的增加，但是消费者剩余减少和竞争对手收益增加的关系并不成立。此外，在非横向并购中，上述关系也不成立，因为在不同的市场中，并购可能会导致封锁效应，在这种情况下虽然竞争对手的收益减少，消费者福利也可能会受到损害。总之，消费者剩余和竞争对手收益的变化关系在大部分情况下成立，包括在实证分析中常用的竞争模型，如伯特兰德纳什定价，但是那些存在混合并购效应的情况除外。根据这些条件，在数据选择中就需要注意排除不满足条件的并购案例。

基于上述理论背景，本章节收集我国经营者集中反垄断执法机构初期所有无条件通过的经营者集中案例，从中剔除不符合上述条件的案例，使用事件研究法对并购公司竞争对手股票数据进行回归分析。然后，根据竞争对手和消费者福利的上述关系对执法机构无条件通过的集中案例进行评估。

第四节 数据选取和模型设定

一、数据选取

本章节选取 2012~2016 年商务部无条件通过的 65 个并购案例作为研究对象，共涉及 189 家上市公司（竞争对手）。虽然商务部于 2012

年11月16日补充公布了2008年8月~2012年9月无条件通过的案例,但是因为并购通过时间等关键信息缺失,以及数据可获性不易等,所以未做研究。样本的选取基于一个非常重要的条件:竞争对手的确定。在我国,无条件通过案例有两类——简易案件和非简易案件。与无条件通过的案件相比,简易案件对外公布的信息略多。大部分执法机构简易案件的公示表中都会有并购案件相关市场的界定,而非简易案件则没有任何相关分析内容,需要先对并购的相关市场进行界定,在确定相关市场的基础上根据行业排名等信息确定竞争对手。

除此之外,本样本的筛选还基于如下条件:(1)并购公司有竞争对手,且在上海证券交易所或深圳证券交易所上市;(2)并购公告发生前后一个月内企业未发生其他重大事件影响股票价格,如分红公告、配股、年报、季报,从而保证事件期内不会受其他事件干扰;(3)企业股票在事件期内不存在停盘现象,有连续的交易数据,企业股票在估计期不存在连续超过30天停盘现象,以保证参数估计的有效性;(4)剔除ST类公司,防止其特殊的财务数据干扰分析结果;(5)同一并购公司前后发布两次以上并购公告的,选择最早一次列入研究的样本,防止后期股票波动受前期公告的影响,如果两次并购公告的间隔期大于1年,则将并购作为两次独立的案例列入研究样本内;(6)排除存在关联交易的并购事项。

与事件研究有关的事件日为并购公布日,将并购公布日记为$T=0$,并将事件窗口设定为并购公布日前9天到后9天,即事件期为$[-9, 9]$。因为并购对股票的影响不会在一天释放,所以一般把事件日后几天都包括在里面;又因为并购之前,可能因为信息泄露等,所以并购公布日之前的一段时间也包括在里面,统称为事件窗口。估计窗口的设定是为了估计模型参数,为了避免估计数据受到事件的影响,估计窗口一般不与事件窗口重叠。如果以股票日收益率建立估计模型,现有文献一般将估计窗口设定为100~300天,如果事件期在$(-30, 30)$以内,估计期可以选择120天或者更长。因此本章选取$[-219,$

-40］共180个交易日作为估计窗口。并购公布日的信息主要从《中国证券报》《上海证券报》，以及上海证券交易所网站、《证券时报》及国泰安CSMAR交易数据库获得，个别信息从网易财经等网站获得。市场组合指数本章选择沪深300指数（000300），股票数据主要来源于万德数据库。

本章所选取的65个并购案例从时间跨度看主要是：2012年5件，2013年8件，2014年17件，2015年22件，2016年13件；按照收购方的企业所有权性质分，国有企业29个，民营企业和外资企业36个；按照并购控制的类型分，简易案件19个，非简易案件46个。所整理面板数据的统计性描述如表6-1所示。

表6-1 变量的统计性描述

变量	平均值	标准差	最小值	最大值
股票日收益率	0.0002	0.0348	-1.0028	0.0970
指数日收益率	0.0005	0.0178	-0.0915	0.0650
日期编号	-105	66.1067	-219	9
股票编号	98	54.5595	1	189

二、事件研究法模型设定

事件研究法的核心是确定"事件期"，然后运用股票异常收益率来检验股票市场对并购事件的反应。异常收益率的计算模型有很多种。布朗和华纳（Brown and Warner, 1980）研究表明，最简单的市场模型与其他复杂的模型一样好，且市场模型应用最为广泛。因为，即使将模型中加入更多的解释变量，使模型变得较为复杂，异常回报率的方差并不会显著减少，从而可得估计结果对模型的设定并不敏感。因此本章节选择市场模型来计算股票的异常收益率。市场模型假设上市公司i在t期的收益率R_{it}与市场组合在t期的收益率R_{mt}满足如下关系：

$$R_{it} = \alpha + \beta R_{mt} + \varepsilon_{it} \qquad (6-16)$$

其中，$E(\varepsilon_i) = 0 \quad Var(\varepsilon_i) = \sigma_{\varepsilon_i}^2$

因异常收益率为事件期内实际收益率和事件未出现情况下的预期正常收益率之差，可得：

$$AR = R_{it} - \bar{R}_{it} = R_{it} - \bar{\alpha} - \bar{\beta} R_{mt} \qquad (6-17)$$

根据估计窗口的数据，可以估计模型的参数 α，β 的估计值 $\bar{\alpha}$ 和 $\bar{\beta}$。将该参数估计值代入市场模型，可得股票 i 在事件期内未出现事件情况下预期正常收益率。

当分析对象为多只股票时，如本章，则需要计算所有股票的异常收益率。N 只股票在 t 期的平均异常收益率为：

$$AAR = \frac{1}{N} \sum_{i=1}^{N} AR_{it} \qquad (6-18)$$

为了更好地描述事件对股票的影响，需要计算出事件窗口期（τ_1, τ_2）内，每只股票的累积异常收益率：

$$CAR_i(\tau_1, \tau_2) = \sum_{\tau=\tau_1}^{\tau_2} AR_{it} \qquad (6-19)$$

因此，所有股票在事件期内的平均累积超常收益率为：

$$CAAR(t_1, t_2) = \sum_{t=t_1}^{t_2} AAR_i = \frac{1}{N} \sum_{i=1}^{N} CAR_i(t_1, t_2) \qquad (6-20)$$

此外，为了计算并购对并购公司和其竞争对手的影响，本章计算了各方收益的变化：

$$GAINS = \sum_{j=1}^{N_i} WACAR_j MV_j \quad j = 1, \cdots, N_i, i = M, C \qquad (6-21)$$

其中，WACAR 为 t 期内并购导致的竞争对手加权平均收益的变化，权重为每只股票的总市值 MV。

$$WACAR_j = \frac{MV_j AR_j}{\sum_{k=1}^{N_k} MV_k} \quad j = 1, \cdots, N, k = 1, \cdots, N \qquad (6-22)$$

接下来，本章节将使用事件研究法对所整理的股票样本数据进行回归分析，计算并购公司的平均异常收益率和平均累积异常收益率，观察并购对竞争对手股票收益的影响，并据此对我国经营者集中审查情况予以总体评估。

第五节　福利标准选择及影响因素的实证分析

本章以下所有的估计均使用 Stata13 计量软件。其中日收益率选择股票的连续复合收益率，因为股票价格存在明显的波动聚集性，股票价格的时间序列数据可能存在条件异方差，使用对数方法计算收益率时的数据更加平滑，减少估计偏差（见表 6-2）。

表 6-2　　　　　　变量的 LLC 单位根检验结果

变量名	LLC 检验相关系数	P 值
股票日收益率	-1.0007	0.0000
指数日收益率	-0.9963	0.0000

在回归分析之前，为了确保回归结果的有效性，首先选择了 LLC 检验方法对每个样本公司的股票日收益率和沪深 300 指数日收益率进行平稳性检验。具体检验结果如表 6-2 所示。从检验结果可知，样本公司的股票日收益率和沪深 300 指数的日收益率数据都是平稳的，可以用市场模型进行回归分析。

一、集中对竞争对手股票异常收益率的影响分析

本章首先分析市场对所选取的 189 家公司在并购公布日前后的反应，主要观测两个值的变化，平均异常收益率（AAR）和平均累积异

常收益率（CAAR）。通过 t 检验，检验样本公司在事件期内平均异常收益率和平均累积异常收益率是否显著不为 0。如表 6-3 和表 6-4 所示分别给出了事件期内不同 t 期的平均异常收益率和平均累积异常收益率及其显著性检验结果。如图 6-1 所示为样本公司在事件期内平均异常收益率的走势图。

表 6-3　　　　　　　样本的平均异常收益率及 t 检验结果

事件窗	AAR	T 值	事件窗	AAR	T 值
-9	-0.0003	-0.1495	1	-0.0002	-0.0704
-8	-0.0014	-0.6352	2	-0.0020	-1.1160
-7	-0.0025	-0.6480	3	-0.0010	-0.5031
-6	0.0005	0.2623	4	-0.0013	-0.6583
-5	0.0021	0.9538	5	-0.0011	-0.2757
-4	0.0005	0.2541	6	-0.0030	-1.4040
-3	-0.0030	-1.3574	7	-0.0081	-1.9640**
-2	0.0030	1.6737*	8	-0.0027	-1.3300
-1	0.0013	0.6652	9	-0.0029	-1.2841
0	0.0007	0.3462			

注：**、* 分别表示在 5%、10% 的水平上显著。

由表 6-3 和图 6-1 可以看出，并购公布前，股票的平均异常收益率没有明显的趋势，围绕 0 上下波动，但是并购公布前两天出现稍微明显的正向趋势，说明并购事件可能存在信息泄露问题，但是市场对并购事件并不看好。另一个显著的特点是，事件日后，样本企业的平均异常收益率都为负，且样本的 CAAR 出现明显的负向趋势，说明竞争对手获得负的收益率，并购对竞争对手不利，则对消费者有利，因此可以得出结论，我国的并购控制政策注重消费者福利的保护和竞争环境的维护，假设 6-2 得到验证。

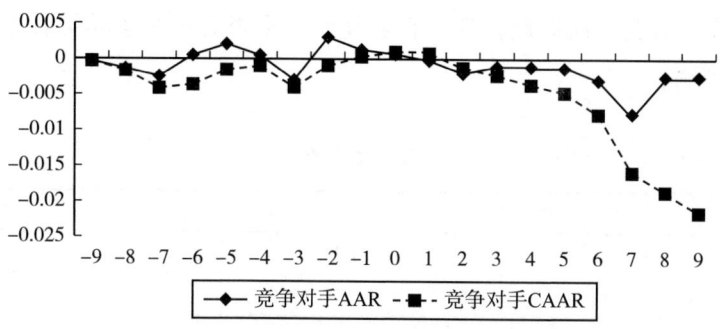

图 6-1 竞争对手 AAR 和 CAAR 走势

但是，从表 6-3 也可以发现，一方面，虽然竞争对手平均异常收益率为负但并不显著，尤其是在并购公布后的前几天，股票异常收益率的反应与预期有差异；另一个方面，并购公布日当天没有对竞争对手的股票产生显著影响，所有股票的平均收益率甚至为正的 0.07%。对于这一结果，从股票市场角度解释，半强式有效市场是指股票价格已经完全反映市场中所有信息，在半强式有效市场中，信息一经公布，证券价格会及时准确地调整到应有的水平。而未完全达到半强式有效状态的股票市场对政策信息的反应是不充分的，会导致市场出现"延迟效应"；而且，半强式有效性对应的是公开信息，但数据收集过程中我们发现，对并购事件的信息公布并不是特别规范透明，并没有一个统一规范的公布渠道，所以市场获取相关信息可能会延迟。

本章进一步对事件窗内不同 t 期的平均累积异常收益率进行统计。如表 6-4 所示，并购事件对竞争对手有比较显著的负效应 -2.16%，在区间 [5，9] 上的负向影响则更为显著，该结果进一步验证了上面的结论。不过，区间 [0，4] 上的 CAAR 值虽然为负，但是并不显著，除了上面分析的股票市场本身的"延迟效应"外，还有没有其他因素影响或限制了竞争对手股价的预期波动。本章接下来进一步计算每只股票的异常收益率 CAR，观察每一个竞争对手股票异常收益的变化，并试图考察公司所有制性质、企业规模等是否会对股票异常收益产生不同影响。

表6-4　　　　　　　　　　平均累积异常收益率

日期	CAAR	T值
(-9, 9)	-0.0216	-1.8718*
(-9, -4)	-0.0010	-0.1634
(-3, 0)	0.0020	0.4917
(-3, 3)	-0.0013	-0.2328
(0, 4)	-0.0040	-0.7441
(5, 9)	-0.0179	-2.4262**

注：**、*分别表示在5%、10%的水平上显著。

本章计算了每只股票在区间 [0, 4] 上的累积异常收益率及其显著性水平，如表6-5所示，着重列出异常收益率有显著变化的企业。结果显示，65个并购案中，35个并购案竞争对手的CAAR为负，约占53.85%，有30个并购案竞争对手的CAAR为正，约占46.15%。说明我国大部分无条件通过的集中案例是有利于竞争的，对消费者有利。另外，有10只股票的CAR显著为负，约占5.2%，还有一部分案例的CAR虽然为正但并不显著，表明这些股票对应的并购案对消费者不利。因此可以得出结论，这些股票对应的并购审查过程中可能并没有完全按照消费者福利的标准，而是选择了社会总福利的标准。

表6-5　　　　　　　　　　部分股票的异常收益率

股票代码	CAR	T值	股票代码	CAR	T值
601233	-0.1879	-2.2107**	000977	-0.0619	-2.0685**
000401	-0.1756	-4.0195***	600060	-0.0566	-2.0617**
002024	-0.1584	-1.7730*	002078	-0.0466	-2.6413**
600803	-0.1396	-1.6751*	600664	-0.0219	-1.9884**

续表

股票代码	CAR	T 值	股票代码	CAR	T 值
600081	-0.1334	-2.1016 **	600601	-0.0210	-2.6894 ***
002185	-0.1236	-3.0102 ***	000625	-0.0182	-5.3622 ***
600037	-0.1230	-1.6791 *	600993	0.0307	2.7859 ***
600717	-0.1177	-3.2007 ***	600104	0.0519	1.8720 *
600585	-0.1098	-2.8232 ***	000729	0.0805	2.5053 **
601633	-0.0995	-2.7916 ***	600776	0.1269	2.4648 **
600801	-0.0976	-2.5835 ***	002594	0.1481	2.0292 **
600081	-0.0841	-3.0544 ***	601231	0.1487	1.6930 *
002360	-0.0803	-1.7611 *	000632	0.1580	1.9551 *
600422	-0.0703	-1.7901 *	002156	0.1917	1.6737 *
002574	-0.0700	-3.5721 ***	601018	0.1955	1.9565 *
002238	-0.0639	-2.1785 **	002156	0.3155	4.7662 ***

注：***、**、*分别表示在1%、5%、10%的水平上显著。

简单分析，CAR显著为正的并购案例主要包括中国药材公司收购贵州同济堂制药有限公司股权案等五起大型国有企业并购案，以及安华高科技吸收合并博通公司案、湛新有限责任公司收购纽佩斯工业有限责任公司股权案等三起大型外国企业并购案。单从公司CAR看，无法得出相关执法机构偏袒国有企业，歧视外商投资企业或者外国企业的结论。一个可能的解释是，在这些并购案中，审查机关以社会总福利为标准，生产者福利的增加高于消费者福利的损失，所以，虽然消费者福利降低，但是并购仍然通过。假设6-1得到验证，无法验证假设6-4。

为了详细分析除了消费者福利外，还有哪些因素可能会对执法机构经营者集中反垄断审查产生影响，本章下一步着重分析产业政策、生产者（竞争对手）收益、企业所有制性质、审查案例类型等因素。

二、影响审查结果的因素分析

假设理想状态下,反垄断审查部门做出的判决都符合消费者福利的标准。将理想状态下政府的反垄断审查结果用虚拟变量 D 表示,则:

$$D = 1 \quad (\text{无条件通过}) \qquad \text{if} \quad CS > 0 \qquad (6-23)$$

$$D = 0 \quad (\text{禁止}) \qquad \text{if} \quad \text{其他} \qquad (6-24)$$

而实际审查结果用 P 表示,其虚拟变量的值与 D 相反,无条件通过则为 1,其他情况为 0。将实际审查结果用 I 类错误和 II 类错误来刻画, I 类错误指本该通过的案件被反垄断执法机构禁止了, II 类错误指本该禁止的案件反而被通过了。则可以表示为:

$$E_1 = 1 \quad \text{i.f.f.} \ P = 0 \ \text{且} \ D = 1 \quad (\text{I 类错误}) \qquad (6-25)$$

$$E_2 = 1 \quad \text{i.f.f.} \ P = 1 \ \text{且} \ D = 0 \quad (\text{II 类错误}) \qquad (6-26)$$

为了研究影响经营者集中反垄断审查结果的因素,对于 II 类错误的情况 D = 0,本章建立如下回归模型:

$$E_2 = \beta_0 + \beta_1 \Pi_c + \beta_2 \text{ownership} + \beta_3 \text{industrial\_p} + \beta_x X + \varepsilon_2 \quad (6-27)$$

其中,E_2 的意义已由式(6-26)界定,Π_c 指并购导致并购公司与其竞争对手收益的变化,即生产者。此外,执法机构在进行经营者集中反垄断审查时,审查程序以及其他一些经济变量也可能会对执法机构的判决结果产生影响,如并购公司所有制性质、案例审查类型以及案件审查时间等,本章也分别进行回归。需要指出的是,因为在国内能够获得的数据仅有无条件通过的相关案件,所以本章主要分析 II 类错误发生的影响因素。

在该部分,关键解释变量有企业所有制性质、产业政策影响和生产者收益变化 3 个。企业所有权性质主要指国有企业和非国有企业。产业政策影响主要按并购企业的产业归属分成产业政策支持的并购,如高科技产业、新能源、新材料等产业领域的并购,和产业政策不支持的并购,如果水泥、钢铁、造纸等高能耗、高污染产业的企业并购等。因为数据可获性，本章选取竞争对手的收益变化代替生产企业收益变化。其他解释变量还有案例审查的类型：简易案件和非简易案件；国别：中国企业和外国企业；时间：2012~2014年和2015~2016年。2008~2014年，商务部先后出台一系列经营者集中审查的法规规章及政策性指导文件，截至2014年《关于经营者集中简易案件适用标准的暂行规定》和《关于经营者集中附加限制性条件的规定》的出台，我国经营者集中反垄断审查体系已经比较完善，故将案例分为以上两个阶段。由于式（6-27）中被解释变量为取值为1或0的离散变量，因此该回归方程属于二值选择模型，本章分别使用Probit模型和Logit模型对式（6-27）进行回归，结果如表6-6所示。

表6-6　　　　　　　　影响审查结果的因素分析

变量	Logit 模型	Probit 模型
产业政策影响	-2.5771* (0.066)	-1.4394* (0.052)
所有制性质	-1.4690 (0.270)	-0.9692 (0.209)
审查类型	0.9779 (0.520)	0.4250 (0.599)
时间跨度	-2.2059 (0.108)	-1.1787* (0.095)
生产者收益变化	0.0355*** (0.002)	0.0207*** (0.001)
国别	-0.7047 (0.631)	-0.4800 (0.572)
常数项	2.7309 (0.317)	1.7793 (0.248)
R^2	0.6661	0.6669

注：***、**、*分别表示在1%、5%、10%的水平上显著。

根据以上回归结果，本章可以得出以下结论：

（1）生产者收益的变化对审查机关的影响非常显著，表明审查机关在进行经营者集中反垄断审查时除了注重消费者福利保护外，生产者福利的变化也是重点考虑对象，这符合社会总福利的标准，进一步验证了假设6-1。

（2）产业政策影响的logit和probit回归系数分别为-2.5771和-1.4394，且都在10%水平上显著，说明我国的产业政策对经营者集中反垄断审查的结果确实存在一定影响，可能会使我国的经营者集中反垄断审查偏离对消费者剩余的考虑，而关注国家产业政策支持的某些行业和领域的收益。假设6-3得到验证。

（3）并购企业的所有制性质和国别的回归结果并不显著。说明总体上企业是否为国有企业对经营者集中反垄断审查结果影响并不明显，个别案例除外，这点与每只股票CAR的分析结果相吻合。所以，从本章的分析结果来看，我国的经营者集中反垄断审查不存在明显的选择性执法的问题，假设6-4未得到验证。

此外，后期审查的案件比前期审查的案件更注重保护消费者福利，这个问题可能是因为我国反垄断法的实施尚处于初级阶段，不管是审查程序还是经验都存在很多不足和不完善之处，但是随着经验的逐渐增加，相关审查机关的判案水平也不断提高。

三、稳健性检验

为了进一步说明实证结果的有效性，本章做了以下稳健性检验：

日收益率的计算方式有两种，涨跌幅和连续复合收益率，使用样本企业和沪深300指数的日涨跌幅代替连续复合收益率，对估计期和事件期内股票正常收益率和异常收益率进行回归，发现并购对竞争对手股票的影响波动相差不大（见表6-7和表6-8）。

表6-7　　　样本的平均异常收益率及t检验结果（涨跌幅）

事件窗	AAR	T值	事件窗	AAR	T值
-9	-0.0678	-0.3336	1	0.1799	0.8236
-8	-0.0689	-0.3642	2	-0.2171	-1.2054
-7	0.1182	0.6278	3	-0.1038	-0.4874
-6	0.0080	0.0403	4	-0.1694	-0.8417
-5	0.2004	0.9076	5	0.2199	1.0916
-4	0.0291	0.1449	6	-0.3109	-1.4506
-3	-0.3099	-1.417	7	-0.4612	-2.3362**
-2	0.2800	1.5463	8	-0.2799	-1.3752
-1	0.1035	0.5237	9	-0.2235	-1.1726
0	0.0528	0.2702	—	—	—

注：** 表示在5%的水平上显著。

另外，改变估计窗口的长度，选择估计窗口 [-40, -160] 得出的平均异常收益率及t检验结果变化也不大。

表6-8　　　样本的平均异常收益率及t检验结果（改变估计期）

事件窗	AAR	T值	事件窗	AAR	T值
-9	-0.0002	-0.0830	1	-0.0001	-0.0494
-8	-0.0011	-0.5284	2	-0.0020	-1.1059
-7	-0.0024	-0.6337	3	-0.0008	-0.4072
-6	0.0005	0.2317	4	-0.0013	-0.6466
-5	0.0021	0.9643	5	-0.0012	-0.2859
-4	0.0007	0.3462	6	-0.0031	-1.4394
-3	-0.0027	-1.2192	7	-0.0082	-1.9754**
-2	0.0030	1.6456*	8	-0.0026	-1.2680
-1	0.0014	0.7218	9	-0.0029	-1.2655
0	0.0006	0.3246	—	—	—

注：**、* 分别表示在5%、10%的水平上显著。

另外，本章还对市场指数参考对象进行了改变，分别选取上证A股指数和深证A股指数收益率数据作为参照对象，发现并购导致的样本公司异常收益率的波动趋势及其显著性变化不大。基于上述的步骤可以说明上文的研究结论有较好的稳健性。

第六节 本章小结

本章以我国经营者集中反垄断执法机构初期无条件通过的案例为研究对象，收集整理了满足条件的65个并购案例共189家竞争对手的股票数据，对我国经营者集中反垄断审查决定进行实证分析。本章的贡献主要体现在以下两个方面，一是基于并购企业竞争对手的股票数据，通过事件研究法，确定我国经营者集中反垄断审查的福利标准；二是根据并购对竞争对手和消费者收益影响的关系，以竞争对手股票异常收益率为切入点，通过并购公布后竞争对手股票异常收益率的变化，判断我国经营者集中反垄断审查对消费者福利和其他利益集团福利的权衡情况，并在此基础上分析可能影响我国经营者集中反垄断审查的因素。

研究发现，我国的经营者集中反垄断审查初期主要采用社会总福利标准，这与我国反垄断法的具体规定相吻合，但同时经营者集中反垄断审查部门也非常注重消费者福利的保护，采用该标准符合我国发展的阶段和国情。明确经营者集中反垄断控制的福利标准，有利于引导企业的并购行为，使企业的经营者集中行为更具有社会合意性。通过进一步的分析，本章还发现，我国的经营者集中反垄断审查会受到产业政策的影响。但是，随着执法经验的不断积累，随着反垄断执法体系的不断完善，我国的经营者集中反垄断审查越来越注重消费者福利和竞争的保护。

因为我国的反垄断法实施时间短，前期可获得公开信息有限，再加上我国股票市场本身发展的限制,导致数据获取存在一些困难,样本容量较小,分析结果可能会有偏差。但是,随着反垄断法的不断发展、反垄断执法经验的逐渐积累以及执法透明度和信息可获度的不断提高,有望能够使用该方法对我国经营者集中反垄断执法情况做更为全面的分析。

  基于前文研究的结论,本章提出以下建议:(1)虽然我国的股票市场仍然不完善不健全,但是股票市场确实能够通过股价波动反映市场和社会对并购案的一些观点和信息。通过合理地分析股票市场的数据,并购控制相关部门应该能获得一些对经营者集中反垄断审查的参考意见。(2)在保护并购公司相关商业秘密的基础上,经营者集中反垄断审查部门应该尽量全面及时地公布相关并购审查分析内容,包括案件审查的法律和事实依据以及相关经济分析,而不是仅仅简单的事后批量公布一个结果。这样既可以避免争议,又能很好地让社会和相关利益方监督,有利于经营者集中控制准确性的提高。(3)竞争政策和产业政策作为政府干预经济的两种重要手段同时存在,不是完全矛盾的,在保持竞争政策基础性地位的同时,应该合理地处理产业政策和竞争政策的关系,使其互相补充互相促进,协同发展。

经营者集中反垄断审查效果事后评估：价格效应

竞争政策的核心目标是保护和促进市场竞争，确保竞争机制在相关市场发挥作用，从而提高生产效率和资源配置效率，增进消费者福利。竞争政策主要涉及两个方面的问题：一是鼓励有效竞争；二是限制不正当竞争。我国反垄断法的立法宗旨为："预防和制止垄断行为，保护市场公平竞争，鼓励创新，提高经济运行效率，维护消费者利益和社会公共利益，促进社会主义市场经济健康发展。"所以，确保市场竞争是我国竞争政策的一个重要执法目标。经营者集中反垄断审查机构在经营者集中反垄断审查中竞争保护的效果如何？通过对已公布的附条件通过案例和禁止案例公告的分析，我们可以对执法机构关于竞争保护的重视程度获得一个基本的"形式判断"。总体来看，竞争分析的重要性不断提高，竞争分析成为审查分析中的关键和主要内容。此外，经济分析的比重不断增大，技术细节的分析不断增加，这说明执法机构关于竞争的分析越来越严谨，越来越专业。

但是，执法机构只是对申报案例中的绝大多数进行了简单、模糊的公告，案件资料极少，很难以"形式判断"的方式对其执法情况进行全面、详细的考据和评估，还需要进行进一步的"效果分析"，即通过考察审查决定前后集中对市场的影响来判断执法机构的审查决定是否有效，是否符合标准。2011年，硬盘市场先后发生了两起重要的并购案件：西部数据收购日立存储案（以下简称"西数/日立并购案"）和希捷科技公司收购三星电子有限公司硬盘驱动器案（以下简称"希捷/三星硬盘并购案"）。这两起案件引起美国、欧盟和中国反垄断执法机构的极大关注。在我国反垄断执法机构的审查决定公告里，先后有四个公告，两个处罚决定书是关于这两起案件，足以说明该案的重要性。本章选取这两起案例，采用比较评价法中常用的双重差分法，通过并购前后硬盘价格的波动对商务部的审查结果进行深入的效果分析。

第一节 硬盘厂商并购案的背景

机械硬盘（以下简称"硬盘"）是以磁存储技术为基础的存储设备，通过磁头在高速旋转的盘片上读写数据，通常作为计算机和其他消费电子产品中最重要的辅助存储介质使用。自1956年国际商用机器公司发明硬盘以来，硬盘行业在过去60余年里经历各种并购重组，在20世纪80年代中期，有85家硬盘供应商，而到2000年，只剩下12家[1]。在接下来的十几年里，硬盘行业经历新一轮的并购浪潮，著名的包括：2000年底，昆腾公司的硬盘业务被迈拓公司收购；2002年4月，日立收购IBM硬盘业务；2005年底，迈拓又被希捷收购；2009年，东芝收购富士通硬盘业务。至此，硬盘市场只剩下5家硬盘企业。

2011年硬盘行业迎来两大重要并购，也即本章研究的对象：2011年3月，西部数据对外宣布支付总值约43亿美元的股票和现金收购日立存储；半个月之内，2011年4月19日，希捷宣布收购三星旗下的硬盘业务，其中包括企业级固态硬盘业务。至此，硬盘市场仅剩3家，集中度非常高。硬盘行业发展及其并购详细情况如图7-1所示。

---

[1] Deutsche Bank, *The HDD Industry – A changing landscape*, 11 May 2010, at p. 5.

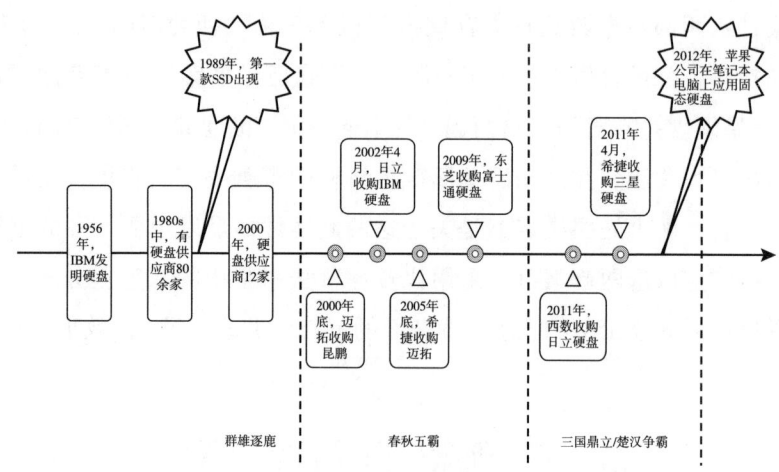

图7-1 硬盘行业并购史

资料来源：作者绘制。

两个并购案的并购及并购审查程序如下：

西部数据并购日立存储案：2011年3月7日，西部数据对外宣布并购日立存储；2011年4月开始，先后向各个国家反垄断执法机构提出并购申请，并获得欧盟、中国和美国反垄断机构附条件通过；2012年3月9日，西部数据宣布完成收购。

希捷并购三星硬盘业务案：2011年4月19日，希捷宣布并购三星硬盘业务；2011年4月开始，先后向各个国家反垄断执法机构提出并购申请，并获得欧盟和美国反垄断机构无条件通过，获得中国反垄断执法机构附条件通过；2011年12月19日，希捷宣布完成对三星电子公司硬盘业务的收购。各国反垄断机构具体的审查情况如图7-2所示。

商务部于2011年4月和5月①先后收到西部数据收购日立存储的经营者集中申报和希捷收购三星硬盘业务的经营者集中申报，并分别于

---

① 2011年11月1日，西部数据以案件事实产生重大变更为由申请撤回申报，商务部审查后予以同意，审查程序终止。2011年11月7日，商务部对西部数据重新申报的经营者集中予以立案审查。

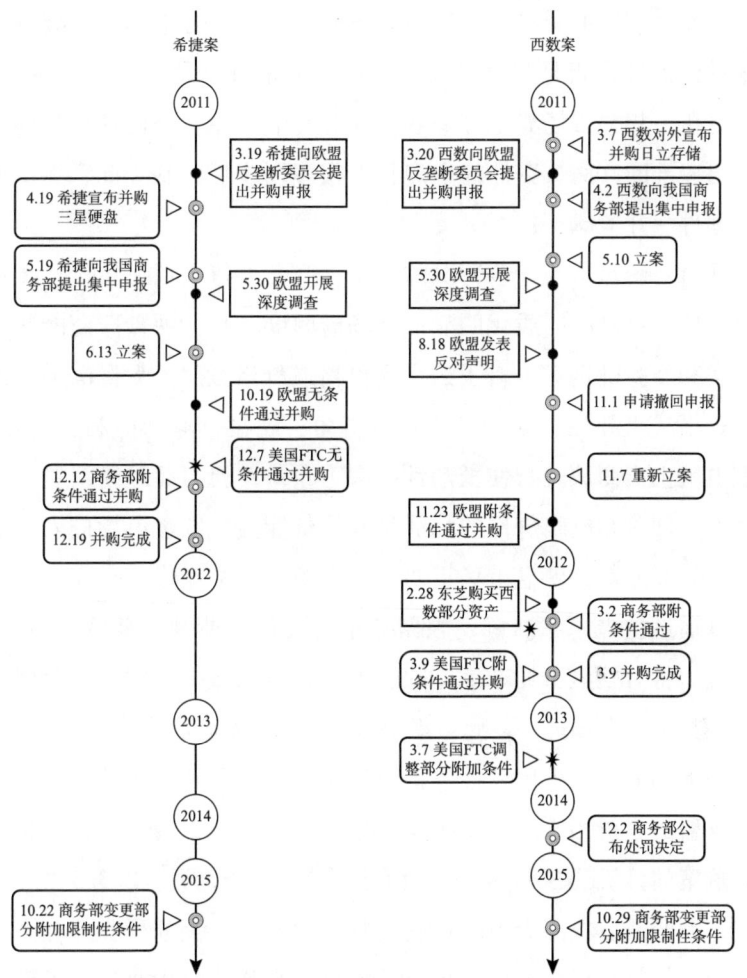

图 7-2 各国并购审查时间

资料来源：作者绘制。

2011 年 12 月和 2012 年 3 月公布附条件通过两个并购案的决定公告。两个案件并购时间和申报时间非常靠近，且并购案件发生在同一相关市场，交易双方都是该行业重要的生产企业，不管是美国联邦贸易委员会还是欧盟的审查都将两个案件一起分析。FTC 的分析尤为明显，欧盟在坚持"先到先服务"（first come, first serve）的原则下，也顾及了两个案件前后的影响。从我国商务部的审查公告中无法直接看出两个案件的审理是否是一并考虑的,但是从审查结果中关于审查程序、竞争分析、相关市场界定等来看,其对两个案件的分析具有高度一致性,可以推断,两个案件的审理具有很多同步性,基于此,本章也将两个案件一并考虑。

通过对硬盘市场竞争情况的分析,商务部得出以下结论:硬盘市场集中度高;产品同质化明显;市场透明度较高,硬盘厂商能凭借相关事实和经验确定竞争对手的产品价格或价格区间;大型电脑生产商的采购模式需要保持对硬盘市场的竞争;硬盘行业产能利用率较高;大型电脑生产商缺乏行使抵消性购买力量的意愿,而最终消费者高度分散,对硬盘和电脑价格的上涨没有议价能力;硬盘市场进入难度很大;交易双方都是硬盘市场重要的生产商,集中也将进一步增加市场竞争者通过协调从事排除、限制竞争行为的可能性。最后得出结论:此项集中将对硬盘市场产生排除、限制竞争的效果。中国是全球最大的个人电脑消费国之一,此项集中将对中国消费者利益造成不利影响。

商务部上述分析比较抽象,缺乏具体的论证和相关的证据,尤其是与欧盟的分析相比,相关具体分析缺乏。欧盟关于西部数据/日立存储并购案的分析公告有243页,商务部公告分析5页。以3.5英寸硬盘为例,欧盟最后救济措施决定剥离日立存储3.5英寸硬盘业务,所以在前面的竞争分析中详细分析了并购对3.5英寸硬盘业务市场竞争的影响,以及为什么其他市场如2.5英寸硬盘业务、外置硬盘业务不需要剥离的证据。

经过多轮商谈,并考虑欧盟等的审查决定,商务部提出了一系列救济措施,并附条件通过两个合并案。与商务部的审查决定不同,FTC和欧盟均无条件通过希捷/三星硬盘并购案。在西部数据/日立存储并购案中,FTC和欧盟的主要救济措施都为剥离部分3.5英寸硬盘资产。两个执法机构给出的解释是:经过调查分析,两个并购案对竞争的影响完全不同,与三星硬盘相比,日立存储作为全球第三大硬盘生产企业是其他两家的强劲竞争对手，尤其是在3.5英寸台式电脑应用硬盘业务市场，在定价等方面具有一定的牵制作用。西部数据并购日立存储后，3.5英寸硬盘市场的供应商将由三家变为成两家，不利于竞争，也不利于维持当前的采购模式。关于该救济措施，商务部的决定与FTC和欧盟一致。除此之外，商务部还附加了继续保持目标企业独立竞争者地位的救济措施。

关于上述保持目标企业独立竞争地位的相关措施，商务部规定在决定实施一定时间后（12个月/24个月），交易方可向商务部提出解除部分义务的申请，商务部将依申请并根据市场竞争状况做出是否解除的决定。基于此，希捷和西部数据先后提出解除2012年相关公告第（一）（二）项义务的申请，商务部重新对相关市场竞争状况进行了分析，得出以下结论：

西部数据收购日立存储案：

第一，市场竞争状况分析显示可以考虑解除部分限制性条件：在便携式应用和企业级应用领域，固态硬盘对传统硬盘的竞争约束明显增强；传统硬盘市场过剩产能提高，降低了竞争者单独或共同限制竞争的可能性；市场竞争状况的变化，降低了继续维持全部限制性条件的必要性。第二，解除全部限制性条件仍可能对市场产生限制竞争影响：传统硬盘市场竞争格局变化不大，西部数据和日立存储均是市场上的主要竞争者，实力较强；完全解除条件可能降低原始设备制造商在招投标和竞争比价中的议价能力，提高采购成本，并可能最终传导给消费者；固态硬盘的竞争约束，目前还不足以消除完全集中可能产生的限制竞争影响。综上所述，解除生产、研发等方面的保持独立义务，继续保持品牌和销售独立，并在市场上继续保持两个独立的销售团队和两个独立品牌间的竞争。

希捷收购三星硬盘案：

第一，市场竞争状况分析显示可以考虑解除部分限制性条件：在便携式应用领域，固态硬盘对传统硬盘的竞争约束明显增强；传统硬盘市场过剩产能提高，降低了竞争者单独或共同限制竞争的可能性；希捷和三星硬盘重叠有限，三星硬盘市场实力较弱。第二，解除全部限制性条件仍可能对市场产生限制竞争影响：传统硬盘市场竞争格局变化不大；希捷仍是市场上的重要竞争者，在各个细分市场均拥有较强实力；整合三星硬盘后希捷在便携式应用领域的市场实力将进一步增强。

综上所述，商务部 2015 年先后发布第 41 号①和第 43 号②公告，变更部分附加限制性条件，同时，要求希捷继续履行 2011 年第 90 号公告③规定的其他尚未履行完毕的义务。新公告中未解除的义务在公告发布之日起 2 年终止，如果它们能够提供充分证据证明市场状况发生显著变化，也可在 2 年期限届满前向商务部提出解除有关义务的申请。至此，商务部对硬盘市场两个重要并购案的反垄断审查告一段落。

第二节　相关市场界定以及竞争分析

一、相关市场界定

（一）相关产品市场

中国、美国和欧盟各反垄断执法机构都将该案的相关产品市场界定为硬盘市场。但是按照终端应用不同，还需要对相关市场进行细分，包括台式电脑应用、消费电子产品应用、便携式电脑应用和企业级应

---

① 商务部公告 2015 年第 41 号关于变更西部数据收购日立存储经营者集中限制性条件的公告。
② 商务部公告 2015 年第 43 号关于变更希捷科技公司收购三星电子有限公司硬盘驱动器业务经营者集中限制性条件的公告。
③ 商务部公告 2011 年第 90 号关于附条件批准希捷科技公司收购三星电子有限公司硬盘驱动器业务反垄断审查决定的公告。

用等。但是为了分析反垄断执法机构救济措施的合理性，根据供给和需求替代将相关市场再细分为：3.5″台式机硬盘；3.5″消费电子产品硬盘；关键任务企业硬盘；3.5″关键业务企业硬盘；2.5″消费电子产品硬盘；2.5″便携式电脑硬盘。

（二）相关地域市场

硬盘的生产流程一般包括元件生产；元件组装；产品测试三步。硬盘生产可以进行标准化生产，价格受运输成本的影响不明显，且无显著贸易壁垒。单位产品价格在全球无显著差异。因此，两起并购的相关地域市场均为全球市场。

二、市场竞争分析

在以上相关市场，市场的竞争情况主要包括以下特点：

市场集中度较高。在希捷/三星硬盘并购案和西数/日立并购案之前，硬盘市场主要有5家生产企业：希捷、西部数据、日立存储、东芝和三星，2010年5家企业在全球的市场份额分别为33%、29%、18%、10%和10%。按照2010年市场份额排名，前三位的硬盘生产企业——希捷、西部数据、日立存储——也是硬盘制造主要原件磁头和磁介质的上游供应商，而东芝和三星也致力于下游PC和消费电子设备的制造。希捷和西部数据完全致力于存储设备业务，而日立存储、东芝以及三星则是一个综合企业的一部分。按照终端应用不同，西部数据、希捷和日立存储产品几乎覆盖所有产品组合（企业级应用、台式电脑应用、便携式电脑应用和消费电子产品应用）；三星企业级应用产品的份额微不足道；东芝没有台式电脑应用产品，不生产3.5英寸消费级硬盘，其企业级应用产品的生产从2011年刚刚起步[①]。各企业在

---

① 商务部审查公告2012年第9号。

不同应用市场的份额如表 7-1 所示。

表 7-1　　　　2010 年各硬盘供应商世界市场所占份额　　　　单位:%

硬盘供应商	所有硬盘	关键任务企业	关键业务企业 3.5″	台式电脑 3.5″	便携式电脑 2.5″	消费电子产品应用 3.5″	消费电子产品应用 2.5″
希捷	30~40	60~70	30~40	30~40	10~20	40~50	5~10
西部数据	20~30	0~5	30~40	30~40	20~30	40~50	0~5
日立存储	10~20	20~30	20~30	10~20	20~30	10~20	30~40
东芝	10~20	5~10	—	—	10~20	—	50~60
三星	5~10	—	0~5	10~20	10~20	0~5	0~5
收入占比	90~100	10~20	5~10	20~30	30~40	5~10	5~10

注:表中市场份额主要依据销售收入划分;欧盟两个审查决定里面的数值略有差异。
资料来源:Case No COMP/M. 6203 - Western Digital Irland/Viviti Technologies; Case No COMP/M. 6214; Oanda. com; IDC.

硬盘元件的上游供应企业近年也经历了巨大整合。目前,香港新科实业有限公司〔SAE Magnetics (H. K.) LTD. ,SAE,日本 TDK 集团属下全资独立运作子公司〕是唯一一家专业读写磁头供应商,东芝和三星的磁头主要来源于 TDK。其他硬盘生产企业在读写磁头方面基本自给自足,只有在供求高峰期或者为了更新技术,才会从 TDK 采购一定数量的磁头。同样,磁介质的上游供应商也非常有限,希捷等也是自己生产大部分的磁介质。

采购模式特殊。硬盘产品的下游客户有原始设备制造商(OEMs)、原始设计制造商(ODMs)、分销商和零售商。大型电脑生产商是其主要客户,其采购模式一般是采用不公开竞标方式,按季度与至少三家硬盘生产企业进行谈判。为了保证产品供应的安全性和连续性,大型电脑生产商最终会根据价格等因素将总需求在 2~4 家硬盘生产商之间按一定比例进行分配。在单次竞标中,最具竞争力的要约一般会获得较大订单份额,通常 60%~70%,次之获得较小订单份额,再次的会更少。这种采购模式有利于促进生产企业之间为了获得更大订单份额而竞争，因此维持这种采购模式对保持硬盘市场的竞争是非常重要的。该采购模式也是影响欧盟、中国等反垄断机构做出相应救济措施的一个原因。

另外，硬盘市场还存在以下特点：产能利用率高、市场进入壁垒高、买方议价能力或者意愿低。根据欧盟和中国反垄断执法机构的调查，硬盘行业的产能利用率到2010年上半年达到70%～80%，而在第三和第四季度的需求高峰时，产能利用率则可达到80%～90%。由此可推断，并购导致的价格上升不会带来产能的明显扩大。根据上述采购模式的分析可以发现，买方不具有明显的买方势力，而并购将导致下游客户的议价能力进一步降低。此外，大型电脑生产商缺乏行使抵消性购买力量的激励，因为他们可以通过转嫁的方式，将硬盘价格的上涨转嫁给最终消费者。而最终消费者因为高度分散，对价格的上涨缺乏议价能力。硬盘行业具有较高进入壁垒。进入壁垒主要包括技术壁垒、资金壁垒、规模经济性等。进入壁垒高的一个重要的说明是，2009～2010年硬盘市场没有新竞争者进入。

创新和技术进步对硬盘行业的发展产生巨大影响。硬盘行业的技术进步主要体现在磁录密度和总容量的增加，以及读写速度的提高。硬盘存储容量主要由碟片的数量以及磁录密度决定，2010年以来，硬盘容量在垂直记录技术（PMR）下增长越来越受到限制，技术要求越来越复杂。固态硬盘的发展对机械硬盘市场形成巨大冲击，PC市场增长速度也逐渐放缓。平板电脑的兴起和发展对硬盘产业形成很大挑战，因为平板电脑一般使用闪存进行数据储存而不是硬盘，也就是说一旦平板电脑开始在市场上盛行，硬盘厂商将丢失相应市场份额。另外，云计算等技术的发展对硬盘的发展也带来不利影响。

基于以上分析，随着传统硬盘技术进步的"瓶颈"现状以及固态硬盘、云存储等的快速发展，固态硬盘企业在存储市场的份额不断扩大，可以对传统硬盘生产企业形成竞争约束，降低并购企业的市场份额，并购也有利于通过并购企业的合作提高其研发和创新，因此我国反垄断执法机构附条件通过该案件是符合标准的。但是，在集中度已经很高的硬盘市场，竞争对手的消失使并购后企业市场势力增加而很容易产生单边效应或可能的协调效应，影响市场的有效竞争和创新，尤其是3.5″硬盘市场，不利于维持现有采购模式。固态硬盘在并购前后还无法对并购企业形成强有力的竞争约束。因此并购后独立竞争者状态的维持有利于降低并购对相关市场有效竞争的损害，防止并购导致的产品价格的上升，有利于维护消费者的利益。中国、美国和欧盟都采取了将西数/日立存储合并后部分3.5″硬盘资产剥离给东芝的救济措施。东芝作为并购后除西数和希捷外硬盘市场唯一的竞争者，在3.5″硬盘相邻市场（2.5″硬盘市场）具有一定的专有技术、工艺流程和运行经验。这样可以保证所剥离资产继续进行有效的研发、创新和生产，有利于并购后相关市场有效竞争的快速恢复。而随着并购后固态硬盘的发展和市场份额的不断扩大，取消部分附加限制性条件也体现了我国并购控制政策的灵活性和与时俱进，是合理的。

2.5″硬盘市场的市场进入、买方势力以及采购模式等与3.5″硬盘市场具有很多共性，两个并购会导致硬盘行业竞争对手的消失，竞争的减少，最终对产品定价、市场竞争和采购模式的维持产生不利影响。不同的是，2.5″硬盘市场还存在东芝这一重要竞争对手，会对希捷和西数形成竞争约束。三家供应商并存的局面基本还能满足客户对多源采购的需求，不会对有效竞争形成明显的危害。因此，两个案件的附加限制性条件存在差异，欧盟对两个案件的处罚结果甚至都存在明显差异。

为了进一步评估执法机构审查决定的有效性，我们接下来将通过双重差分法分析我国执法机构附条件批准这两个案件对硬盘价格的影响，以确定审查决定是否合理，救济措施是否有效。

第三节 模型设定、数据选取与变量说明

一、双重差分法模型设定

实证分析的主要目的是看两个硬盘厂商并购案及商务部的经营者集中控制政策（救济措施）对硬盘价格的影响。根据前文分析，商务部并购控制政策的目的就是维持硬盘市场上的竞争，维持硬盘市场的采购模式，防止硬盘市场出现双寡头垄断的局面，防止并购后价格上涨损害消费者福利。为了测度并购对硬盘价格的影响，本章选择进行政策效果评估的常用方法——双重差分法。关于双重差分法，第三章已做过详细介绍，通过选择合适的对照组，可以将并购事件外的影响因素排除。本章主要测度并购前后硬盘价格的变化，采用以下回归方程：

$$p_{it} = \beta \times treat_i + \gamma \times post_t + \delta \times treat_i \times post_t + \omega \times X_i + \varepsilon_{it} \quad (7-1)$$

其中，被解释变量 p_{it} 是硬盘 i 在时间 t 的日交易价格；treat 是虚拟变量，对于并购企业的硬盘价格 treat = 1，post 也是虚拟变量，事件（并购以及解除附条件公告）后的相关数据 post = 1，并购前的相关数据 post = 0，即如下所示：

$$i = \begin{cases} 1, & 若 i \in 实验组 \\ 0, & 其他 \end{cases}$$

$$t = \begin{cases} 1, & 若 t \in 事件后 \\ 0, & 其他 \end{cases}$$

X_i 是影响硬盘价格的所有控制变量，主要有转速、接口类型、尺寸等，ε 为误差项。相互作用系数 δ 是关键参数和主要研究对象，代表并购行为对价格形成的冲击。

本章选择两个政策影响，也就是两个事件，一个是商务部附条件通过两个并购案对硬盘价格的影响（事件1），考虑并购及商务部的救济措施的效果；另一个是商务部解除部分附加限制性条件对硬盘价格的影响（事件2），考虑解除部分附加限制性条件是否合理，对硬盘价格影响是否明显。两个分析分开进行，使用相同的计量模型，如式（7-1）所示。

二、对照组选择与处理期确定

对照组的选择非常重要，通过选择合适的对照组可以很好地体现没有并购以及并购救济政策情况下市场的情况。理论上讲，对照组应该不受并购事件的影响，又与实验组具有相似特征。在并购控制政策效果的研究中，国外常用的对照组选择方法有三种：选择不同的地域市场作为对照组，如阿古佐尼等（Aguzzoni et al., 2013）、胡希艾尔拉斯（Hüschelrath et al., 2013）；选择不同的产品市场作为对照组，如阿申费尔特等（Ashenfelter et al., 2013a）；选择竞争对手作为对照组，如阿申费尔特和霍斯肯（Ashenfelter and Hosken, 2010）。

在并购控制政策的研究中，选择竞争对手作为对照组的研究最常见。但是，在事件1中，全球硬盘市场总共5家企业，其中四家企业两两合并（按照市场份额，行业第一收购行业第五，行业第二收购行业第三）（见图7-1），仅剩下行业排名第四的东芝，但是根据中国以及欧盟和美国FTC的救济措施，最后，西部数据向东芝剥离了日立存储主要3.5英寸硬盘业务。所以，5家企业全部受到了并购案件以及反垄断执法机构救济措施的影响，选择竞争对手作为对照组的方法无法实现。基于电脑组装市场的情况，本章最后选择不同的产品市场——内存条市场作为对照组。CPU、硬盘和内存作为电脑的三大件，不管是在价格还是对电脑运行的作用上都是非常重要的，通常被称为电脑"三大件"。CPU市场高度集中，主要有Intel和AMD两家生产企业，而内存条市场与并购前的硬盘市场非常类似，寡头现象越来越明显，以金士顿为首的前五大厂商占据大部分市场份额，但是与硬盘市场不同的是，近几年并未发生大的并购。因为是不同的产品市场，内存条市场也不会受到硬盘市场并购案的明显影响。同时，本章所使用的内存条数据均由中关村在线同一栏目统一集中采集完成并公布，资料来源统一从而降低了其他因素的影响。

如果并购和并购控制政策实施时间相隔比较远，可以作为两个事件分别测度其效果，如乔宁和林内梅尔（Choné and Linnermer, 2012）、比约恩斯施泰特和韦伯旺（Björnerstedt and Verboven, 2016）以及阿古佐尼等（Aguzzoni et al., 2016），但是本章两个案件从商务部公布并购公告到最后完成并购只相差几天时间，所以本章作为一个事件，即并购完成。为了全面考察并购及执法机构并购控制政策的效果，本章将事件的效果分成短期效果（事件后3个月）和长期效果（事件后1年半），因为根据福卡雷利和帕内塔（Focarelli and Panetta, 2003）的研究，并购的反竞争效应（表现在价格上涨）通常会很快显现，但是并购对效率的影响通常需要一段时间才能表现出来。

三、变量选取与数据处理

本章主要数据为每日硬盘价格数据，主要来自专业IT网站——中关村在线。它是一家资讯覆盖全国并定位于销售促进型的IT互动门户，从2005年7月开始，中关村在线开辟专门板块每天报道内存条、CPU和硬盘的价格，并从2012年11月20日开始每日更新固态硬盘价格。虽然硬盘的价格主要由大型电脑生产商决定，但是因为受采购模式等的限制，无法获得相关交易价格和交易量信息。硬盘零售市场虽然占据很小份额，但可以充分反映硬盘的价格。本章选取2010年6月~2013年9月以及2015年5月~2016年3月两段时间中每个硬盘品牌的日价格数据。

如果能测度并购对各硬盘企业产量的影响是非常有意义的，但是因为相关数据不可获得，本章未对这一部分进行计量分析。不过，根据西部数据和希捷的产量数据以及各统计公司的数据，截至2015年底，并购后三家企业硬盘的出货量如图7-3所示。由图可知，并购后两年内硬盘产量不降反升，甚至在2012年上半年有明显的上涨。2011年第四季硬盘产量巨大波动主要因为泰国洪水灾害对两大主要硬盘生产企业，尤其是西部数据产量造成短期严重影响。而按照字节数进行的硬盘出货量统计，各企业的硬盘出货量不断增加。与机械硬盘不同，固态硬盘的出货量自2010年开始逐年上涨，至2018年，其出货量已接近机械硬盘的一半。从消费级固态硬盘和机械硬盘的季度数据可以看出，该变化趋势更明显，到2018年两种硬盘的差距已经很小。

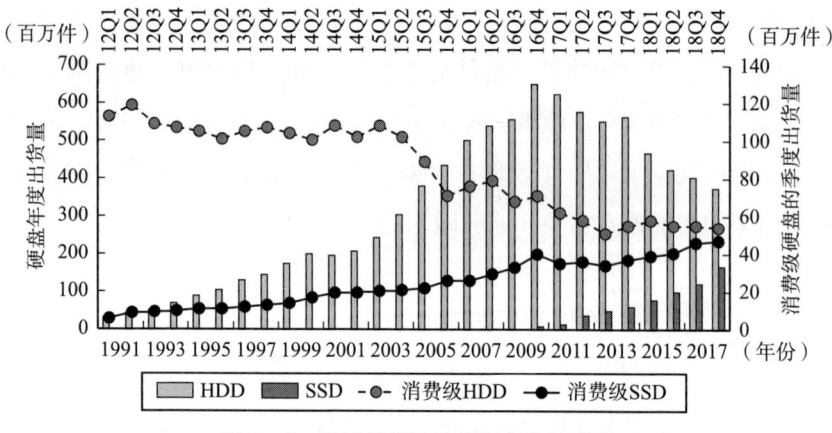

图7-3 机械硬盘和固态硬盘的出货量

注：12Q1指2012年第一季度，以此类推。
资料来源：根据IDC；Statista；TrendFocus；IDEMA；Wels Fargo Securities；LLC等的数据整理。

我们依据影响硬盘价格的关键变量——内存容量对数据进行整理，这也是硬盘价格常用的一种衡量标准，硬盘的价格以元/GB为单位。除容量外，影响硬盘价格的还有其他一些关键产品特性，比如硬盘的转数，接口型号等都会直接影响硬盘传输的速度，并进而影响硬盘的价格。另外，硬盘的尺寸不同，适用对象不同，3.5英寸硬盘广泛用于各类台式计算机，2.5英寸硬盘广泛用于便携式电脑、一体机以及便携式硬盘播放器等,因此价格也会存在差异。所以,本章还整理了硬盘的转数、接口、尺寸等,以及与此相对应的内存条的主频、内存类型、针脚数等数据,并构建虚拟变量。考察期内可忽略技术进步导致的价值无形磨损。变量描述如表7-2所示。

表7-2   变量描述

变量名称	变量含义	实验组样本		对照组样本	
		均值	标准差	均值	标准差
P_1	产品价格(事件1:西数案)	0.6354	0.2606	0.9461	0.5537
$Size_1$	碟片尺寸/针脚数	0.7254	0.5081	0.7692	0.4384
$Speed_1$	转数/主频	0.6193	0.1058	0.5032	0.1374
$T-type_1$	接口类型/内存类型	0.3772	0.2541	0.3346	0.1672
P_2	产品价格(事件1:希捷案)	0.6721	0.3259	0.9273	0.5692
$Size_2$	碟片尺寸/针脚数	0.7275	0.4454	0.7705	0.4157
$Speed_2$	转数/主频	0.6770	0.0767	0.3147	0.1574
$T-type_2$	接口类型/内存类型	0.3951	0.1637	0.3714	0.2157
P_3	产品价格(事件2)	0.3514	0.0890	0.6404	0.1598
$Size_3$	碟片尺寸/针脚数	0.7952	0.4398	0.7747	0.5101
$Speed_3$	转数/主频	0.6839	0.2361	0.7538	0.5163
$T-type_3$	接口类型/内存类型	0.8759	0.4255	0.8874	0.5122

第四节　审查决定对硬盘价格的影响

一、附条件通过并购对硬盘价格的影响

该部分分别测算了附条件通过两个并购案对并购双方价格的影响,每个并购案又按上述标准分为了两个阶段:短期影响(3个月)和长期影响(18个月)。此外,对两个硬盘并购案的回归结果,本章使用

Newey – West 估计法测算了标准误,允许自相关存在 7 阶滞后期。

Treat×post 为主要解释变量,其相互作用系数为 δ,如表 7-3 所示结果显示该系数在两个并购案件中的长期和短期结果各不相同。对结果分别进行分析,西部数据并购日立存储后,价格短期内出现上涨,可能是由并购的延迟效应和该案本来的反竞争效应导致的。但是经过商务部对该案并购采取的救济措施,长期来看,价格没有明显增加,而是下降,但是下降不明显,说明商务部采取的救济措施是有效的,并购后并未出现明显反竞争效应。

希捷并购三星硬盘案的情况是,附条件通过后,短期内相关企业的硬盘价格即出现下跌,而长期看,硬盘价格下降明显。在美国和欧盟无条件通过该案的情况下,我国商务部根据我国的情况,对该案仍然采取了一系列救济措施,说明商务部的措施不仅在限制潜在反竞争效应发挥了作用,甚至促进了硬盘业的竞争。所以,总体来说,商务部附条件通过该案是符合标准的,所采取的救济措施是合适的。

另外,虚拟变量 treat 的正系数 β 说明在所考察的时间段内硬盘的价格平均来看低于内存条的价格。虚拟变量 post 的系数 γ 说明并购前后西部数据和日立存储硬盘价格虽然下降,但是变化不大,不过该系数在希捷案中比较明显,说明并购前后相关产品价格出现明显波动。不管是西部数据还是希捷硬盘价格前后波动受硬盘尺寸大小的影响比较明显,即硬盘是 3.5 英寸台式机硬盘还是 2.5 英寸便携式电脑硬盘。其中一个重要的原因是,商务部等反垄断机构剥离日立 3.5 英寸硬盘业务的救济措施对硬盘价格影响比较明显,尤其对该案并购双方的影响更明显。转速等变量对硬盘价格影响不大。

表 7-3　　　　　　　　附条件通过并购对硬盘价格的影响

	短期$_1$	长期$_1$	短期$_2$	长期$_2$
Treat	2.2643 *** (0.5579)	2.903 *** (0.5816)	2.3877 *** (0.5761)	1.9865 *** (0.5831)

续表

	短期$_1$	长期$_1$	短期$_2$	长期$_2$
Post$_1$	1.3273 (1.3125)	-0.4637 (2.7385)	—	—
Treat × post$_1$	0.2784** (0.1032)	-0.0311 (0.0172)	—	—
Post$_2$	—	—	1.0172 (1.4274)	0.5528*** (0.2135)
Treat × post$_2$	—	—	-0.0225* (0.0151)	-0.2252*** (0.5219)
Speed	-0.0374 (0.0152)	-0.0362* (0.0182)	0.0419 (0.0151)	0.0334 (0.0192)
T – type	0.0056 (0.0063)	0.0071 (0.0033)	0.006 (0.0043)	0.0059 (0.0047)
Size	-0.1746** (0.1740)	-0.2756** (0.1163)	0.1721* (0.0974)	0.1723* (0.0904)
N Prob > F	786 0.0000	786 0.0000	786 0.0000	786 0.0000

注：括号中的值为 Newey – West 标准误，***、**、* 分别表示在1%、5%、10%的水平上显著。

二、部分附加限制性条件的变更对硬盘市场的影响

接下来分析商务部 2015 年分别取消两个案件的关键救济措施对硬盘市场的影响，验证商务部取消部分附加限制性条件是否合理。因为数据的可获得性，该部分只测度了该事件前后六个月内硬盘价格的变化。事件 1 中两个并购案前后相差 3 个月，所以将两个事件日分别进行测度，但是在该事件中商务部公布公告的时间前后只相差 3 天，因此事件日选择同一天，结果如表 7 – 4 所示。

根据结果可知，取消部分附加限制条件前后，硬盘价格并未发生显著变化。这可能是因为限制性条件在两年的时间里已经很好地发挥

了抑制垄断促进竞争的目的，但是如商务部分析，随着硬盘市场的发展，尤其是固态硬盘的发展对竞争的影响，该政策的效用已经不明显，所以附加限制性条件的取消是合理的。

表 7-4　取消部分附加限制性条件对硬盘价格的影响

	希捷案	西数案
Treat	0.2335 *** (0.067)	0.2653 ** (0.0635)
Post	-1.4674 (1.6935)	-1.352 (1.1627)
Treat × post$_3$	-0.5874 (2.4315)	1.3934 (1.3745)
Speed	0.1508 * (0.085)	0.1616 * (0.0904)
Size	0.005 (0.0147)	0.0038 (0.0055)
T-type	0.0028 (0.0028)	0.0072 (0.0059)
N Prob > F	204 0.000	204 0.000

注：括号中的值为 Newey-West 标准误，*** 、** 、* 分别表示在 1%、5%、10% 的水平上显著。

三、稳健性检验

研究发现案件的影响需要一定时间才能显现，且并购的影响随着时间推移会逐渐降低（Focarelli and Panetta, 2003；Groff et al., 2007；Harrison, 2012），因此，该部分着重对事件 1 的长期效应进行稳健性检验。本章所用价格数据为日度高频数据，误差项存在自相关问题，本章通过以下解决办法：通过 Newey-West 估计法测度标准差，允许异方差性的存在，允许误差项自相关存在滞后期，并通过改变滞后期进行稳健性检验；降低数据的频率，将日度数据变为周度数据。为了进行稳健性检验，我们还对所有的价格取对数，这样对系数的解释将更直接。此外，前面的计量分析中长期效果分析中没有去掉事件发生前后短期效果的影响，刨除并购事件前后3个月的数据，进一步对并购事件1的长期影响进行稳健性检验。在进行长期影响的测度时将短期影响刨除掉，这也是进行事后分析时通用的做法，这样可以从长期效果评估中去掉并购的延迟效应和反竞争效应。以事件1对西部数据和日立存储硬盘价格的影响为例，结果如表7-5所示。不同稳健性检验的结果证明，事件1前后，不同影响因素对西部数据和日立存储产品价格的影响差异不大，未出现价格的上涨。稳健性检验的结果与前文基本一致。

表7-5　长期效应的稳健性检验结果（事件1：西数/日立）

	Newey-West（1阶滞后）	去掉短期窗	周价格	价格取对数
Treat	2.9008 *** (0.3492)	2.2362 *** (0.2574)	1.906 *** (0.5312)	0.0775 *** (0.0117)
$Post_1$	-0.5902 (1.8631)	-0.461 (1.5751)	-0.5111 (1.7021)	-0.0264 (0.2731)
Treat × $post_1$	-0.03128 (0.0951)	-0.0211 (0.0912)	-0.0235 (0.0891)	-0.016 * (0.0159)
Speed	-0.0296 * (0.0141)	-0.0198 (0.0121)	-0.029 (0.0228)	0.0001 (0.0334)
T-type	0.0069 (0.0041)	0.0068 (0.0038)	0.0053 (0.0039)	0.0242 (4.07-0.5e)
Size	-0.2125 ** (0.3615)	-0.2143 ** (0.3911)	-0.2687 ** (0.3276)	0.0036 (0.0017)
N Prob > F	786 0.0000	542 0.0000	158 0.0000	786 0.0000

注：括号中的值为Newey-West标准误，***、**、*分别表示在1%、5%、10%的水平上显著。

根据商务部的分析，取消部分附加限制性条件的重要原因是硬盘市场竞争情况发生变化，其中一个重要原因是固态硬盘的兴起和飞速发展，与机械硬盘形成明显的竞争并抢占其部分市场。在欧盟的并购审查书中以及商务部2015年解除部分附加限制性条件公告分析中，都着重分析了固态硬盘对机械硬盘的影响，这是影响硬盘市场竞争情况的一个重要因素。2011年西部数据并购日立存储以及希捷并购三星硬盘时，虽然固态硬盘的发展对机械硬盘开始产生冲击，但是，当时固态硬盘的价格非常高（固态硬盘价格大概是机械硬盘的20倍[①]）而存储容量很低，固态硬盘还不具有重要的替代地位。然而，随着固态硬盘的飞速发展，到2015年前后固态硬盘对传统硬盘的竞争约束不断增强，固态硬盘价格不断降低而存储容量不断增大，固态硬盘与机械硬盘相比具有性能优势，越来越多地替代机械硬盘。鉴于这些原因，在事件2的分析中，固态硬盘的价格是一个重要的控制变量。我们选择未受事件影响的东芝硬盘价格作为对照组，对事件2进行进一步的分析，结果如表7-6所示。

表7-6 取消部分附加限制性条件对硬盘价格的影响（对照组：东芝）

	希捷案	西数案
Treat	1.398 (1.8752)	0.8247 (0.9776)
Post	0.9375 (2.1725)	-1.2185 (1.5943)
Treat × post$_3$	-1.2721 (1.6009)	1.7831 (1.2581)
HHD	-0.9846*** (0.2786)	-1.592*** (0.1692)

[①] 该部分数据主要源于欧盟关于西部数据并购日立存储的并购分析 REGULATION (EC) No 139/2004, P72-78。

续表

	希捷案	西数案
Speed	0.161* (0.0868)	0.1531* (0.0912)
Size	-0.0014 (0.0038)	0.0006 (0.0019)
T-type	-0.0293 (0.0422)	0.1291 (0.0537)
N Prob > F	194 0.000	196 0.000

注：***、*分别表示在1%、10%的水平上显著。

从结果看，机械硬盘价格受其他因素的影响变化不大，但是与固态硬盘价格相关性确实非常明显，固态硬盘价格对机械硬盘价格的影响非常显著，这与商务部和其他反垄断机构的分析相吻合。所以，商务部取消关键附加限制性条件后硬盘价格并没有上涨，反而由于硬盘市场发展的情况，硬盘价格不断下降，所以商务部取消部分附加限制性条件是符合现实情况的。

第五节 本章小结

本章以西部数据收购日立存储案和希捷收购三星硬盘案两个硬盘行业的并购案为典型案例，通过模型分析和双重差分法，考察反垄断执法机构附条件通过两个并购案例和解除部分附加限制性条件两个事件对硬盘市场长期和短期的影响。双重差分法分析的结果表明，执法机构附条件通过西数/日立并购案和希捷/三星硬盘并购案后，该事件对硬盘市场影响不尽相同。短期内，西部数据的硬盘价格出现上涨，说明该案的并购可能存在反竞争效应。但是长期来看，西部数据的硬盘价格并未出现上涨，希捷的硬盘价格甚至明显下降，说明执法机构的审查决定是有效的，有利于竞争的维护，其救济措施除了防止排除、限制竞争的行为出现外，甚至可能促进了竞争。而基于硬盘市场的重要变化，尤其是固态硬盘的兴起和飞速发展，取消部分附加限制性条件也是符合标准的。

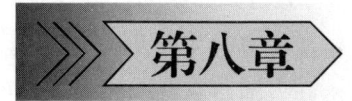

第八章

经营者集中反垄断审查效果
事后评估：效率效应

在社会总福利标准下，效率改进是经营者集中反垄断审查重要的考虑因素。我国作为一个新兴的经济体，在集中审查中引入效率因素，既有利于协调竞争政策与产业政策，加快高新技术产业和民营经济的发展，提升企业国际竞争力，也符合竞争政策发展的国际趋势，而且还能够保持竞争政策的系统性和完整性。第六章的计量结果中出现一个现象，在65个并购案中，有8个并购案虽然对消费者福利显著不利，但却被商务部无条件通过，其中既有大型国有企业的并购，也有大型外国企业的并购，且主要集中在高科技、新能源和新材料等产业领域。一个可能的解释是，在这些并购案中，审查机关以社会总福利为标准，并购带来显著的效率改进，生产者福利的增加高于消费者福利的损失，所以，虽然消费者福利降低，并购仍然获得批准。

中国南车和中国北车作为两个大型国有企业，其合并引起国内外广泛关注，并形成两种截然不同的观点。一种观点认为，南北车合并会提高其市场势力，形成垄断，不利于市场竞争；另一种观点认为南北车合并会产生协同效应，有利于企业的创新，促进效率改进，又可以避免内耗和海外市场的恶性竞争，发挥中国行业的整体优势。根据新加坡竞争委员会公布的关于南北车合并的决定书，南北车并购提出的一个重要抗辩因素就是效率。本章基于竞争效应评估的基本理论，以效率改进为切入点，构建了一个生产多种差异化产品的厂商合并模型，选取南北车合并的案例为研究对象，综合分析其并购的竞争效应。一方面，分析南北车合并的相关市场竞争情况，寻找南北车合并效率改进的直接证据，另一方面，基于事件研究法，通过竞争对手股票异常收益率的波动情况进一步验证了南北车合并有利于效率改进的结论，并最终判断商务部通过南北车合并是否符合标准。

第一节　南北车合并案的背景

横向并购是指处于相同市场层次上的或者具有竞争关系的企业间的兼并和收购活动。横向并购可能产生的竞争效应主要表现在两个方面：一方面，通过合并促进技术进步、节约成本和优化资源配置，从而获得效率改进（efficiency gains），横向并购可能产生的效率主要包括生产效率、配置效率和动态效率。另一方面，企业通过并购，市场势力增强，可能会产生单边效应和协调效应等反竞争效应，排除和限制竞争，从而对社会福利水平产生损害。对横向并购进行事后评估就要综合评估并购的反竞争效应和效率效应，以确定并购对社会福利的净影响。

轨道交通运输以其高效、环保、安全性高等优势越来越受到各国的重视，国际轨道交通装备企业面临前所未有的发展契机。它们通过各种方式提高自身实力，加紧对国际市场的争夺，竞争愈来愈激烈。作为世界第一大轨道交通装备市场，中国的铁路投资虽然仍处于高位，但是增速逐渐放缓。面对国际和国内轨道交通装备市场的机遇和挑战，根据自身的发展情况，2014年12月30日，中国南车股份有限公司与中国北车股份有限公司发布公告，宣布合并。2015年3月，南北车合并重组事项分别获得所必须的境外反垄断审查机构的批准，包括新加坡、澳大利亚、德国、巴基斯坦等，且所有申请都获得无条件通过。

2015年4月3日，中国南车和中国北车收到商务部反垄断局出具的《审查决定通知》，合并申请获得无条件通过，2015年6月1日，中国中车股份有限公司（以下简称"中国中车"）注册成立。

第二节 相关市场界定以及竞争分析

相关市场界定非常重要，贝克（Baker，2007）认为"市场界定在评估市场势力和判断企业的市场行为是否具有反竞争效应方面，经常是极为关键的一步"。相关市场界定的宽严直接影响市场的竞争程度，并最终影响审查的结果。根据国务院反垄断委员会颁布的《关于相关市场界定的指南》（以下简称《指南》），相关市场是指经营者在一定时期内就特定商品或者服务进行竞争的商品范围和地域范围，相关市场界定对认定经营者的市场地位、分析经营者行为对市场竞争的影响、判断经营者行为是否违法等关键问题具有重要的作用。《指南》还明确应该根据实际情况从需求替代和供给替代两方面进行相关市场分析，这与欧美国家的分析思路基本相同。本章根据这种思路对南北车合并的相关市场进行界定。

一、相关产品市场

根据中国南车和中国北车的主要业务范围，两家企业业务重合领域主要包括铁路机车（包括电力机车和内燃机车）、城市轨道车辆（包括地铁和轻轨）、高速列车、动车组、内燃机车组、客车、货车及电子设备和重要零部件的研发、设计、制造、修理和服务业务，以及以上相关业务的实业投资及进出口业务。

与其他运输方式相比，铁路运输的单位能耗、运输速度、价格、及其对基础设施的要求都不同，属于不同层次的公共交通方式，是其他运输方式难以替代的。据测算，在等量运输条件下，铁路、公路和航空的能耗比为1∶9.3∶18.6，铁路、公路、水路和航空的货运成本比和客运成本比分别为1∶6.23∶0.64∶17.2和1∶1.59∶6∶5.54。因此，在等量运输条件下，轨道交通运输在单位能耗和成本等方面具有明显优势。此外，轨道交通运输与其他运输形式相比，以其高效、环保、安全性高等优势越来越受到各国的重视。特别是随着全球经济的不断发展，城镇化水平不断提高，环境问题、能源问题日益制约经济发展的情况下，轨道交通运输重新展现出发展的活力。轨道交通的发展成为一个国家甚至一个城市现代化发展的标志，越来越引起各级政府的高度重视。因此，其他类型交通工具供给的小幅增加或者价格发生5%~10%的小幅上涨时，不会对轨道交通设备的购买产生明显影响。

城市轨道交通的主要竞争者包括城市出租车系统和城市公交系统等，但其具有方便、快捷、高效、环保等优势而成为单独的市场。新加坡在南北车合并的审批书中也提到，调查问卷的结果证明，消费者认为市场上没有其他交通形式可以替代地铁[1]。因此分析可得轨道交通设备属于单独的产品市场。

综上所述，可以将铁路机车、城市轨道车辆、高速列车、动车组、内燃机车组、客车、货车以及相关设备的维修翻新分别界定为独立的相关产品市场。

二、 相关地域市场

相关地域市场的界定与相关产品市场的界定类似，也是从供给替代和需求替代方面考虑。王晓晔（2017）指出随着新技术和新产品的

---

[1] Grounds of Decision Issued by the Competition Commission of Singapore, In relation to the application for decision of the proposed merger between china CNR corporation limited and CSR corporation limited pursuant to section 57 of the competition act. Case number: CCS 400/001/15.

开发，电信、汽车、飞机制造、大型机械等市场的国际化趋势十分明显，因而企业的市场份额就不应当仅仅考虑国内市场，还要考虑国际市场。从供给和需求替代方面考虑，轨道交通装备的供给和采购都是在全球范围进行的。目前各国都通过招标的方式进行采购并最终确定目标公司，而各个轨道交通装备公司也是在全球范围内进行竞标，虽然各个国家具体的竞标要求各不相同，但基本规定一致。例如，2014年芝加哥交通管理局通过国际招标采购 846 辆 CTA7000 系地铁车辆，中车四方股份公司中标；2012 年庞巴迪运输集团获得当时铁道部 70 列 ZEFIR-380 超高速动车组和 46 列 ZEFIRO-250 不锈钢车体的订单。新加坡竞争委员会在审核南北车申请时通过市场调查也发现，地铁的招标是面向全球的，不会受到地区和国家的限制，因此其审查公布的审查报告中，将地铁采购的相关市场界定为全球。此外，轨道交通装备企业的供应商也来自全球范围。因此，可以将南北车合并的相关地域市场定义为全球市场。

  传统的 SSNIP 界定法主要着眼于并购当时的市场状况，而无法预测并购企业未来的市场势力，所以具有一定的滞后性，因此需要从其他方面进行扩展以进一步确定相关地域市场。关于南北车合并，根据其公告，合并的主要意图是拓展国际市场，减少海外恶性竞争，提高国际市场的占有率。同时，中国轨道交通装备制造业发展的初期，因为技术水平相对落后，国家制定了一些措施保护和促进中国相关产业发展，包括外资企业进入中国轨道交通市场必须通过与中国企业合资的形式，不能单独在中国建厂，且不能单独参与轨道交通项目的招投标，只能与中国企业组成联合体投标，以及轨道交通车辆和机电设备的平均国产化率不低于 70% 等。但是，随着近十几年轨道交通的飞速发展，中国的轨道交通装备市场逐渐放开。2017 年 1 月《国务院关于扩大对外开放积极利用外资若干措施的通知》明确规定，制造业方面重点取消轨道交通设备制造等领域外资准入限制。在未来城市轨道交通项目中，国家发展和改革委员会将不再通过审核具体项目招标文件来控制国产化率①。总之，从以上分析可以看出，南北车合并的相关市场不应该限于国内市场而应该界定为全球市场。

三、相关市场竞争分析

各国反垄断机构反垄断审查的一般程序都是先确定相关市场，然后再根据厂商的市场份额评估其在相关市场的市场势力，并最终确定合并对市场竞争的影响。市场份额到底是以销售数据、库存还是产能估计值表示对结果影响很大，短期市场份额和长期市场份额之间也存在很大差距。此外，市场份额只是确定市场势力和市场竞争程度的变量之一，进入壁垒、竞争对手的相对地位、竞争对手的市场控制力以及买方势力等变量也必须纳入考虑范围。近期，美国、欧盟、加拿大和澳大利亚等在其并购控制政策的修订中还引入国际竞争力因素。

轨道交通装备制造业属于资本密集型产业，资本投入巨大，具有明显的规模效应。此外，该行业存在技术、资质、资金和信誉等进入壁垒，市场集中度很高。世界著名咨询公司德国 SCI Verkehr 公司的相关数据显示，截至 2016 年，全球有 180 多家轨道装备制造企业，集中在近 50 个国家和地区。其中，2015 年全球十大轨道交通装备巨头贡献了 75% 的新设备②。HHI 是计算市场集中度的常用方法，通过计算 HHI，经营者集中审查部门可以判断并购前后市场集中的水平和变化。按照前文的相关产品市场界定，如表 8 – 1 所示统计了并购前 2008 ~ 2012 年各相关产品的全球排名。从表中可以看出，在每个相关产品市场中，南北车排名都非常靠前。以高速列车为例计算相关市场的市场集中度，合并前南北车的市场份额分别为 28% 和 24%，合并前后的 HHI 指数分别为 1884 和 3228，HHI 指数增加 1344。可以判断合并前的

---

① http://www.sohu.com/a/149405991_301529.
② 德国 SCI Verkehr 公司 2016 年《Worldwide Rolling Stock Manufactures》研究报告。

市场为适度集中度市场，合并后为高集中度市场，市场集中程度明显提高。其他大部分相关产品市场的市场集中度提高也非常明显。

表8-1　2008~2012年世界主要机车车辆供应商的市场份额和排名　单位：%

排名	1	2	3	4	5	6	7	8
电力机车	中国南车 29	中国北车 25	庞巴迪 11	印度CLW 11	俄运输机械 10	西门子 5	其他 3	
客车	中国南车 20	印度RCF 20	中国北车 15	印ICF 14	俄运输机械 11	庞巴迪 4	其他 16	
内燃机车	GE 28	中国南车 13	印DLW 13	EMD 11	中国北车 10	俄运输机械 9	德Voss-ich 4	其他 12
高速列车	中国南车 28	中国北车 24	日本川崎 16	阿尔斯通 13	西门子 7	庞巴迪 5	CAF 4	其他 3
轻轨车	庞巴迪 22	阿尔斯通 18	俄UKVZ 11	阿尔斯通 13	庞巴迪 12	CAF 8	日本川崎 7	其他 9
货车	中国北车 12	美三一铁路 11	俄乌拉尔 10	中国南车 9	乌Azovmash 9	乌Kryukovakiy 7	美Greenbrier 5	其他 5
地铁车辆	中国南车 18	中国北车 16	阿尔斯通 13	庞巴迪 12	CAF 8	韩Rotem 7	日本川崎 7	其他 19
电动车组	庞巴迪 28	日本川崎 13	阿尔斯通 11	Stadler 10	印度ICF 7	俄运输机械 6	西门子 5	其他 20
内燃机车组	阿尔斯通 15	庞巴迪 15	Stadler 11	PESA 9	CAF 8	现代Rotem 8	西门子 7	其他 27

资料来源：根据德国SCI Verkehr公司资料和相关资料整理。

SCI Verkehr 公司每年都会发布年度世界轨道交通装备企业的排名。2009~2015 年中国南车、中国北车和合并后的中国中车的排名情况如表 8-2 所示。2001 年中国南车和中国北车合计仅占全球铁路装备市场 7% 的份额①，后来实现追赶，进入前十，并最终成为全球第一和第二。2016 年中国中车销售收入占世界轨道装备销售总额的近一半。同时，中国的轨道交通装备企业已经掌握车体、转向架和制动系统等 9 大关键技术及 10 项配套技术，主要技术指标达到世界领先水平，且具有产品性价比高、产品谱系齐全和交货速度快等优势。中国轨道交通装备制造业异军突起，其不断的技术进步和价格降低优势，有利于刺激全球轨道交通装备市场的竞争，降低产品价格。

表 8-2　　　　　　2009~2015 年全球轨道交通装备企业排名

排名	2009 年	2010 年	2011 年	2012 年	2013 年	2014 年	2015 年
1	加拿大庞巴迪	中国南车	中国北车	中国北车	中国北车	中国北车	中国中车
2	法国阿尔斯通	加拿大庞巴迪	中国南车	中国南车	中国南车	中国南车	加拿大庞巴迪
3	中国南车	中国北车	加拿大庞巴迪	加拿大庞巴迪	加拿大庞巴迪	加拿大庞巴迪	美国三一铁路
4	中国北车	法国阿尔斯通	法国阿尔斯通	法国阿尔斯通	俄罗斯运输机械	俄罗斯运输机械	法国阿尔斯通
5	德国西门子	德国西门子	德国西门子	俄罗斯运输机械	法国阿尔斯通	法国阿尔斯通	美国 GE
6	美国 GE	俄罗斯运输机械	俄罗斯运输机械	瑞士 Stadler	瑞士 Stadler	瑞士 Stadler	德国西门子
7	日本川崎	西班牙 CAF	美国 GE	德国西门子	德国西门子	德国西门子	瑞士 Stadler

① 《世界轨道交通装备产业发展动态》，机电一体化，2012.1，本刊编辑，专题。

续表

排名	2009年	2010年	2011年	2012年	2013年	2014年	2015年
8	西班牙CAF	韩国现代Rotem	西班牙CAF	美国GE	美国三一铁路	美国三一铁路	日本日立
9	美国EMD	日本川崎	韩国现代Rotem	俄罗斯Ural VagonZavod	美国GE	美国GE	美国Greenbrier
10	俄罗斯运输机械	美国GE	日本川崎	美国三一铁路	西班牙CAF	韩国现代Rotem	韩国现代Rotem

注：排名以新造机车车辆的销售额为标准。
资料来源：根据德国 SCI Verkehr 公司资料整理。

作为相关市场竞争情况分析的一个标准，HHI 必须与其他标准一起使用。因为，上述市场份额计算中存在一个非常明显的问题就是中国南车和中国北车的销售收入主要得益于中国巨大的国内市场，其 90% 的业务来自国内市场。以中国南车为例，2012~2014 年其海外市场销售收入分别仅占总收入的 9.42%、6.56% 和 9.45%。而 2014 年西门子、西班牙 CAF 公司和川崎重工的相关比例为 61%、84% 和 56%[①]。中国中车国际化系数只有 6%，与发达国家轨道交通企业 25% 的国际化系数相比还有较大差距。因此，不能单纯依据新造机车车辆的销售额计算所得的市场份额来看中国南车和中国北车在国际市场的竞争力。中国轨道交通装备制造业作为后起之秀，在国际市场的竞争中还面临一些竞争劣势。与其他国际轨道装备巨头相比，南北车在关键零部件和核心技术上还有差距，仍然受制于人；技术创新能力不够强，核心专利的质量有待提升；提供商业服务的能力不足；缺乏国际化人才和国际运用经验。现在世界轨道装备技术最发达的国家除了中国外，还有几大老牌国家，分别为德国、法国和日本。这些企业掌握全球最先进的轨道装备技术，都是大型跨国集团公司，通过前期的合并、购买、

---

① 作者根据各公司年报整理所得。

合作建厂等，在全球合理布局并已成功抢占全球市场。

此外，轨道装备制造行业具有明显的买方势力。轨道交通设施的采购主要是通过招标方式进行，一般由国家铁路运营商负责采购，许多国家有且仅有一个买方。如中国是由中国铁路总公司负责，法国由法国国营铁路公司（Société nationale des chemins de fer français，SNCF）负责，德国由德国铁路股份公司（Deutsche Bahn AG，DB）负责。在中国，城市轨道项目主要由各地的城市轨道交通管理单位和地铁公司负责。在新加坡，由新加坡陆路交通局（Land Transport Authority，LTA）负责。这种买方市场与大众消费品的买方市场完全不同，买方数量较少且高度集中，因其采购数量和金额都很大，买方对市场具有较大的控制力和较强的议价能力。因此，购买者可以通过买方抗衡势力抵消卖方因为市场集中度的提高所导致的价格上涨，进而将价格降低传递给消费者，提高消费者福利。

总之，中国南车和中国北车经过跨越式发展，已成功跻身国际前列，具有一定的竞争实力和水平，其发展促进了全球轨道交通装备市场的竞争。但中国南车和中国北车在国际市场上的竞争对手实力强劲，各自具有明显的比较竞争优势，国际轨道交通装备市场竞争激烈，买方势力强大，这些都会制约南北车合并后单方的提价能力。虽然南北车合并后市场份额明显增加，会产生一定的单边效应，但是因为轨道装备市场的上述特点，以及南北车合并产生的明显的效率效应，南北车合并总体不会给市场竞争产生明显不利影响。接下来，本章将进一步分析南北车合并的效率效应。

第三节　横向并购效率改进的理论模型

随着反垄断经济学理论的发展，在企业并购的反垄断审查中，效率成为并购审查的重要考虑因素，并且日益受到重视。根据威廉姆森

(Williamson, 1968）的福利权衡模型，需要衡量企业并购的效率收益和福利损失（反竞争效应）的大小，效率抗辩是对效率和反竞争因素权衡的具体体现。所谓的效率抗辩就是，如果参与并购的企业能够证实并购带来的效率可以补偿因市场集中而导致的对竞争的损害或对消费者的损失，反垄断当局将批准这一并购。根据美国2010年的《横向并购指南》和欧盟2004年的《横向并购指南》，效率必须是并购特有的，可以传递给消费者，可以抵消反竞争效应。效率因素在美国《横向并购指南》中的地位也显著提高，并获得进一步的丰富和完善。虽然《中华人民共和国反垄断法》及其相关规定和指南并没有效率抗辩的具体含义以及构成要素的明确规定，但效率抗辩的相关规定与欧美的规定基本一致。

南北车合并是在国有企业做大做强、中国制造2025规划和大力发展高端装备制造业的背景下进行的，主要着眼于国际竞争力、技术进步、经济效益和国家利益等目标，这与竞争政策是不冲突的，效率是评估该案的重要因素之一。事后评估的目的就是要看反垄断审查事前分析是否合理，并购有没有达到目的。根据该理论，南北车合并案的事后评估主要评估并购后是否取得明显效率改进，效率改进是否超过了反竞争因素带来的福利损失，最终确定该并购的通过是否符合标准。

效率的量化和测度一直是困扰反垄断当局的问题，经济学界还没有一个十分明确的指标来测度效率，只能通过一些代理变量进行近似评估，常用的代理变量为成本，尤其是边际成本。通过比较并购后价格上涨产生的负向效应与内部效率改进导致成本降低产生的正向效应的大小，最终确定并购的总效应，但想要实际测度或获得并购前后成本变化的数据非常困难。法雷尔和夏皮罗（Farrell and Shapiro，2001）提出另外一种对并购效果测度的方法——测度并购的外部性，即并购对消费者和竞争对手的影响。关于效率的实证研究多采用上述思路，本章节也借鉴这种做法。本章首先构建模型，推导充分效率改进的并购对竞争对手的影响，然后通过实证方法检验该影响。

根据前文对轨道交通装备市场的界定和分析，本章以效率改进的合并模型为基础，构建了一个包含生产多种差异化产品的企业合并模型，讨论企业并购产生单边效应或效率效应对并购企业、竞争对手和消费者剩余的影响。经典的效率改进模型假设各企业只生产一种产品，但考虑到现实中轨道交通装备企业的特点，每个企业都生产几种不同的产品，本章将经典模型进行扩展，得到更加一般化的效率改进合并结论。

假设相关市场有 n 家轨道交通装备企业，每个企业生产 m 种差异化产品，则共生产 N = n × m 种产品。基于苏比克和列维坦（Shubik & Levitan，1980）提出的效用函数，可得：

$$U = \nu \sum_{i=1}^{n} \sum_{j=1}^{m} q_{ij} - N/2(1+\gamma)[\sum_{i=1}^{n}\sum_{j=1}^{m} q_{ij}^2 + \gamma/N(\sum_{i=1}^{n}\sum_{j=1}^{m} q_{ij})^2] + y \quad (8-1)$$

其中，q_{ij} 表示第 i 个企业第 j 种产品的产量，i = 1, 2, …, n, j = 1, 2, …, m；γ 表示 N 种产品之间的可替代性，$\gamma \in [0, +\infty]$；ν 是一个正参数；该效用函数为准线性函数，y 表示外部产品，对外部产品的决策不会影响设备采购方对差异化产品的决策，因而可以在一个局部均衡框架内对差异化产品进行分析。

由效用函数最大化可推导出其反需求函数 $p_{ij} = \partial U/\partial q_{ij}$，其中效用函数最大化受到收入约束的限制。将反需求函数进行转化，可得以下直接需求函数：

$$q_{ij} = 1/N[\nu - p_{ij}(1+\gamma) + \gamma/N \sum_{i=1}^{n}\sum_{j=1}^{m} p_{ij}] \quad (8-2)$$

简单起见，本章假设所有企业的成本函数一样：$C(q_i) = cq_i$，且 $c < \nu$。首先，来看合并前企业的均衡价格、产量和利润。为求得行业均衡，假设 π_k 为生产多产品企业的利润函数：

$$\pi_k = \sum_{j=1}^{m} (p_{kj} - c_k)/N[\nu - p_{kj}(1+\gamma) + \gamma/N \sum_{i=1}^{n}\sum_{j=1}^{m} p_{ij}] \quad (8-3)$$

其中，$c_k = c$, k = 1, 2, …, n。规定企业产品价格对称，即 $p_{kj} = p_k$（j = 1, 2, …, m; k = 1, 2, …, n），根据一阶条件，计算可得合并前的

均衡价格和利润：

$$p_k = [\nu + c(1 + \gamma - \gamma/n)]/(2 + \gamma - \gamma/n)$$

$$\pi_k = \{m(\nu-c)^2[1+\gamma(n-1)/n]\}/\{n[2+\gamma(n-1)/n]^2\} \ (k=1, 2, \cdots, n)$$

接下来考虑有效率改进的情况。假设企业 1 和企业 2 合并产生一个规模更大的企业，该企业生产和销售 $2m$ 种产品。假设横向合并后，企业通过资产重组、技术互补和协同效应等获得效率改进，企业生产成本变为 ec，其中 $e \leq 1$。参数 e 越小，横向合并导致的效率改进越大，即横向合并导致的成本节约为 $(1-e)c$。其中，各企业成本为 $c_1 = c_2 = ec$；$c_3 = \cdots = c_n = c$，根据合并企业的多产品价格对称性可得 $p_{1j} = p_{2j} = p_I$，$j = 1, 2, \cdots, m$，则有 $p_{kj} = p_k$，其中 $j = 1, 2, \cdots, m$，$k = 3, 4, \cdots, n$，可得合并企业总利润和竞争对手的利润：

$$\pi_I = \pi_1 + \pi_2 = 2m(P_I - ec)/N[\nu - p_I(1+\gamma) + \gamma/N(2mp_2 + m\sum_{i=3}^{n} p_i)] \tag{8-4}$$

$$\pi_j = m(p_j - c)/N[\nu - p_j(1+\gamma) + \gamma/N(2mp_I + m\sum_{i=3}^{n} p_i)] \ (j=3, 4, \cdots, n) \tag{8-5}$$

对竞争对手进一步规定对称性 $p_k = p_o$ ($j = 3, 4, \cdots, n$)，然后根据一阶条件可得横向合并后的均衡价格：

$$p_I = \frac{c[(n-2)(en+n+e-1)\gamma^2 + n(3en-3e-2)\gamma + 2en^2] + n\nu[2n + (2n-1)\gamma]}{2n[(n-2)\gamma^2 + 3(n-1)\gamma + 2n]} \tag{8-6}$$

$$p_o = \frac{c[n + (n-2)\gamma][n + (n-1+e)\gamma] + n\nu[n + (n-1)\gamma]}{n[(n-2)\gamma^2 + 3(n-1)\gamma + 2n]} \tag{8-7}$$

则合并企业和竞争对手的利润分别为：

$$\pi_I = 2m[n + (n-2)\gamma]\left\{\frac{(1-e)(2-3n+n^2)c\gamma^2 + cn[n-2-3e(n-1)]\gamma^2 - 2cen^2 + n\nu[2n + (2n-1)\gamma]}{2n[n-2]\gamma^2 + 3(n-1)\gamma + 2n}\right\} \tag{8-8}$$

$$\pi_o = m[n+(n-2)\gamma]\left\{\frac{-c[(1-e)(n-2)\gamma^2+n(n-e)\gamma+n^2]+nv[n+(n-1)\gamma]}{2n[(n-2)\gamma^2+3(n-1)\gamma+2n]}\right\}^2$$
(8-9)

因为南北车合并并不会明显减少市场上所售轨道装备的种类,所以假设横向合并没有使市场上所售产品品种减少,与合并前的均衡解比较,来看合并导致效率改进的情况对消费者剩余、并购企业和竞争对手福利的影响。

引理 8-1:当且仅当合并导致效率充分改进时,并购对消费者福利有利。

$$e \leqslant \bar{e} \equiv \{c[n^2-3n+2)\gamma^2+n(3n-4)\gamma+2n^2]-nv\gamma\}$$
$$/c[n+(n-2)\gamma][2n+(n-1)\gamma] \quad (8-10)$$

因为考虑并购前后所有产品的情况,消费者福利增加的一个充分条件就是并购导致产品价格下降,即 $p_o \leqslant p_k$ 且 $p_I \leqslant p_k$。可以验证,当且仅当 $e \leqslant \bar{e}$ 时,$\Delta p_o(e) = p_o(e) - p_k \leqslant 0$,同样,当且仅当 $e \leqslant \bar{e}$ 时,$\Delta p_I(e) = p_I(e) - p_k \leqslant 0$。价格下降时消费者福利增加,因而 $e \leqslant \bar{e}$ 是消费者福利增加的充要条件。

引理 8-2:充分效率改进的并购使并购企业受益。

上文已经证明,即使并购没有效率改进,并购也对并购企业有利,即当 $e=1$ 时,$\Delta\pi_{IK}(e) \equiv \pi_I(e) - 2\pi_k(e) > 0$。可以证明函数 $\Delta\pi_{IK}(e)$ 是凸函数:

$$\partial^2 \Delta\pi_{IK}/\partial e^2 = \{c^2m[n+(n-2)\gamma][3n(n-1)\gamma+2n^2+(n^2-3n+2)\gamma]^2\}$$
$$/n^2[(n-2)\gamma^2+s(n-1)\gamma+2n] > 0 \quad (8-11)$$

为了保证 $\Delta\pi_{IK}$ 符号始终为正,只需要证明一阶导数在这个定义域内符号不变。因为当 $e=\bar{e}$ 时,$\partial\Delta\pi_{IK}/\partial e < 0$,当 $e=1$ 时,$\partial\Delta\pi_{IK}/\partial e < 0$。由式(8-11)可得:当 $e \in [\bar{e}, 1)$ 时,$\partial\pi_{IK}(e)/\partial e < 0$,即效率改进越大($e$ 越小),并购对合并企业越有利可图。而 $\Delta\pi_{IK}(e=1) > 0$,则并购总对并购企业有利。

引理 8-3：如果效率改进足够大（即 $e < \bar{e}$），则并购对竞争对手不利。

上文已经证明，没有效率改进的并购使竞争对手受益，即当 $e=1$ 时，$\pi_0(p_k, p_k) < \pi_o(p_1, p_o)$。对函数 $\Delta\pi_{ko}(e)$ 进行定义：$\Delta\pi_{ko}(e) \equiv (n-2)[\pi_k - \pi_o(e)]$。根据引理 8-1，$\Delta p(\bar{e}) = 0$，即当 $e = \bar{e}$ 时，有 $p_o = p_I = p_k$，相应的必然得到 $q_o = q_I = q_k$。这意味着 $\pi_o = (p_o - c)q_o = (p_k - c)q_k = \pi_k$。显然，合并前竞争对手利润函数与效率改进无关，即 π_k 不是 e 的函数，但函数 $\pi_o(e)$ 随着 e 的减小而降低。因此，$\Delta\pi_{ko}(e)$ 在自己的定义域内递增，即当 $e \leqslant \bar{e}$ 时，$\pi_k \geqslant \pi_o(e)$，即合并对竞争对手不利。

如果并购没有效率改进且具有明显的单边效应，则合并导致价格上涨，使企业和外部企业都受益，但消费者剩余下降。具体推导如下：

假设 l 个企业合并，合并企业利润 $\pi_I = \sum_{i=1}^{l}\pi_i$，外部企业利润为 π_k，$(k = l+1, \cdots, n)$，其中，π_k 如式（8-3）所示。同样对价格规定对称性：$p_{kj} = p_k$，其中 $j = 1, \cdots, m$，$k = 1, \cdots, n$，解一阶条件：

$$\partial\pi_I/\partial p_i = 0 (i = 1, 3, \cdots, l)$$

$$\partial\pi_k/\partial p_k = 0 (k = l+1, \cdots, n)$$

进一步假设合并企业价格对称，$p_1 = p_2 = \cdots = p_l = p_I$，外部企业价格对称，$p_k = p_o$，$(k = l+1, \cdots, n)$，则可求得均衡价格为：

$$p_I(l) = \frac{c[n\gamma(4n-2l-1) + 2n^2 + \gamma^2(2n^2 - nl - 2n - l^2 + 2l)] + n\nu[2n + \gamma(2n-1)]}{\gamma^2(2n^2 - nl - 2n - l^2 + 2l) + 2\gamma n(3n - l - 1) + 4n^2}$$

$$(8-12)$$

$$p_o(l) = \frac{c[n\gamma(4n-l-2) + 2n^2 + \gamma(2n^2 - nl - 2n - l^2 + 2l)] + n\nu[2n + \gamma(2n-1)]}{\gamma^2(2n^2 - nl - 2n - l^2 + 2l) + 2n\gamma(3n - l - 1) + 4n^2}$$

$$(8-13)$$

其中，合并前的价格 $p_k = p_I(1) = p_o(1)$，可证得 $\partial p_I/\partial l > 0$ 且 $\partial p_o/\partial l > 0$。可得：

$$p_I(l) > p_k, \quad p_o(l) > p_k$$

即合并导致价格上涨,则消费者福利下降。

合并后合并企业的利润可表示为 $\pi_I(p_I, p_o)$,外部企业利润表示为 $\pi_k(p_I, p_o)$,($k = l+1, \cdots, n$)。而合并企业合并前的总利润为 $\pi_I(p_k, p_k)$,外部企业利润为 $\pi_k(p_k, p_k)$。

因 p_I 是合并企业对外部企业价格 p_o 的最优反应,可推出:

$$\pi_I(p_I, p_o) > \pi_I(p_k, p_o) \tag{8-14}$$

产品具有需求替代性,即 $p_o > p_k$,可以推出:

$$\pi_I(p_k, p_o) > \pi(p_k, p_k) \tag{8-15}$$

则可得对合并企业合并前后的利润关系:

$$\pi_I(p_I, p_o) > \pi_I(p_k, p_o) > \pi_I(p_k, p_k) \tag{8-16}$$

即外部企业价格上涨必然导致合并企业总利润上涨。同理可得,外部企业合并前后的利润关系:

$$\pi_k(p_I, p_o) > \pi_k(p_I, p_k) > \pi_k(p_k, p_k) \tag{8-17}$$

因此可以得出结论,合并使合并企业及外部企业利润都增加。也就是说没有效率改进的合并,如果因为合并扩大市场势力,带来单边效应,则对消费者不利,而对生产者有利,并最终减少社会总福利。

分别用 $PS(e)$ 和 $PS'(e)$ 表示合并前后的生产者剩余。则可推导出合并导致的生产者剩余的变化:

$$\Delta PS(e) = PS'(e) - PS(e) = \Delta\pi_{Ik}(e) - \Delta\pi_{ko}(e) \tag{8-18}$$

其中,已证 $\Delta\pi_{Ik}(\bar{e}) > 0$ 且 $\Delta\pi_{ko}(\bar{e}) = 0$,则可以推导出 $\Delta PS(\bar{e}) > 0$。前面已证没有效率改进的合并使合并企业及外部企业的利润均增加,则 $\Delta PS(e=1) > 0$。下面计算 $\partial \Delta PS / \partial e = \partial \Delta\pi_{Ik} / \partial e - \partial \Delta\pi_{ko}(e) / \partial e$ 的正负,其中

$$\frac{\partial \Delta\pi_{Ik}(e)}{\partial e} = -\frac{2cm(v-c)[n+(n-1)\gamma][3n(n-1)\gamma + 2n^2 + (n^2 - 3n + 2)\gamma]}{n^2[2n(n-1)\gamma][(n-2)\gamma^2 + 3(n-1)\gamma + 2n]} \tag{8-19}$$

进一步运算可得:

$$\frac{\partial \Delta\pi_{ko}(e)}{\partial e} = -\frac{2cm(v-c)\gamma(n-2)[n+(n-2)\gamma][n+(n-1)\gamma]}{2n^3 + n^2[(n-1)(n-2)\gamma^3 + 3(n-1)^2\gamma^2 + 2n\gamma(n-1)]} < 0 \tag{8-20}$$

因此 e 越小，$\Delta PS(e)$ 越大，即效率改进越大，并购后生产者剩余增加越多。

结合 $\Delta PS(\bar{e}) > 0$，$\Delta PS(e=1) > 0$ 可得 $\Delta PS(e) > 0$ 对 $e \in [\bar{e}, 1]$ 恒成立。而 $e < \bar{e}$ 时，$\Delta \pi_{Ik}(e) > 0$，$\Delta \pi_{ko}(e) < 0$ 可以推出 $\Delta PS(e) > 0$。

即合并总会增加生产者剩余，这是并购导致社会总福利增加的一个充分（但不是必要）条件，所以效率充分改进的并购使社会总福利增加。综上可知，如果南北车合并具有明显的单边效应，而没有明显的效率改进，合并对竞争和消费者不利，但对并购企业及其竞争对手有利，合并后并购企业及其竞争对手股票异常收益率会呈正向趋势，并购获得批准是不符合标准的。反之，如果南北车合并带来明显的效率改进，而单边效应不明显的话，并购对消费者和并购企业有利，社会总福利增加，但对竞争对手不利，竞争对手股票异常收益率会呈负向趋势，合并通过是符合标准的。接下来本章将通过事件研究法，具体分析南北车合并公布后，中国南车、中国北车及其竞争对手股票异常收益率的波动趋势，以及来自其他指标的证据，以此来判断南北车合并是否带来明显的效率改进及其竞争效应，并据此判断商务部通过该案是否符合标准。

第四节　南北车合并的效率改进：来自资本市场和其他指标的证据

一、来自资本市场的经验证据

1. 数据处理与模型设定

根据前文相关市场的界定，中国南车和中国北车的竞争对手主要选择轨道交通装备领域近 5 年排名前 10 的 6 家企业，它们与南北车的竞争关系更加明显，对南北车合并的反应也更强烈。6家企业在5个不同国家的证券交易所上市，分别为法国阿尔斯通（Alstom）、德国西门子（Siemens Mobility）、加拿大庞巴迪（Bombardier）、美国通用电气（General Electric Company，GE）、美国三一铁路（Trinity Railway）和韩国现代乐铁（Hyundai Rotem）。

为了完整地观察南北车合并对整个市场的影响情况，包括对上游供应商和下游客户的影响，本章还选择了南北车的上游企业。因为南北车的下游企业主要是各国铁路运营商如中国铁路总公司（原铁道部），很难通过资本市场考察它们的财富效应，而且根据上文分析下游企业具有一定的买方势力，所以本章节没有选取下游公司。南北车的上游主要分为牵引设备、电气控制设备、电子通信设备、车轮和轴承、车体材料以及齿轮和紧扣件等配件供应商。最终选择5家国内主要上市的供应商。各企业和其相应的股票指数日收益率的统计性描述如表8-3所示。

表8-3　　　　　　　　变量的统计性描述　　　　　　　　单位：%

	厂商/指数名称	均值	最大值	最小值	中位数	标准差
并购企业及其指数	中国南车	0.5417	9.5687	-3.7740	0.0000	2.3822
	中国北车	0.5412	9.6015	-6.1052	0.0000	2.4428
	沪深300	0.2293	4.5068	-8.0151	0.0603	0.2293
竞争对手及其指数	Alstom	0.1865	10.3716	-6.1940	0.0000	1.7512
	CAC 40	0.0346	3.5227	-3.7007	0.0893	1.1036
	Bombardier	-0.1246	6.4849	-29.9018	0.0000	2.7913
	Toronto TSX	0.0089	2.5102	-2.4769	0.0516	0.7176
	GE	-0.0190	2.3233	-2.2398	0.0372	0.8946
	Trinity R.	-0.1289	8.0748	-13.1633	0.0370	2.6498
	S&P 500	0.0422	2.3731	-2.1106	0.0836	0.7365

续表

	厂商/指数名称	均值	最大值	最小值	中位数	标准差
竞争对手及其指数	Siemens M.	0.0213	3.3432	-4.9381	0.1170	1.3597
	DAX	0.0790	3.3009	-3.0314	0.1009	1.1033
	Hyundai Rotem	-0.2319	7.2799	-7.6876	0.2509	2.0858
	KS11	-0.0057	1.8262	-1.7535	-0.0185	0.6221
上游企业	特锐德	-0.0701	9.5532	-6.6501	0.0000	5.3638
	太原重工	0.4713	9.6087	-10.2279	0.3552	3.0632
	南山铝业	0.2973	9.5817	-10.3141	0.2077	2.2290
	晋西车轴	0.2460	9.5432	-38.1276	0.3195	3.9939
	晋亿实业	0.3841	9.5511	-10.5515	0.2642	3.2497

本章选取南北车合并公布日（2014年12月30日）为事件日。一般事件对股票的影响不会在一天释放，存在信息提前泄露和滞后效应等，所以事件窗一般包括事件日前后一段时间，本章将事件窗设定为事件日前后20天，即事件窗为 [-20, 20]，这样既能分析并购信息的预先性和滞后性，又能有效观察事件在短期内对股票的影响。估计窗的设定是为了估计模型参数，为了避免估计数据受到事件的影响，估计窗一般不与事件窗重叠。因此，本章选取 [-200, -50) 共150个交易日作为估计窗。

异常收益率的计算模型主要有三大类：均值调整模型；市场指数调整模型；市场模型。布伦纳（Brenner, 1979），布朗和华纳（Brown and Warner, 1985）研究表明，与其他复杂的模型相比，市场模型对个股波动的研究更具优势，应用最为广泛。因为，即使将模型中加入更多的解释变量，使模型变得较为复杂，异常回报率的方差并不会显著减少，从而可得估计结果对模型的设定并不敏感，因此本章选择市场模型计算股票的异常收益率。市场模型设定如下：

$$R_{it} = \alpha + \beta R_{mt} + \varepsilon_{it} \quad (8-21)$$

$$E(\varepsilon_i) = 0 \quad Var(\varepsilon_i) = \sigma_{\varepsilon_i}^2$$

其中，R_{it} 表示上市公司 i 在 t 期的收益率，R_{mt} 表示市场组合在 t 期的收益率，上述市场模式满足 ε_{it} 服从正态分布。股票日收益率的计算方法主要有两种：日涨跌幅 $R_t = (P_t - P_{t-1})/P_{t-1}$ 和连续复合收益率 $R_t = \ln(P_t - P_{t-1})/P_{t-1}$，本章选取连续复合收益率，因为股票价格存在明显的波动聚集性，股票价格的时间序列数据可能存在条件异方差，使用对数方法计算收益率时的数据更加平滑，减少估计偏差。

因异常收益率为事件期内实际收益率和事件未出现情况下的预期正常收益率之差，则可得：

$$AR = R_{it} - \bar{R}_{it} = R_{it} - \bar{\alpha} - \bar{\beta} R_{mt} \qquad (8-22)$$

根据估计窗口的数据，可以估计模型的参数 α，β 的估计值 $\bar{\alpha}$ 和 $\bar{\beta}$。将其代入市场模型，可得股票在事件期内未出现事件情况下预期的日正常收益率。为了更好地描述事件对股票的影响，需要计算出事件窗口期 (τ_1, τ_2) 内每只股票的累积异常收益率或多只股票的平均累积异常收益率：

$$CAR_i(\tau_1, \tau_2) = \sum_{\tau=\tau_1}^{\tau_2} AR_{it} \qquad (8-23)$$

$$CAAR(t_1, t_2) = \sum_{t=t_1}^{t_2} AAR_i = \sum_{i=1}^{N} CAR_i(t_1, t_2)/N \qquad (8-24)$$

2. 并购方及其竞争对手累积异常收益率结果分析

如图 8-1 所示南北车合并公布日前后 [-20, 20] 事件窗内中国南车和中国北车的 CAR 及其竞争对手 CAAR 的趋势，中国南车和中国北车整体走势非常相似。并购公布日前，中国南车和中国北车的 CAR 为负向趋势，但并购公布日后，CAR 为非常显著的正向反应。与中国南车和中国北车形成对比，其竞争对手 CAAR 自并购宣布后具有明显的负向反应，且在并购公布日前就出现这种趋势，说明市场可能存在信息泄露情况。将中国南车、中国北车及其竞争对手分成两组，分别选择几个不同的事件窗对其异常收益率进行分析。结果表明，并购公布日后，中国南车和中国北车 CAR 明显为正，在 [0, 15] 的时间窗内高达79.63%，并且CAR逐渐递增。竞争对手表现出负的平均累积异常收益率，且呈逐渐递减趋势，在［-20，20］的时间窗内CAAR为-14.45%，在［0，15］的时间窗内为-10.74%。这说明根据市场反应，南北车合并对竞争对手不利，与无效率改进时具有明显单边效应的合并效应不符。但却验证了本章前面的结论，南北车合并对并购双方有利，但对竞争对手不利，说明南北合并带来明显的效率改进。

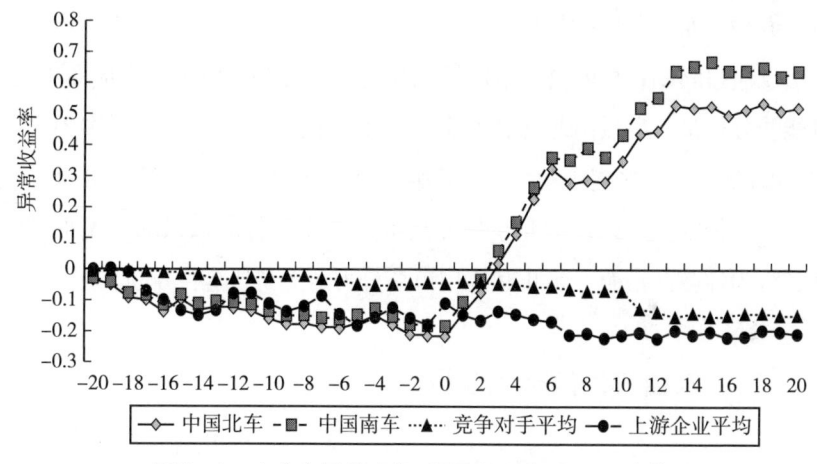

图8-1　南北车及其竞争对手CAR和CAAR走势

需要指出的是，虽然竞争对手平均的CAR出现明显的负向反应，但从单只股票的反应来看，除了通用电气和韩国现代乐铁比较明显外，其他几家企业的异常收益率波动并不是很明显，所以总体的负向反应也没有中国南车和中国北车明显。原因可能有以下两个方面：一方面，中国海外业务份额较少，在海外竞争实力还较弱，所以，国外股票市场对其合并的反应并不是特别强烈，这与前文相关市场竞争情况的分析相一致；另一方面，世界轨道交通装备企业之间的合作越来越密切，尤其是经过近十几年的发展，中国轨道交通装备企业与庞巴迪等企业建立了密切联系。以加拿大庞巴迪公司为例，庞巴迪是与中国合作最紧密的国际轨道装备巨头之一，目前在中国共有青岛四方庞巴迪铁路运输设备有限公司、南车浦镇庞巴迪运输系统有限公司等6家合资企业和7家独资企业。所以，南北车的合并在两种效应的作用下，个别竞争对手异常收益率趋势并不是特别明显。

最后再看上游公司在并购公布日前后的趋势变化。从上游企业的CAAR看，在并购公布日当天，上游企业获得明显的正异常收益率5.36%，是对上面南北车合并会带来效率改进的呼应。但是总体的趋势是从并购公布前半个月开始，上游企业平均CAR出现明显的负向反应，并购公布后负向的趋势也比较明显，如图8-2所示。这说明市场存在信息泄露问题，再就是资本市场认为南北车合并会对上游供应商不利。可能的分析是，虽然南北车合并会带来效率改进，但是合并后中国中车容易垄断，尤其是在国内，导致其滥用市场势力，迫使下游厂商接受更低的销售价格。所以在南北车的并购审查结果中，应该采取一定的结构性和行为性救济措施，防止其滥用市场势力对上游供应商压价。

二、来自其他指标的证据

南北车合并的公告表示，合并旨在"发挥协同效应，通过整合两家公司各具优势的销售和市场资源、产品开发和技术研发能力，共同打造一家大型综合性产业集团，全面提升竞争优势，推动中国高端装备制造进一步走向世界和加速转型"。商务部未对外公开任何无条件通过并购案例的审查标准和审查依据，所以无法获得南北车合并的抗辩因素，但是从新加坡反垄断委员会公布的南北车合并的反垄断审查结果可知，南北车提起合并的一个重要抗辩因素就是效率，"提高国际竞争力；整合资源，获得协同效应；优化资本结构，提高财务实力；提高企业前瞻性，提高研发能力"[1]。通过合并后中国中车的表现可以看

---

[1] Grounds of Decision Issued by the Competition Commission of Singapore, In relation to the application for decision of the proposed merger between china CNR corporation limited and CSR corporation limited pursuant to section 57 of the competition act. Case number：CCS 400/001/15.

出，南北车合并确实带来明显的效率改进。本章接下来将详细论述南北合并带来的效率改进。

1. 南北车合并增强了国际竞争实力，拓展国际市场。

中国中车在国际市场不断扩大业务范围，海外业务和出口业务在数量、质量和模式上都实现明显改进。中国中车2015年和2016年年度报告显示，2015年中国中车国际营业收入占总营业收入的比重超过10%，比2014年增加了106亿元，同比增长66%。中国中车国际业务签约额从2012年的35.88亿美元增长到2016年的81亿美元，增长了125.8%，其中2016年同比增长40%。中国中车的产品已经出口到全球六大洲104个国家和地区，83%拥有铁路的国家都使用了中国中车的产品。除了量上的快速增长，中国中车海外业务在质的方面也发生跨越：动车组产品首次进入欧洲市场；动车组在中国香港亮相；拿下美国芝加哥846辆地铁订单；货车首次进入世界火车的故乡英国；在庞巴迪大本营战胜庞巴迪，获得加拿大大都会交通局新列车的订单；此外还有来自波士顿、洛杉矶、费城和蒙特利尔等国际高端市场的订单。中国中车经过发展实现了由简单的产品输出向"产品+技术+服务+投资"组合出口的转变，推动中国装备出口走向中高端，国际化持续推进。

2. 南北车合并实现技术互补，促进技术进步。

南北车合并后，技术创新步伐不断加速。2017年9月21日，完全具有自主知识产权、达到世界先进水平的中国标准动车组"复兴号"以350公里的时速开始在京沪线运行。"复兴号"涉及的高速动车组254项重要标准中，中国标准占到84%，标志着中国轨道交通装备技术创新达到全面自动化、标准化的新阶段①。南北车合并实现了双方核心技术的优势互补，避免研发支出的重复投资：中国南车在超高速动

---

① 京沪高铁新成员"复兴号"：时速可达400公里车厢实现WiFi全覆盖[EB/OL]. 澎湃新闻，2017-6-26.

车组、大功率电力机车、关键零部件和关键系统等方面的技术优势较强，中国北车则在大功率内燃机车、高寒动车组和重载货车方面的技术优势比较强；中国南车有抗湿热大功率机车的核心生产技术和CRH380A动车组专利，中国北车拥有抗高寒特点的MVBC芯片、IGBT核心部件和NECT专利。合并使双方可以共享专利成果，创新能力获得明显提高，中国中车的核心技术优势不断增强，在产业供应链的各个环节具备较强的实力。中国中车成为全球首个能够提供全面可持续公共交通解决方案的企业。

3. 南北车合并优化了国内外资源配置，规范市场竞争秩序。

世界轨道交通装备的各种标准主要由法国、德国、日本等国家主导和垄断，南北车合并后有利于研究并推出完整的能够被认可的技术标准体系，争取话语权。不仅让中国产品和技术走出去，还让中国标准也走出去，这是开拓国际市场的重要一步。合并前，中国南车和中国北车的业务和产品高度重合，存在重复开发和建设的情况，造成很大的资源浪费。合并后，中国中车把规范市场竞争秩序作为首要任务，成立半个月后就推出了一系列规范市场行为的措施，对集团内部投资项目进行了全面清理，所有投资都要获得总部批准，盲目投资和重复投资得到扼制。同样，人员整合、部门精简和融资成本降低等也显著降低了企业成本，2015年上半年中国中车财务费用支出比上年同期降低71.94%[①]。

综上所述，南北车合并明显促进了中国中车的效率改进。轨道交通装备一般通过招标的方式进行采购，竞标以达到竞标标准的企业的最低价格来决定，规则的设计都是以利润最大化和帕累托效率为目标。南北车通过合并实现了效率改进，降低成本，提高了市场竞争力，从而有可能获得更多订单，这样南北车合并带来的效率改进可以转移到购买者手中并最终转移给消费者，有利于消费者福利和社会总福利的提高。

---

① 资料来源：《中国中车股份有限公司2015年半年度报告》。

第五节 本章小结

本章以中国南车和中国北车合并案为例,对企业横向并购的竞争效应进行事后评估,并对执法机构无条件通过该案的审查结果进行探讨。本章与侧重分析横向并购单边效应的文献不同,着重研究横向并购带来的效率改进。通过构建生产多种差异化产品企业的横向合并模型,证明没有效率改进的横向并购会导致市场势力扩大,减少社会总福利;有充分效率改进的横向并购对并购企业和消费者有利,但对竞争对手不利。根据事件研究法,通过南北车合并事件公布前后中国南车和中国北车及其竞争对手股票异常收益率的波动趋势,以及南北车合并后在国际竞争力、技术创新能力和资源配置方面的表现,证明南北车合并带来明显的效率改进,商务部通过南北车合并是符合标准的。

横向并购作为企业减少行业内竞争、获取市场势力和超额利润的一种重要手段备受各国反垄断机构的关注。南北车合并案是典型的横向并购案,其合并引起社会广泛关注。执法机构审查过程缺乏透明度,没有任何关于审查依据和标准的信息公开,所以该案引发很多争议。本章的研究对今后相关并购活动的反垄断审查和事后评估具有重要借鉴意义。鉴于以上分析,笔者提出以下政策建议:第一,横向并购控制要考虑效率因素,并需要在并购发生后定期对效率改进情况及时进行事后评估,以发现审查中存在的问题和不足,有利于改进相关机构的并购评估审查标准和方法,准确界定效率因素在反垄断审查中的作用。第二,效率因素的考虑确实容易成为企业并购的幌子,在相关规定中除了要纳入效率条款外,还应细化效率标准在分析中的举证、程序和主要分析方法等,有利于效率标准的执行。第三,虽然中国轨道交通装备市场逐渐放开,但力度还远远不够,为了中国轨道交通装备行业的长远发展,除了要让中国中车"走出去"参加国际市场的竞争外，也应该进一步开放国内市场，促进国内轨道交通装备市场的竞争。第四，相关审查机关应及时公布并购审查的相关信息，包括审查标准和具体分析，提高执法的透明度，既有利社会对执法情况进行监督，也有利于类似并购企业掌握审查机关的标准和要求，提高审查效率。

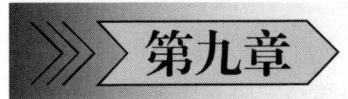

第九章

结论与政策建议

第一节 主要结论

本书根据经营者集中反垄断审查事后评估的主要标准和常用方法，分别从我国经营者集中反垄断审查案例的总体分析和个案分析两个视角，对我国经营者集中反垄断审查决定进行事后评估，探究我国集中控制政策的效果。具体来讲本章主要从三个方面对我国的集中控制政策进行了事后评估：首先，通过对审查案例总体的分析确定我国经营者集中反垄断审查的福利标准；其次，基于价格效应标准，通过典型案例的实证分析，考察执法机构的集中控制是否以维护市场公平竞争和消费者福利为首要目的，案例的通过是否符合标准；最后，在社会总福利的指导下，基于效率标准，选择典型案例考察并购对相关市场竞争的影响以及并购导致的效率改进的情况，最终判断商务部通过该案是否符合标准。纵观全书，得出的主要结论包括以下几点。

第一，我国的经营者集中反垄断审查以社会总福利为标准，但是同时非常注重消费者福利的保护，赋予消费者福利一个很大权重。基于摩塔（Motta，2004）、杜索等（Duso et al.，2007）关于并购对竞争对手收益和消费者福利影响的研究，在法雷尔和夏皮罗（Farrell and

Shapiro，1990）研究的基础上进一步推导并购后竞争对手收益和消费者福利变化的理论模型。在此理论分析基础上，以并购企业竞争对手平均异常收益率和平均累积异常收益率为切入点，根据执法机构 2012～2016 年无条件通过的 65 个案例并购前后竞争对手股票异常收益率的波动趋势，判断我国经营者集中反垄断审查对消费者福利和其他利益集团福利的权衡情况，验证前面的假设并得出结论：我国的经营者集中反垄断审查以社会总福利为标准，另外，执法机构在集中控制政策的实施中也非常注重消费福利的保护，赋予消费者福利一个很大权重，这与我国反垄断法的规定也是相吻合的。

第二，通过对执法机构经营者集中反垄断审查决定的事后分析可以发现，中国的经营者集中反垄断审查注重竞争的保护。从所有附条件通过的经营者集中案例的公告分析可以看出，审查标准的关键点是并购是否具有排除、限制竞争的效果，救济措施的实施也主要是为了抑制垄断地位的产生，促进竞争。以西部数据并购日立存储和希捷并购三星硬盘两个典型案例为例，商务部通过对机械硬盘市场的市场集中度、采购模式、产品创新、买方势力、市场进入等的分析，认为该集中将产生提高市场集中度，削弱竞争压力，放缓创新速度等排除、限制竞争的效应，并据此采取一系列行为性和结构性救济措施。通过双重差分法，比较案件附条件通过前后硬盘价格长期和短期的变化，可以发现执法机构附加限制性条件长期来看是有效的，防止了反竞争行为出现，抑制了价格上涨。

第三，基于我国经济发展的特殊阶段和情况，集中带来的效率改进非常重要，我国的经营者集中反垄断审查也将效率改进作为一个重要的评判标准。以效率改进的合并模型为基础，在考虑产品差异化及多产品厂商的前提下，构建了一个包含生产多种差异化产品的厂商合并模型，可以发现充分效率改进的集中对消费者和并购企业有利，而对外部厂商不利。以无条件通过的南北车合并案为例，效率抗辩是合并方进行申报时重要的抗辩因素。根据事件研究法，通过南北车合并事件宣告后竞争对手股票异常收益率的波动趋势，以及南北车合并后在国际竞争力、技术创新能力以及资源配置方面的明显改进，可以证明南北车合并带来明显的效率改进。此外，通过对相关市场竞争情况的分析发现在全球轨道交通装备市场，国际竞争对手实力强劲，竞争激烈，买方势力强大，这些因素都会制约南北车合并后的单边效应。由此得出结论，南北车合并促进技术进步、优化资源配置，提高了企业的国际竞争力，获得明显的效率改进，南北车合并有利于社会总福利的增加，所以商务部通过南北车合并是符合标准的。

第四，我国的经营者集中反垄断审查存在以下情况和问题，主要包括：(1) 虽然竞争政策的主体性地位已基本确立，但是产业政策对我国经营者集中反垄断审查的影响也明显存在，产业政策的影响可能会使审查结果偏离消费者福利甚至是生产者福利，而更多地关注某些行业和领域的收益。作为政府干预经济的两种手段，竞争政策和产业政策同时存在，不是完全矛盾的，但是在保持竞争政策基础性地位的同时，需要合理处理两者关系，使其相互促进，协同发展。(2) 在具体案例分析中，虽然总体原则和大部分执法决定是符合标准的，但是其执法分析缺乏全面性和精准性，缺乏透明度。比如南北车合并案，商务部通过该案是符合标准的，但是从上游厂商的反应可以看出，南北车合并容易导致其利用合并后的市场势力对上游厂商压价行为的出现，所以在全球相关市场的界定分析下，需要分析中国市场的情况，并据此采取一定的救济措施，还应该进一步开放国内市场，促进国内市场的竞争。(3) 一些基本的程序和规定需要不断改进和完善，执法透明度不够，审查相关信息公布严重不足，审查时间过长，对未依法进行集中申报的案例处罚力度不够等。但是总体来看，我国的经营者集中反垄断审查经验不断积累，效率不断提高，程序不断完善。

第二节 政策建议

基于以上结论,随着我国反垄断执法经验的不断积累和发展,随着执法案例的不断增加,对比国外并购控制政策事后评估的成果,可知对我国反垄断执法情况的事后评估和回溯性分析变得越来越紧迫,越来越必要。事后评估对《反垄断法》自身的发展,执法的完善,以及我国经济的健康发展都具有重要意义。据此本章提出如下建议。

第一,反垄断执法机构和学界应该定期对集中控制的效果进行回溯性研究,评估相关执法机构执法的效果,以保证反垄断政策确实促进了竞争而不是起了相反作用,并找出执法过程中存在的问题和不足,明确执法效果,不断完善立法和执法。另外,结合中国的具体执法案例,对采用何种评估方法,存在哪些理论依据等事后评估的理论问题也需要进一步的探索,丰富集中控制事后评估的相关理论并找到适合我国国情的事后研究方法。

第二,并购控制要考虑效率因素,并需要在并购发生后定期对效率改进情况及时进行事后评估。中国作为转型中的经济大国,"提高经济运行效率"仍然是我们的重要目标,但是企业并购效率改进的情况存在很大差异,需要逐案分析,而并购后一定时间内也需要对其效率改进情况进行及时的评估,以发现审查中存在的问题和不足,有利于改进相关机构的审查标准和方法,准确界定效率因素在并购竞争效应评估中的作用。此外,效率因素的考虑确实容易成为企业并购的"幌子",因此在相关法律法规中除了要纳入效率的条款外,还应对效率标准在分析中的举证、程序以及主要分析方法等细化,有利于效率标准的执行。

第三,竞争政策和产业政策作为政府干预经济的两种重要手段同时存在,不是完全矛盾的,竞争政策主要侧重于公平竞争市场环境的创造，以及市场主体创造力和活力的激发；产业政策则侧重于通过政策的引导促进经济的发展，弥补市场的缺陷。但是产业政策的存在可能会使集中控制政策偏离消费者福利标准甚至社会总福利标准，而关注国家产业政策支持的某些行业和领域的利益。因此，在保持竞争政策基础性地位的同时，应该合理地处理产业政策和竞争政策的关系，使其互相补充，互相促进，协同发展。

第四，经营者集中反垄断审查中的一些具体问题：随着新产品的开发和新技术的发展，飞机制造、网络技术、大型机械等市场的国际化趋势，进行相关市场界定时不仅要考虑国内市场，还要考虑国际市场。但是，在考虑国际市场的同时，也需要着重分析并购对国内市场和消费者的影响。比如说南北车合并案，既要考虑轨道交通装备市场全球化的特点，又要考虑中国轨道交通装备发展的情况，需要根据不同影响制定相应的结构性和行为性救济措施。竞争分析中，虽然执法机构分析框架的科学性和逻辑性不断增强，但是与欧盟和美国 FTC 相比，分析比较粗糙，缺乏专业分析和细节分析，因此应该在理论指导框架下，借鉴欧美的经验，加大对审查分析的细致研究和实践。加大对未依法实施经营者集中行为的处罚力度，提高反垄断法的权威性，增强经营者的守法意识。

第五，在保护并购企业商业秘密的基础上，经营者集中反垄断审查部门应该尽量全面及时地公布相关并购审查分析内容，包括案件审查的法律和事实依据以及相关经济分析，而不仅是简单的事后批量公布一个结果。这样既可以避免争议，又能很好地让社会和相关利益方监督，有利于经营者集中反垄断审查决定准确性的提高。

参考文献

[1] 安果、伍江：《基于协同效应的横向兼并的模型研究》，载《当代财经》2007年第10期。

[2] 白让让：《我国经营者集中的反垄断审查与执法者的"行为性救济"偏好分析——兼论专利密集领域的执法困境》，载《经济研究》2019年第2期。

[3] 白让让、王光伟：《结构重组、规制滞后与纵向圈定——中国电信、联通"反垄断"案例的若干思考》，载《中国工业经济》2012年第10期。

[4] 白雪、林平、臧旭恒：《横向合并控制中的资产剥离问题——基于古诺竞争的分析》，载《中国工业经济》2012年第1期。

[5] 陈兵：《反垄断法实施与消费者保护的协同发展》，载《法学》2013年第9期。

[6] 丁茂中：《论我国经营者集中控制制度的立法完善》，载《法商研究》2020年第2期。

[7] 费兰芳：《反垄断执法经济效果事后评估机制研究》，暨南大学出版社2019年出版。

[8] 格雷D.（加）、刘易斯S.（加）、洛夫罗A.（比）、德斯默斯F（比）：《经济学分析方法在欧盟企业并购反垄断审查中的适用》（中译本），法律出版社2017年出版。

[9]《健全反垄断审查制度推动经济高质量发展——〈经营者集中审查暂行规定〉解读》，载《竞争政策研究》2020年第4期。

[10] 江山：《论反垄断法规范中的规则与标准》，载《环球法律评论》2021年第3期。

[11] 江山、黄勇：《论中国企业联营的经营者集中控制》，载《法学杂志》2012年第10期。

[12] 克伍卡 J.E.（美）、怀特 L.J.（美）：《反托拉斯革命——经济学、竞争与政策》（中译本），经济科学出版社2007年出版。

[13] 李剑：《多产品下的相关市场界定——基于中国经营者集中典型案例的反思》，载《法学》2019年第10期。

[14] 李青：《中国反垄断十二年：回顾与展望》，中信出版社2021年出版。

[15] 李青原、田晨阳、唐建新、陈晓：《公司横向并购动机：效率理论还是市场势力理论——来自汇源果汁与可口可乐的案例研究》，载《会计研究》2011年第5期。

[16] 李善民、陈玉罡：《上市公司兼并与收购的财富效应》，载《经济研究》2002年第11期。

[17] 李双杰、尹逊雅：《中国钢铁业上市公司并购中盈余管理研究——基于效率视角》，载《数理统计与管理》2012年第5期。

[18] 李伟、贺俊：《确立竞争政策基础地位的激励约束和能力障碍》，载《学习与探索》2021年第5期。

[19] 理查德·A.波斯纳（美）：《反托拉斯法》（中译本），中国政法大学出版社2003年出版。

[20] 林平：《反事实状态与反垄断执法误差》，载《竞争政策研究》2016：年第5期。

[21] 林平、臧旭恒：《中国需要反垄断经济学——〈反托拉斯革命〉译者序》，载《产业经济评论》2008年第7期。

[22] 刘丰波、吴绪亮：《中国空调业横向合并的竞争效应及其模拟分析》，载《东北财经大学学报》2012年第2期。

[23] 马西莫·莫塔（意）：《竞争政策——理论与实践》（中译本），上海财经大学出版社2006年出版。

[24] 孟静、林季红：《欧洲银行业并购对银行业效率的影响》，载

《世界经济研究》2012年第5期。

［25］潘志成：《中国经营者集中反垄断审查执法分析报告（2008~2018）》，载《竞争法律与政策评论》，2019年第6卷。

［26］潘志成：《中国经营者集中反垄断审查执法分析报告（2019年）》，载《竞争法律与政策评论》，2019年第6卷。

［27］乔岳、张兴文：《并购反垄断执法中相关市场界定——基于商务部反垄断局审查案件的研究》，载《财经问题研究》2016年第5期。

［28］曲创、王夕琛：《互联网平台垄断行为的特征、成因与监管策略》，载《改革》2021年第5期。

［29］曲创、殷贤生：《群体竞争、立法博弈与行政垄断豁免》，载《山东大学学报》2012年第3期。

［30］时建中、王伟炜：《〈反垄断法〉中相关市场的含义及其界定》，载《重庆社会科学》2009年第4期。

［31］唐明哲、刘丰波、林平：《价格检验在相关市场界定中的实证运用——对茅台、五粮液垄断案的再思考》，载《中国工业经济》2015年第4期。

［32］唐要家：《反垄断法豁免制度的比较分析》，载《中南财经政法大学学报》2006年第1期。

［33］唐要家、唐春辉：《美国反托拉斯法的新发展与我国反垄断法的效率原则指向》，载《产业经济研究》2003年第4期。

［34］王晨，许光耀：《欧美反垄断法对经营者集中协调效果的认定及启示》，载《国际贸易》2021年第3期。

［35］王李乐：《经营者集中行为救济制度研究》，对外经济贸易大学博士论文，2015年。

［36］王先林：《三起未经申报违法实施经营者集中处罚案的关键点和意义》，载《中国价格监督和反垄断》2021年第2期。

［37］王先林：《我国反垄断法修订完善的三个维度》，载《华东政法大学学报》2020年第2期。

[38] 王晓晔:《竞争政策为什么应成为国家的基本经济政策》,载《中国价格监管与反垄断》2016年第3期。

[39] 王晓晔:《市场界定在反垄断并购审查中的地位和作用》,载《中外法学》2018年第5期。

[40] 王晓晔:《我国反垄断法中的经营者集中控制:成就与挑战》,载《法学评论》2017年第2期。

[41] 吴绪亮:《经营者集中反垄断审查的经济证据问题研究》,载《东北财经大学学报》2013年第5期。

[42] 杨雄京:《世界铁路机车车辆市场与中国北车》,载《铁道机车与动车》2014年第7期。

[43] 叶军:《经营者集中反垄断控制限制性条件比较分析和选择适用》,载《中外法学》2019年第4期。

[44] 于立:《中国反垄断经济学的研究进展》,载《广东商学院学报》2010年第5期。

[45] 于立、吴绪亮:《试析反垄断经济学的学科定位——简评布西罗塞〈反垄断经济学手册〉》,载《产业经济》2009年第4期。

[46] 余东华:《横向并购反垄断控制的福利标准选择研究》,载《复旦学报(社会科学版)》2012年第6期。

[47] 余东华:《中国并购评估审查中如何引入效率抗辩》,载《经济学家》2013年第3期。

[48] 袁显平、柯大钢:《事件研究方法及其在金融经济研究中的应用》,载《统计研究》2006年第10期。

[49] 臧旭恒:《从哈佛学派、芝加哥学派到后芝加哥学派——反托拉斯与竞争政策的产业经济学理论基础的发展与展望》,载《东岳论丛》2007年第1期。

[50] 臧旭恒、尹莉:《美国现行反垄断法对软件产业的适用性探析——以搭售和掠夺性定价为例》,载《中国工业经济》2005年第5期。

[51] 张柏杨:《垄断福利损失:理论、实证与反垄断政策》,西南

财经大学博士论文，2016年。

[52] 张晨颖：《比例原则视角下经营者集中反垄断执法的规则修正》，载《当代法学》2021年第4期。

[53] 周黎安、陈烨：《中国农村税费改革的政策效果：基于双重差分模型的估计》，载《经济研究》2005年第8期。

[54] 周智高：《竞争政策视角下的经营者集中审查工作——"反垄断大讲堂"之一》，载《中国市场监督管理》2019年第4期。

[55] Ackerberg, D., Benkard, C. L., Berry, S., and Pakes, A., 2007: Econometric Tools for Analyzing Market Outcomes. Handbook of Econometrics (6), North Holland, 4277–4415.

[56] Aguzzoni, L., Argentesi, E., Ciari, L., Duso, T. and Tognoni, M., 2016: Ex-post Merger Evaluation in the UK Retail Market for Books. Journal of Industrial Economics, 64 (1): 170–200.

[57] Aktas, N., Bodt, E. de and Roll, R., 2007: Is European M&A Regulation Protectionist?, The Economic Journal, 117 (522): 1096–1121.

[58] Aktas, N., Bodt, E. de and Roll, R., 2004: Market Response to European Regulation of Business Combinations. Journal of Financial and Quantitative Analysis, 39 (4): 731–757.

[59] Allain, M. L., Chambolle, C., Turolla, S. and Villas-Boas, S., 2013: The Impact of Retail Mergers on Food Prices: Evidence from ex-post Merger Evaluation in the UK Retail Market for Books. Working Paper ALISS, 2013-01.

[60] Argentesi, E., Banal-Estañol, A., Seldeslachts, J. and Andrews, M., 2017: A Retrospective Evaluation of the GDF/Suez Merger: Effects on Gas Hub Prices. DIW Discussion Papers 1664.

[61] Ashenfelter, O. C., Hosken, D. S. and Weinberg, M. C., 2009: Generating Evidence to Guide Merger Enforcement. NBER Working Paper

No. 14798.

[62] Ashenfelter, O. C., Hosken, D. S. and Weinberg, M. C., 2013a: The Price Effects of a Large Merger of Manufacturers: A Case Study of Maytag – Whirlpool. American Economic Journal: Economic Policy, 5 (1): 239 – 61.

[63] Ashenfelter, O. C., Hosken, D. S. and Weinberg, M. C., 2013b: Efficiencies Brewed: Pricing and Consolidation in the US Beer Industry. NBER Working Paper, No. 19353.

[64] Ashenfelter, O. C. and Hosken, D. S., 2010: The Effect of Mergers on Consumer Prices: Evidence from Five Mergers on the Enforcement Margin. Journal of Law and Economics, 53 (3): 417 – 466.

[65] Baker, J. B., 2007: Market Definition: An Analytical Overview. Antitrust Law Journal, 74 (1): 129 – 173.

[66] Ball, R. and Brown, P., 1968: An Empirical Evaluation of Accounting Income Numbers. Journal of Accounting Research, 6 (2): 159 – 178.

[67] Balto, D., 2001: The Efficiency Defense in Merger Review: Progress or Stagnation? . Antitrust, (16): 74 – 81.

[68] Berger, A. and Humphrey, D. B., 1992: Measurement and Efficiency Issues in Commercial Banking, Output Measurement in the Service Sectors. University of Chicago Press, 245 – 300.

[69] Bergman, M., Jakobsson, M. and Razo, C., 2005: An Econometric Analysis of the European Commission's Merger Decisions. International Journal of Industrial Organization, 23 (9 – 10): 717 – 738.

[70] Berry, S. T., 1994: Estimating Discrete – Choice Models of Product Differentiation. The RAND Journal of Economics, 25 (2): 242 – 262.

[71] Berry, S. T, Levinsohn, J. and Pakes, A., 1995: Automo-

bile Prices in Market Equilibrium. Journal of the Econometric Society, 63 (4): 841 – 890.

[72] Berry, S. T. and Waldfogel, J., 2001: Do Mergers Increase Product Variety? Evidence from Radio Broadcasting. Quarterly Journal of Economics, 116 (3): 1009 – 1025.

[73] Björnerstedt, J. and Verboven, F., 2016: Does Merger Simulation Work? Evidence from the Swedish Analgesics Market. American Economic Journal: Applied Economics, 8 (3): 125 – 164.

[74] Bonnet, C. and Dubois, P., 2010: Inference on Vertical Contracts between Manufacturers and Retailers Allowing for Nonlinear Pricing and Resale Price Maintenance. The RAND Journal of Economics, 41 (1): 139 – 164.

[75] Borenstein, S., 1990: Airline Mergers, Airport Dominance, and Market Power. The American Economic Review, 80 (2): 400 – 404.

[76] Brenkers, R. and Verboven, F., 2006: Liberalizing a Distribution System: The European Car Market. Journal of the European Economic Association, 4 (1): 216 – 251.

[77] Brenner, M., 1979: The Sensitivity of the Efficient Market Hypothesis to Alternative Specifications of the Market Model. The Journal of Finance, 34 (4): 915 – 929.

[78] Bresnahan, T. F., 1986: Post – Entry Competition in the Plain Paper Copier Market. The American Economic Review, 75 (2): 15 – 19.

[79] Brito, D., Pereira, P. and Ramalho, J., 2013: Mergers, Coordinated Effects and Efficiency in the Portuguese Non – Life Insurance Industry. International Journal of Industrial Organization, 31 (5): 554 – 568.

[80] Brodley, J. F., 1995: Proof of Efficiencies in Mergers and Joint Ventures: Testing Ex Ante Claims against Ex Post Evidence. Federal Trade Commission Hearings on Global and Innovation – Based Competition.

[81] Brown, S. J, and Warner, J. B., 1980: Measuring Security Price Performance. Journal of Financial Economics, 8 (3): 205 – 258.

[82] Brown, S. J. and Warner, J. B., 1985: Using Daily Stock Returns: The Case of Event Studies. Journal of Financial Economics, 14 (1): 3 – 31.

[83] Buccirossi, P., 2008: Handbook of Antitrust Economics. Cambridge: MIT Press.

[84] Canada Competition Bureau., 2011: Competition Bureau Merger Remedies Study.

[85] Carlton, D. W., 2009: Why We Need to Measure the Effect of Merger Policy and How to Do It. NBER Working Paper.

[86] Choné, P. and Linnemer, L., 2012: A Treatment Effect Method for Merger Analysis with an Application to Parking Prices in Paris. The Journal of Industrial Economics, 60 (4): 631 – 656.

[87] Coate, M. B., and McChesney, F. S., 1992: Empirical Evidence on FTC Enforcement of the Merger Guidelines. Economic Inquiry, 30 (2): 277 – 93.

[88] Competition and Market Authority, 2015: Understanding Past Merger Remedies: Report on Case Study Research.

[89] CRA international, 2007: Ex-post Merger Review: An Evaluation of Three Competition Bureau Merger Assessments.

[90] Csorgo, L. and Chitale, H., 2015: Targeted Ex-post Evaluations in a Data Poor World. New Zealand Commerce Commission.

[91] Daniel, H., Nathan, M. and Matthew, W., 2016: Ex-post Merger Evaluation: How Does It Help Ex Ante? Journal of European Competition Law & Practice, 6: 331 – 348.

[92] Davies, S. W. and Ormosi, P. L., 2012: A Comparative Assessment of Methodologies Used to Evaluate Competition Policy. Journal of

Competition Law and Economics, 8 (4): 769 – 803.

[93] Davis, P., 2006: Spatial Competition in Retail Markets: Movie Theaters. The RAND Journal of Economics, 37 (4): 964 – 982.

[94] Deaton, A. and Muellbauer, J., 1980: Economics and Consumer Behavior. Cambridge University Press.

[95] Deneckere, R. and Davidson, C., 1985: Incentives to Form Coalitions with Bertrand Competition. The RAND Journal of Economics, 16 (4): 473 – 486.

[96] DG Comp – European Commission, 2005: Merger Remedies Study.

[97] DG Competition, 2015: Ex-post Economic Evaluation of competitions Policy Enforcement: A Review of the Literature. Publications Office of the European Union.

[98] Dobson, P. W. and Piga, C. A., 2013: The Impact of Mergers on Fares Structure: Evidence from European Low – Cost Airlines. Economic Inquiry, 51 (2): 1196 – 1217.

[99] Dolley, J. C., 1933: Chatracteristics and Procedure of Common Stock Split – Ups. Harvard Business Review, 11: 316 – 326.

[100] Dranove, D. and Lindrooth, R., 2003: Hospital Consolidation and Costs: Another Look at the Evidence. Journal of Health Economics, 22 (6): 983 – 997.

[101] Duso, T., Gugler, K. and Yurtoglu, B., 2011: How Effective Is European Merger Control? European Economic Review, 55 (7): 980 – 1006.

[102] Duso, T., Neven, D. and Röller, L – H., 2007: The Political Economy of European Merger Control: Evidence Using Stock Market Data. Journal of Law and Economics, 50 (3): 455 – 489.

[103] Duso, T. and Ormosi, P., 2015: OECD Capacity Building

Workshop on the Ex-post Evaluation of Competition Authorities'Enforcement Decisions: A critical discussion, A paper prepared for the OECD.

[104] Eckbo, B. E., 1983: Horizontal Mergers, Collusion, and Stockholder Wealth. Journal of Financial Economics, 11 (1 – 4): 241 – 273.

[105] Eckbo, B. E., 1989: The Role of Stock Market Studies in Formulating Antitrust Policy Toward Mergers: Comment. Quarterly Journal of Business and Economics, 28 (4): 22 – 38.

[106] Ellert, J., 1976: Mergers, Antitrust Law Enforcement and Stockholder Returns. Journal of Finance, 31 (2): 715 – 732.

[107] Eric, M. and David, D., 2005: Ex Post Evaluation of Mergers Price, Waterhouse Cooper LLP.

[108] European Commission, 2005: DG Competition. Merger Remedies Study.

[109] European Commission, 2008: DG Competition, White Paper on Damages Actions for Breach of the EC Antitrust Rules. SEC: 404 – 406.

[110] European Commission, DG Competition, 2015: Ex – Post Analysis Of Two Mobile Telecom Mergers: T – Mobile/tele. Ring in Austria and T – Mobile/Orange in the Netherlands.

[111] European Commission, DG Competition, 2015: Ex – Post Economic Evaluation of Competition Policy Enforcement: A Review of the Literature.

[112] Fabienne I., Adriaan D., 2015: Ex-post economic evaluation of competition policy enforcement: A review of the literature. Publicaitons office of the European Union.

[113] Fama, E., 1991: Efficient Capital Markets: II. Journal of Finance, 46 (5): 1575 – 1617.

[114] Fama, E. F., Fisher, L., Jensen, M. C. and Roll, R.,

1969: The Adjustment of Stock Prices to New Information. International Economic Review, 10 (1): 1–21.

[115] Farrell, J. and Katz, M. L., 2006: The Economics of Welfare Standards in Antitrust. Competition Policy International, 2 (2): 2–28.

[116] Farrell, J. and Shapiro, C., 1990: Horizontal Mergers: An Equilibrium Analysis. American Economic Review, 80 (1): 107–126.

[117] Farrell, J. and Shapiro, C., 2001: Scale Economies and Synergies in Horizontal Merger Analysis. Antitrust Law Journal, 68: 685–710.

[118] Fee, C. E. and Thomas, S., 2004: Sources of Gains in Horizontal Mergers: Evidence from Customer, Supplier and Rival Firms. Journal of Financial Economics, 74 (3): 423–460.

[119] Ferrier, G. D., & Valdmanis, V. G., 2004: Do Mergers Improve Hospital Productivity. Journal of the Operational Research Society, 55 (10): 1071–1080.

[120] Focarelli, D. and Panetta, F., 2003: Are Mergers Beneficial to Consumers? Evidence from the Market for Bank Deposits. American Economic Review, 93 (4): 1152–1172.

[121] Frederick, R. W–B. and Dalkir, S., 2001: Staples and Office Depot: An Event–Probability Case Study. Review of Industrial Organization, 19 (4): 469–481.

[122] Friberg, R. and Romahn, A., 2015: Divestiture Requirements As a Tool for Competition Policy: A Case from the Swedish Beer Market. International Journal of Industrial Organization, 42: 1–18.

[123] FTC, 1999: A Study of the Commission's Divestiture Process. The Staff of the Bureau of Competition of the Federal Trade Commission.

[124] FTC, 2004: The Petroleum Industry: Mergers, Structural Change, and Antitrust Enforcement, A Report of the Staff of the Federal Trade Commission Bureau of Economics.

[125] Fudenberg, D. and Tirole, J., 1991: Game Theory. MIT Press.

[126] Gowrisankaran, G., Nevo, A. and Town, R., 2015: Mergers When Prices Are Negotiated: Evidence from the Hospital Industry. American Economic Review, 105 (1): 172–203.

[127] Gray, J. C., 1991: The nature and source of the law. New Orleans: Quid Pro, LLC.

[128] Groff, J. E., Lien, D. and Su, J., 2007: Measuring Efficiency Gains from Hospital Mergers. Research in Healthcare Financial Management, 11 (1): 77–90.

[129] Harrison, T. D., 2011: Do Mergers Really Reduce Costs? Evidence from Hospitals. Economic Inquiry, 49 (4): 1054–1069.

[130] Hausman, J. and Mackie-Mason, J., 1988, Price Discrimination and Patent Policy. RAND Journal of Economics, 19: 253–265.

[131] Ho, V. and Hamilton, B. H., 2000: Hospital Mergers and Acquisitions: Does Market Consolidation Harm Patients? Journal of Health Economics, 19 (5): 767–791.

[132] Hosken, D., 2011: Ex-Post Merger Review: What Is It and Why Do We Need It? Oxera Agenda, 1–4.

[133] Hosken, D., Miller, N. and Weinberg, M., 2017: Ex Post Merger Evaluation: How Does It Help Ex Ante? Journal of European Competition Law & Practice, 8 (1): 41–46.

[134] Hosken, D. S., Olson, L. and Smith, L., 2012: Do Retail Mergers Affect Competition? Evidence from Grocery Retailing, Federal Trade Commission, Bureau of Economics. Working Paper, 313.

[135] Houde, J. F., 2012: Spatial Differentiation and Vertical Mergers in Retail Markets for Gasoline. The American Economic Review, 102 (5): 2147–2182.

[136] Hüschelrath, K., Müller, K. and Veith, T., 2013: Con-

crete Shoes for Competition: the Effect of the German Cement Cartel on Market Price. Journal of Competition Law and Economics, 9 (1): 97 – 123.

[137] ICF and DIW., 2016: Study of the Economic Impact of Enforcement of Competition Policies on the Functioning of Energy Markets. A study for DG Competition of European Commission.

[138] Kadiyali, V., Sudhir, K. and Rao, V. R., 2001: Structural Analysis of Competitive Behavior: New Empirical Industrial Organization Methods in Marketing. International Journal of Research in Marketing, 18: 161 – 186.

[139] Kim, E. H. and Singal, V., 1993: Mergers and Market Power: Evidence from the Airline Industry. The American Economic Review, 83 (3): 549 – 569.

[140] Klemperer, P., 1999: Auction Theory: A Guide to the Literature. Journal of Economic Surveys, 13 (3): 227 – 286.

[141] Koetter, M., 2005: Evaluating the German Bank Merger Wave, Deutsche Bundesbank Discussion Paper. Series 2: Banking and Financial Supervision, No 12.

[142] Kothari, S. P. and Warner, J. B., 1997: Measuring Long – Horizon Security Price Performance. Journal of Financial Economics, 43 (3): 301 – 339.

[143] Kovacic, W. E., 2006: Using Ex-post Evaluations to Improve the Performance of Competition Policy Authorities. Journal of Corporation Law, 31: 503 – 547.

[144] Krishnan, J. and Schauer, P. C., 2000: The Differentiation of Quality among Auditors: Evidence from the Not-for – Profit Sector. Journal of Practice & Theory, 19 (2): 9 – 25.

[145] Kuhn, K – U., 2002: Reforming European Merger Review: Targeting Problem Areas in Policy Outcomes. Journal of Industry Competition

and Trade, 2 (4): 311 – 364.

[146] Kwoka, Jr, J. E., 2013: Does Merger Control Work? A Retrospective on US Enforcement Actions and Merger Outcomes. Antitrust Law Journal, 78 (3): 619 – 650.

[147] Kwoka, Jr, J. E. and Pollitt, M., 2010: Do Mergers Improve Efficiency? Evidence from Restructuring the US Electric Power Sector. International Journal of Industrial Organization, 28 (6): 645 – 656.

[148] Lafontaine, F. and Slade, M., 2008: Exclusive Contracts and Vertical Restraints: Empirical Evidence and Public Policy, Handbook of Antitrust Economics. Cambridge: The MIT Press, 391 – 414.

[149] LEAR, 2006: Ex – Post Review of Merger Control Decisions——A Study for the European Commission.

[150] Lichtenberg, F. and Siegel, D., 1987: Productivity and Changes in Ownership of Manufacturing Plants. Brookings Papers on Economic Activity, 18 (3): 643 – 684.

[151] Lin, P., 2005: Competition Policy in China: Interactions with Industrial and FDI Policies, In S. Evernett & D. Brooks (Eds.), Routledge: Competition policy and development in East Asia: 71 – 106.

[152] Lin, P., Zhao, J., 2012: Merger Control Policy under China's Anti – Monopoly Law. Review of Industrial Organization, 41 (1 – 2): 109 – 132.

[153] Lintner, J., 1965: The Valuation of Risk Assets and the Selection of Risky Investments in Stock Portfolios and Capital Budgets. The Review of Economics and Statistics, 47 (1): 13 – 37.

[154] Liu, Z. and Qiao, Y., 2017: Vertical Restraints, the Sylvania Case, and China's Antitrust Enforcement. Review of Industrial Organization, 51 (2): 193 – 215.

[155] MacKinlay, A. C., 1997: Event Studies in Economics and Fi-

nance. Journal of Economic Literature, 35 (1): 13 – 39.

[156] Majumdar, S. K., Moussawi, R. and Yaylacicegi, U., 2010: Is the Efficiency Doctrine Valid? An Evaluation of US Local Exchange Telecommunications Company Mergers, Digital Policy. Regulation and Governance, 12 (5): 23 – 41.

[157] Mazzeo, M., Seim, K. and Varela, M., 2018: The Welfare Consequences of Mergers with Endogenous Product Choice. Journal of Industrial Economics, 4: 980 – 1016.

[158] McGuckin, R. H. and Nguyen, S. V., 1995: On Productivity and Plant Ownership Change: New Evidence from the Longitudinal Research Database. The RAND Journal of Economics, 26 (2): 257 – 276.

[159] Morrison, E. and Elliott, D., 2005: Ex – post Evaluation of Mergers. PricewaterhouseCoopers LLP.

[160] Morrison, S. A., 1996: Airline Mergers: A Longer View. Journal of Transport Economics and Policy, 30 (3): 237 – 250.

[161] Motta, M., 2004: Competition Policy, Theory and Practice. Cambridge: Cambridge University Press.

[162] Neven, D., and L – H Röller, 2005: Consumer Surplus vs. Welfare Standard in a Political Economy Model of Merger Control. International Journal of Industrial Organization, 23 (9 – 10): 29 – 848.

[163] Neven, D. and Zenger, H., 2008: Ex-post Evaluation of Enforcement: A Principal – Agent Perspective. De Economist, 156 (4): 477 – 490.

[164] Nevo, A. and Whinston, M. D., 2010: Taking the Dogma out of Econometrics: Structural Modeling and Credible Inference. Journal of Economic Perspectives, 24 (2): 69 – 82.

[165] OECD, 2013: Evaluation of competition enforcement and advo-

cacy activities: Results of an OECD survey.

[166] OECD, 2005: Evaluation of the Actions and Resources of Competition Authorities.

[167] OECD, 2018: OECD Competition Assessment Reviews: Mexico. Paris: OECD Publishing.

[168] OECD, 2016: Reference Guide on Ex – Post Evaluation of Competition Agencies' Enforcement Decisions.

[169] OECD, 2011a: Impact Evaluation of Merger Decisions.

[170] OECD, 2011b: Quantification of Harm to Competition by National Courts and Competition Agencies.

[171] OFT, 2008: An Evaluation of the Impact upon Productivity of Ending Resale Price Maintenance on Books. The Centre for Competition Policy at University of East Anglia.

[172] OFT, 2014: An Evaluation of the OFT's Conditional Clearance of the Merger. The Office of Fair Trading.

[173] OFT, 2011: Evaluating the Impact of the OFT's 2001 Abuse of Dominance Case against Napp Pharmaceuticals. The Office of Fair Trading.

[174] OFT and CC, 2005: Ex-post Evaluation of Mergers, A Report Prepared By Pricewaterhouse Coopers LLP.

[175] Ohashi, H and Toyama, Y., 2017: The Effects of Domestic Merger on Exports: A Case Study of the 1998 Korean Automobile Industry. Journal of International Economics, 107: 147 – 164.

[176] Ornaghi, C., 2009: Mergers and Innovation in Big Pharma. International Journal of Industrial Organization, 27 (1): 70 – 79.

[177] Pautler, P., 2003: Evidence on Mergers and Acquisitions. Antitrust Bulletin, 48 (2): 119 – 207.

[178] Peristiani, S., 1997: Do Mergers Improve the X – Efficiency and Scale Efficiency of U. S. Banks? Evidence from the 1980s. Journal of

Money, Credit and Banking, 29 (3): 326-37.

[179] Pesendorfer, M., 2000: A Study of Collusion in First-Price Auctions. The Review of Economic Studies, 67 (3): 381-411.

[180] Pesendorfer, M., 2003: Horizontal Mergers in the Paper Industry. The RAND Journal of Economics, 34 (3): 495-515.

[181] Peters, C., 2006: Evaluating the Performance of Merger Simulation: Evidence from the US Airline Industry. Journal of Law and Economics, 49 (2): 627-649.

[182] Pinkse, J., Slade, M. E. and Brett, C., 2002: Spatial Price Competition: A Semiparametric Approach. Econometrica, 70 (3): 1111-1153.

[183] Pinkse, J. and Slade, M. E., 2004: Mergers, Brand Competition, and the Price of a Pint. European Economic Review, 48 (3): 617-643.

[184] Quade, S. E., 1977: Policy Sciences. Operational Research Quarterly, 21 (4): 499-500.

[185] Ravenscraft, D. J. and Scherer, F. M., 1987: Mergers, Sell-offs, and Economic Efficiency. Washington: Brookings Institution Press.

[186] Renckens, A., 2006: Policy Preferences and the Choice of a Welfare Standard, University of Antwerp. Working Paper.

[187] Sappington, D. and Sidak, J., 2003: Competition Law for State-Owned Enterprises. Antitrust Law Journal, 71 (2): 479-523.

[188] Shan, P., Tan, G., Wilkie, S. J. and Williams, M. A., 2012: China's Anti-Monopoly Law: What Is the Welfare Standard? Review of Industrial Organization, 41 (1-2): 31-52.

[189] Sharpe, F. W., 1964: Capital Asset Prices: A Theory of Market Equilibrium under Conditions of Risk. The Journal of Finance, 19 (3): 425-442.

[190] Shubik, M. and Levitan, R., 1980: Market Structure and Behavior. Cambridge: Harvard University Press.

[191] Silvia, L. and Taylor, C. T., 2013: Petroleum Mergers and Competition in the Northeast United States. International Journal of the Economics of Business, 20 (1): 97 – 124.

[192] Simpson, J. D. and Taylor, C. T., 2005: Michigan Gasoline Pricing and the Marathon – Ashland and Ultramar Diamond Shamrock Transaction, Bureau of Economics. Federal Trade Commission.

[193] Slade, M. E., 2004: Market Power and Joint Dominance in U. K. Brewing. The Journal of Industrial Economics, 70 (1): 133 – 163.

[194] Slade, M. E., 2009: Merger Simulations of Unilateral Effects: What Can We Learn from the UK Brewing Industry? In B. Lyons (Ed.), Cases in European Competition Policy: The Economic Analysis, Cambridge: Cambridge University Press.

[195] Spang, H. R., Arnould, R. J. and Bazzoli, G. J., 2009: The Effect of Non – Rural Hospital Mergers and Acquisitions: An Examination of Cost and Price Outcomes. The Quarterly Review of Economics and Finance, 49 (2): 323 – 342.

[196] Spang, H. R., Bazzoli, G. J. and Arnould, R. J., 2001: Hospital Mergers and Savings for Consumers: Exploring New Evidence. Health Affairs, 20 (4): 150 – 158.

[197] Stillman, R., 1983: Examining Antitrust Policy towards Horizontal Mergers. Journal of Financial Economics, 11 (1 – 4): 225 – 240.

[198] Sung, N. and Gort, M., 2006: Mergers, Capital Gains, and Productivity: Evidence from US Telecommunications Mergers. Contemporary Economic Policy, 24 (3): 382 – 394.

[199] Taylor, C. T. and Hosken, D. S., 2007: The Economic Effects of the Marathon – Ashland Joint Venture: The Importance of Industry

Supply Shocks and Vertical Market Structure. The Journal of Industrial Economics, 55 (3): 419 – 451.

[200] Thompson, A., 2011: The Effect of Hospital Mergers on Inpatient Prices: a Case Study of the New Hanover – Cape Fear Transaction. International Journal of the Economics of Business, 18 (1): 91 – 101.

[201] Villas – Boas, S. B., 2007: Using Retail Data for Upstream Merger Analysis. Journal of Competition Law and Economics, 3 (4): 689 – 715.

[202] Vita, M. G. and Sacher, S., 2001: The Competitive Effects of Not – For – Profit Hospital Mergers: A Case Study. The Journal of Industrial Economics, 49 (1): 63 – 84.

[203] Vives, X., 2000: Oligopoly Pricing—Old Ideas and New Tools. Cambridge: MIT Press: 101 – 102.

[204] Werden, G. J., Joskow, A. S., & Johnson, R. L., 1991: The Effects of Mergers on Price and Output: Two Case Studies from the Airline Industry. Managerial and Decision Economics, 12 (5), 341 – 352.

[205] Whinston, M. D., 2007: Antitrust Policy toward Horizontal Mergers. Handbook of Industrial Organization, 3: 2372.

[206] Williamson, O., 1968: Economies as an Antitrust Defense: The Welfare Tradeoffs. American Economic Review, 58 (1): 407 – 426.

[207] Zhang, X., and Zhang, V., 2010: Chinese Merger Control: Patterns and Implication. Journal of Competition Law and Economics, 6 (2): 477 – 496.